KLAUS STEIGLEDER

DAS OPUS DEI – EINE INNENANSICHT

BENZIGER

CIP-Kurztitelaufnahme der Deutschen Bibliothek

Steigleder, Klaus:
Das Opus Dei – eine Innenansicht / Klaus Steigleder. –
Zürich ; Einsiedeln ; Köln : Benziger, 1983
ISBN 3-545-21040-5

3. Auflage 1985

Umschlaggestaltung: Peter Kunz Zürich
Gesamtherstellung: Benziger Graphisches Unternehmen Einsiedeln
ISBN 3 545 21040 5

VORWORT DES VERLAGS

Erstmals im deutschen Sprachraum wird hier eine ausführliche kritische Darstellung des Opus Dei von einem Autor, der dieser Vereinigung während mehrerer Jahre als Mitglied angehörte, geboten. Inzwischen hat der Verfasser das Opus Dei auf dem formal ordnungsgemäßen Weg verlassen und steht unmittelbar vor dem Abschluß seines Studiums der katholischen Theologie, das er nach seinem Austritt aufgenommen hatte.

Wir betrachten diese Publikation als notwendigen Beitrag zur Information und Meinungsbildung. Nachdem bereits verschiedene Selbstdarstellungen des Opus Dei auf dem Buchmarkt vorliegen*, erscheint uns ein kritischer Bericht, der nicht nur auf Aussagen anderer oder auf Gerüchten beruht, sondern auf eigener Erfahrung, äußerst wichtig. Die Zusammenschau verschiedener Sichtweisen wird es dem Leser ermöglichen, sich ein umfassendes Bild und ein Urteil über diese Vereinigung, die 1982 den kirchenrechtlichen Status einer Personalprälatur erhielt, zu verschaffen. Wir glauben, mit diesem Informationsbeitrag all jenen einen Dienst zu erweisen, die direkt oder indirekt mit dem Opus Dei konfrontiert sind: Jugendlichen, die in Kontakt mit dem Opus Dei gelangen und oft zu einem Entscheid gedrängt werden, bevor sie die ganze Wirklichkeit, für die sie sich entscheiden sollten, mit all ihren Konsequenzen kennen; Eltern solcher junger Menschen, Seelsorgern, Religionslehrern und in der Jugendarbeit Tätigen; schließlich

* Vgl. z.B. das eben erschienene Werk: P. Berglar, Opus Dei. Leben und Werk seines Gründers Josemaría Escrivá, Salzburg (O. Müller) 1983. Außerdem sei auf die reichhaltige Literatur im Anhang dieses Buches verwiesen.

aber auch den kirchlichen Amtsträgern, die das Opus Dei oft nur von außen kennen.

Auch wenn dieses Buch kritisch geschrieben ist, so wird man ihm nicht vorwerfen können, es sei polemisch, wie der Leser feststellen wird. Auf keinen Fall ist es aus einer antikirchlichen Einstellung geschrieben. Wie der Autor gleich zu Beginn sagt, entspringen seine Ausführungen «der Liebe zu und der Sorge um die Kirche und die Menschen in ihr». Dieses Anliegen hat letztlich auch den Verlag zur Veröffentlichung dieses Buches bewogen.

Sollte die Wirkung dieser Publikation nur Konfrontation und Verhärtung der Fronten sein, hätte sie ihren Zweck verfehlt. Die Art und Weise, wie hier eine kritische Darstellung versucht wird, berechtigt uns aber zur Hoffnung, daß die hier geleistete Information konstruktive Diskussionen auslösen wird, die vielleicht sogar zu schrittweisen Reformen führen könnten.

Zürich, 1. August 1983

INHALT

VORWORT

Das Opus Dei wird von kirchlicher Seite mit großem Wohlwollen bedacht. Nicht wenige Amtsträger der katholischen Kirche sehen in ihm eine große Hoffnung in einer Zeit, wo ihnen Kirchlichkeit, unverbrüchliches Festhalten an kirchlichen Lehraussagen und Ganzeinsatz für die Botschaft Jesu Christi zunehmend ins Hintertreffen und in Mißkredit geraten zu sein scheinen, eben jene Merkmale, die ihrer Meinung nach das Opus Dei auszeichnen. Sie verlassen sich dabei auf das Bild, welches das Opus Dei in unermüdlicher Arbeit sich nach außen hin zu geben bemüht ist. Über die Wirklichkeit der Vereinigung und die Realität in ihr sind sie weitestgehend in Unkenntnis. Von dieser Grundannahme ist das vorliegende Buch bestimmt.

Die Wirklichkeit der Innenseite des Opus Dei wird von vielen Eltern, deren Kinder mit der Vereinigung in Berührung kamen und vielleicht sogar Mitglieder wurden, wie von zahlreichen Seelsorgern schmerzlich erfahren und erahnt. Einzelnes wurde durch Zeitungsberichte und Leserbriefe in den letzten Jahren bekannt; Genaueres weiß man aber meist nicht. So bleibt es vielfach bei Vermutungen, daß sich die Wirklichkeit des Opus Dei von dem, was die Vereinigung in ihren Selbstdarstellungen von sich sagt, erheblich unterscheidet, ohne daß es möglich wäre, nähere und umfassendere Kenntnis von ihr zu gewinnen. Die Behebung dieses weit verbreiteten Informationsdefizits mit dem Anliegen der Aufklärung und Warnung ist Ziel der folgenden Ausführungen.

Daß eine Innenansicht des Opus Dei nur von dem vermittelt werden kann, der die Wirklichkeit der Vereinigung selbst kennengelernt und in ihr gestanden hat, aber nun nicht mehr in ihr und unter ihrem Einfluß steht, ist eine erste Problematik des hier versuchten Unterfangens. Mit gutem Grund pflegt man ehemaligen Mitgliedern einer Vereinigung, die Schlechtes von der Vereinigung, der sie angehört haben, berichten, mit Vorsicht und Skepsis zu begegnen. Man muß damit rechnen, daß das ehemalige Mitglied unbewältigte Eigenproblematiken, die es vielleicht zu seinem Austritt veranlaßten, nun möglicherweise an der Vereinigung austrägt. Ich habe dem Opus Dei fünf Jahre angehört. Ich hoffe, daß das Bemühen deutlich wird, die Innenseite des Opus Dei wahrheitsgemäß darzustellen. Ich kann hier nur betonen, daß die von mir versuchte Darstellung dieser Innenseite keineswegs eine Abrechnung mit der Vereinigung sein will. Sie will auch in keiner Weise die katholische Kirche und ihre Amtsträger angreifen oder diskreditieren, sondern entspringt der Liebe zu und der Sorge um die Kirche und die Menschen in ihr. Ich verstehe die hier vorgelegte Darstellung als die Erfüllung einer Pflicht, der nachzukommen mir nicht leichtgefallen ist. Schon bei meinem Austritt aus dem Opus Dei war ich mir bewußt, daß ich mein Wissen um die Vereinigung nicht für mich behalten dürfe.

Eine weitere Problematik liegt darin, daß ich für diese Darstellung auf wenig zurückgreifen konnte. Die Schriften, die zum Beweis des hier Angeführten herangezogen werden könnten, werden vom Opus Dei geheimgehalten und sind der Öffentlichkeit nicht zugänglich. Ich war deshalb darauf angewiesen, Zeugenaussagen anderer ehemaliger Mitglieder und von Eltern und das zu sammeln, was in Zeitungsartikeln und vor allem in Leserbriefen von der Innenseite des Opus Dei bislang öffentlich wurde.* Frei-

* Unveröffentlichte Zeugnisse, aus denen hier zitiert wird, werden beim Autor aufbewahrt und können dort eingesehen werden.

lich ließ sich auch manches aus den veröffentlichten Schriften von Mitgliedern des Opus Dei, vornehmlich aus denen seines Gründers, erweisen. Die Darstellung enthält einen persönlichen Bericht meiner Mitgliedschaft, will aber mehr sein als das. Von meinen persönlichen Erlebnissen und Erfahrungen ausgehend möchte ich zeigen, daß es sich dabei nicht nur um Einzelerlebnisse und -erfahrungen handelt. Dadurch ergibt sich das Bild einer Wirklichkeit, die ich nachzuzeichnen und zu reflektieren versuche. Die Darstellung nimmt vor allem die männliche Abteilung und die Lebenswirklichkeit der unverheirateten Mitglieder in den Blick. Zitate aus Berichten ehemaliger Mitglieder der weiblichen Abteilung sollen zeigen, daß die Lebenswirklichkeit der Mitglieder in beiden Abteilungen weitestgehend die gleiche ist.

Danken möchte ich all denen, die mir durch ihre Zeugenaussage oder den Hinweis auf Zeitungsartikel und deren Zusendung oder durch ihr ermutigendes Wort bei dieser Arbeit geholfen haben. Gerne würde ich ihre Namen nennen.

Klaus Steigleder

I. STRUKTUR UND AUFBAU DES OPUS DEI – SKIZZIERUNG EINIGER GRUNDLINIEN

Das Opus Dei besteht aus zwei Abteilungen, einer männlichen und einer weiblichen, die streng voneinander getrennt sind, selbständig sich leiten bzw. geleitet werden. Gemeinsam ist der Generalpräsident der Vereinigung, der von allen Mitgliedern «Vater» genannt wird, gemeinsam sind auch Struktur und Aufbau und das, was als «Geist des Opus Dei» bezeichnet wird.[1] Die beiden Abteilungen wissen nur wenig voneinander, und grundsätzlich darf es keinerlei direkte Kontakte von Mitgliedern der einen mit solchen der anderen Abteilung geben. Die Mitglieder einer Abteilung des Opus Dei, die einem «Zentrum» der Vereinigung angehören, haben oftmals keine Kenntnis, wo sich die «Zentren» der anderen Abteilung befinden.

In zumindest zweifacher Hinsicht ergeben sich aber Berührungspunkte: einerseits dadurch, daß die Priester des Opus Dei auch die Mitglieder der weiblichen Abteilung und deren Einrichtungen seelsorglich betreuen, und andererseits, daß weibliche Mitglieder des Opus Dei, sogenannte «numerariae auxiliares» oder «numerariae servientes», die Häuser der männlichen Abteilung durch Kochen, Putzen, Wäschewaschen etc. versorgen. Die jeweilige Gruppe von Frauen, die ein Haus der Vereinigung in dieser Weise versorgt, wird «Verwaltung» genannt. Dabei wird zwischen einer «ordentlichen» und einer «außerordentlichen Verwaltung» unterschieden. Die Mitglieder einer «ordentli-

[1] Aus diesem Grund scheint es mir unzutreffend zu sagen, die beiden Abteilungen bildeten «zwei verschiedene Vereinigungen, die nur in der Person des Generalpräsidenten miteinander verbunden sind», wie dies von dem Mitglied der Vereinigung A. Byrne, Die gewöhnliche Arbeit heiligen, 11, behauptet wird.

chen Verwaltung» wohnen in dem Haus, das sie versorgen, während die Mitglieder einer «außerordentlichen Verwaltung» zu ihren Tätigkeiten in einem Haus von außerhalb kommen.

In beiden Fällen arbeitet die «Verwaltung» streng getrennt, und es darf keinerlei Kontakte zwischen den männlichen Bewohnern eines Hauses und den Frauen, die es versorgen, geben. Die Räumlichkeiten, in denen eine «Verwaltung» arbeitet, dürfen von den Bewohnern eines Hauses nicht betreten werden und sind durch eine Türe vom übrigen Haus getrennt, die mit zwei voneinander unabhängigen Schlössern zu beiden Seiten gesichert ist. Kontakt darf einzig durch ein eigens und ausschließlich dazu installiertes Haustelefon aufgenommen werden, das nur vom jeweiligen Leiter eines Hauses – oder, falls dieser nicht anwesend ist, von seinem Stellvertreter – benutzt werden darf und zwar normalerweise nur einmal am Tag zu festgesetzter Zeit. Durch dieses Telefon werden z.B. die Zahlen der Anwesenden bei den Mahlzeiten an einem Tag durchgegeben. Erforderliche längere Hinweise dürfen nicht per Haustelefon durchgegeben werden, sondern sind maschinengeschrieben über die Kommission, d.i. die zentrale Leitung der Vereinigung in einem Land, zu übermitteln.

Bei den kurzen Mitteilungen über Telefon nennen die beiden Gesprächsteilnehmer nie ihre Namen und haben alle Äußerungen, die nicht unmittelbar mit der sachlichen Information zu tun haben, z.B. «Guten Morgen», «Guten Tag» oder «Danke schön» zu unterlassen. Die Namen der jeweiligen «anderen Seite», wie es heißt, bleiben völlig unbekannt. Die Wäsche der Bewohner eines Hauses ist mit den Anfangsbuchstaben oder mit Zahlen zu markieren. Man sieht sich normalerweise auch nie gegenseitig. Wird in einem Haus geputzt, so darf die jeweilige Etage von den männlichen Bewohnern nicht betreten werden.

Neben dem eigentlichen Hauseingang muß es einen von diesem getrennten Außeneingang zu den Räumlichkeiten der «Verwaltung» geben, der von den übrigen Zimmern eines Hauses aus nicht gesehen werden kann. Den Berichten der ehemaligen Numerarierin Petra H. (Name geändert) zufolge, die von einer verzweifelten Mutter, deren Tochter Mitglied des Opus Dei ist, aufgezeichnet wurden, darf eine «numeraria auxiliaris» nie alleine ohne die Begleitung einer anderen auf die Straße gehen: «Ich fand immer die Weisung (die aber sehr streng befolgt wurde) verrückt, daß die Mädchen nicht einmal 2 Stationen mit der Straßenbahn von einem Heim zum anderen fahren durften, oder sonst kürzeste Strecken allein heraus. Ich habe sie sehr oft begleitet, was mir zwar Spaß machte, aber immerhin: 14-jährige Numerarierin begleitet 30-jähriges Hausmädchen!» Nach den Worten des Gründers des Opus Dei ist die beste «Verwaltung» die, welche man nicht hört und nicht sieht.

Eine Ausnahme bilden die sogenannten «Studienzentren» der Vereinigung, das Generalhaus des Opus Dei in Rom und die Kommission eines Landes, wo die «Verwaltung» die männlichen Mitglieder beim Mittag- und Abendessen bedient. Freilich darf auch hier niemand mit der «Verwaltung» sprechen, ausgenommen der Leiter (bzw. sein Stellvertreter), der gegebenenfalls kurz einzelne Gerichte nachbestellt. Die Frauen, die bei den Mahlzeiten in diesen Häusern bedienen, sind einheitlich gekleidet, meist schwarz oder blau, und auch die männlichen Mitglieder haben bestimmten Bekleidungsvorschriften nachzukommen. Ein kurzärmeliges Hemd oder eine kurze Hose wären undenkbar, und über einem langärmeligen Hemd gilt es immer noch einen Pullover oder eine Jacke zu tragen. Man darf einander nicht in Versuchung führen oder Anlaß zu einer Sünde gegen die «Reinheit» geben.

Die «numerariae auxiliares» sind meistens einfache Mädchen oder Frauen, in Deutschland sind es meist Spanierinnen. Da sich wohl – zumindest in Deutschland – nur wenige zu solchem Dienst und solcher Lebensweise bereitfinden, haben in Deutschland längst nicht alle Häuser des Opus Dei eine «Verwaltung». Eine «ordentliche Verwaltung» hatten 1979 von den Häusern der männlichen Abteilung nur das Studentenheim Schweidt in Köln und das Studentenheim Althaus in Bonn.
Die Priester des Opus Dei, welche die Häuser der weiblichen Abteilung betreuen, dürfen mit den weiblichen Mitgliedern und den Mädchen oder Frauen, die an der «Bildungsarbeit des Opus Dei» teilnehmen, alleine nur im Beichtstuhl sprechen. Außerhalb des Beichtstuhles darf ein weibliches Mitglied der Vereinigung mit dem Priester nur in Begleitung von mindestens einer anderen sprechen.
Auch sonst wird im Opus Dei auf eine strikte Trennung der Geschlechter geachtet. Die einzelnen Angebote richten sich immer an Jungen *oder* Mädchen, Männer *oder* Frauen. So dürfen solche, die nicht Mitglieder der Vereinigung sind, aber an den Bildungsveranstaltungen des Opus Dei, seien es nun Gruppenstunden, Arbeitskreise, Vorträge oder Betrachtungen, um nur einiges zu nennen, teilnehmen, dazu niemals ihren Freund bzw. ihre Freundin mitnehmen. Vorträge, Einkehr- und Besinnungstage für Verheiratete finden, soweit vom Opus Dei veranstaltet, nur getrennt, niemals für die Ehepartner gemeinsam statt. Escrivá de Balaguer, der Gründer des Opus Dei, begründete dies damit, «die Forderungen und praktischen Äußerungen der ehelichen Liebe» seien «in vielen Aspekten für Mann und Frau verschieden, und mit Veranstaltungen, die dieser Tatsache Rechnung tragen, kann man ihnen auf wirksame Weise helfen, diese konkreten Anforderungen in der Wirklichkeit ihres alltäglichen Lebens zu entdecken.

So bewirkt die Trennung für einige Stunden oder Tage, daß die Gatten im Alltag stärker geeint sind und man sich mit einer tiefen Liebe begegnet, die ganz die Persönlichkeit des anderen achtet.»[2] Will eine Frau beispielsweise ein Haus der männlichen Abteilung betreten, so wird sie in der Regel schon an der Haustüre abgewiesen oder allenfalls in ein Besuchszimmer, das sich meist in unmittelbarer Nähe der Eingangstür befindet, geführt. Ausnahmen sind Elternnachmittage oder -abende in Jugendclubs oder Studentenheimen, aber auch die weihnachtliche Mitternachtsmesse, zu der vor allem die Familien der Mitglieder eingeladen werden, und an die sich noch ein buntes Beisammensein anschließt.

1. Arten der Mitgliedschaft

Es gibt im Opus Dei drei Weisen der Mitgliedschaft, drei Arten von Mitgliedern: Numerarier, Assoziierte und Supernumerarier.

Die *Numerarier*[3] sind Mitglieder, die unverheiratet bleiben, für das Opus Dei völlig verfügbar sind und in der Vereinigung meist Leitungsaufgaben wahrnehmen. In aller Regel sind es Personen mit einer höheren Schulbildung, die nach einem Studium oftmals einen akademischen Beruf ausüben, falls sie nicht hauptberuflich eine Leitungsaufgabe im Opus Dei wahrnehmen, was aber dann meist nur zeitwei-

[2] Gespräche mit Msgr. Escrivá de Balaguer,[145] (im folgenden zitiert als Gespräche); es stellt sich jedoch die Frage, inwieweit bei solchen getrennten Veranstaltungen nicht u.a. auch intendiert ist, die Möglichkeiten zu einer gemeinsamen kritischen Reflexion und Auseinandersetzung mit dem Dargebotenen einzuschränken. Dies ist eine Vermutung, die aber auf dem Hintergrund des in dieser Arbeit Auszuführenden (Diskussions- und Kritikverbot, die Freiheit mißachtendes Eindringen auf jemanden, Einseitigkeit der Ausbildung etc.) m.E. eine gewisse Plausibilität erhält.

[3] von span. miembro numerario – eingeschriebenes, ordentliches Mitglied.

lig ist. Zu der geforderten Bildung kann auch nur der Numerariermitglied werden, der körperlich und gesundheitlich nicht wesentlich beeinträchtigt ist. Normalerweise wohnt ein Numerariermitglied von einem bestimmten Zeitpunkt an mit anderen Numerariern in einem Haus («Zentrum») des Opus Dei zusammen. Diese Hausgemeinschaft wird als eine Familie verstanden, der die Mitglieder mehr Bedeutung beizumessen und mehr Liebe entgegenzubringen haben als ihrer Blutsfamilie, ihren Eltern und Verwandten. Für diese ihre «Familie» und das ganze Opus Dei als der großen «Familie», deren Teil jene ist, hat jeder einzelne Numerarier die Verantwortung eines «Vaters einer armen und kinderreichen Familie» zu tragen. Was dies für das einzelne Mitglied heißt und konkret mit sich bringt, soll später noch ausführlich Behandlung finden. Außer zur Ehelosigkeit verpflichten sich die Numerarier auch zu einem Leben in Armut und Gehorsam. Dies geschah bislang durch private Gelübde. Mit der Umwandlung des Opus Dei in eine Personalprälatur entfallen nun diese Gelübde und werden durch vertragliche Bindungen an die Prälatur ersetzt.

Innerhalb der Numerariermitgliedschaft gibt es Stufungen. Einige werden vom Generalpräsidenten des Opus Dei zu «Inscriti» ernannt; diese müssen zusätzliche Versprechen ablegen, sind in besonderer Weise für die Vereinigung verantwortlich und in besonderer Weise für den Generalpräsidenten verfügbar. Sie können gegebenenfalls Hauptämter in der Leitung der Vereinigung übernehmen. Von den «Inscriti» werden wiederum einige durch den Generalpräsidenten zu «Electores» ernannt. Diese wählen auf den Generalkongressen der Vereinigung den Generalrat. Den Numerariern ist oftmals nicht bekannt, wer unter ihnen «Inscritus» oder «Elector» ist.

Die *Assoziierten* (früher auch Oblaten genannt) suchen

ebenfalls ein Leben in Armut, Ehelosigkeit und Gehorsam zu führen und verpflichten sich dazu. Sie nehmen in der Regel keine Leitungsfunktionen im Opus Dei wahr und wohnen normalerweise nicht zusammen, wenngleich es in Spanien und vielleicht auch in anderen Ländern auch «Zentren» gibt, in denen assoziierte Mitglieder zusammenleben. Eine solche Hausgemeinschaft wird dann aber von einem Numerarier geleitet, wie überhaupt die Leitung der Assoziierten von Numerariermitgliedern wahrgenommen wird. Assoziierte Mitglieder sind in der Regel solche, die keine höhere Schul- oder akademische Ausbildung besitzen, oder solche, die trotz ihrer höheren schulischen oder beruflichen Ausbildung nach Meinung der jeweils zuständigen Leiter im Opus Dei sich aus gesundheitlichen oder mentalitätsmäßigen Gründen nicht als Numerarier eignen.

Die *Supernumerarier*[4] sind jene Mitglieder, die heiraten dürfen und deren Verfügbarkeit für die Vereinigung dementsprechend geringer ist. Auch die Kenntnis der Vereinigung selbst ist bei den Assoziierten und Supernumerariern geringer als die der Numerarier, von denen auch die Supernumerarier geleitet werden.

Als ich das Opus Dei 1979 verließ, war die überwiegende Mehrzahl der Mitglieder der Vereinigung in Deutschland Numerarier. Zu dieser Zeit gab es nur etwa zehn Assoziierte, von denen in der Zwischenzeit einige wieder aus der Vereinigung ausgetreten sind, wenn sicher auch andere wiederum neu hinzugekommen sein dürften. Verschiedentlich wurde mir, als ich der Vereinigung noch angehörte, erklärt, daß die zahlenmäßigen Proportionen, wie sie bisher in Deutschland bestehen, nicht das Normale seien und sich diese im Lauf der Zeit auch ändern würden. In Spanien sei die Mehrzahl der Mitglieder des Opus Dei

[4] von span. miembro supernumerario – außerplanmäßiges, beigezähltes Mitglied.

Supernumerarier. Auch wenn ich in Spanien immer nur große Zahlen von Numerariern kennengelernt habe und es bis in die fünfziger Jahre hinein meines Wissens im Opus Dei überhaupt noch keinen Supernumerarier gab und die Zahlenverhältnisse in der Schweiz und in Österreich denen in Deutschland sehr ähnlich sind, soll hier nicht bestritten werden, daß eine Mehrzahl von Supernumerariern die angestrebte Normalität darstellen soll und in Spanien und auch einigen anderen Ländern vielleicht schon darstellt.
Aus den Reihen der Numerariermitglieder lassen sich immer wieder einige nach Erlernung eines zivilen Berufes und bisweilen nach einer Zeit der Ausübung desselben zu Priestern für das Opus Dei weihen. Diese Numerarierpriester stehen der Vereinigung ganz zur Verfügung und sind dem Leiter des Opus Dei unterstellt. Weltpriester einer Diözese können sich der mit dem Opus Dei verbundenen «Priesterlichen Gesellschaft vom Heiligen Kreuz» anschließen. Sie bleiben dann unverändert ihrem Ortsordinarius unterstellt, versehen nach wie vor ihre Aufgaben in der Diözese, der sie angehören, nehmen aber in der Regel auch Aufgaben in der Arbeit des Opus Dei wahr. Seminaristen oder Diakone können in der Regel – es wird mit der laikalen Mentalität der Vereinigung begründet – nicht Mitglieder des Opus Dei werden.
Neben diesen drei Weisen der Mitgliedschaft gibt es noch die sogenannten *Mitarbeiter* (Cooperadores) «– viele von ihnen sind nicht katholisch – die, ohne eigentlich Mitglieder des Werkes zu sein, an den apostolischen Tätigkeiten der Vereinigung durch ihr Gebet, ihre finanzielle Unterstützung oder ihre Arbeit mitwirken.»[5]

[5] A. Byrne a. a. O. 15.

2. *Die Gründung und der Gründer*

Die Gründung des Opus Dei vollzog sich in drei Phasen: Am 2. Oktober 1928 erfolgte die eigentliche Gründung des Opus Dei, das nach dem Verständnis des Gründers Escrivá de Balaguer nur männliche Mitglieder haben sollte und durfte. Dieses sein erstes Verständnis korrigierte er am 14. Februar 1930 mit der Gründung der weiblichen Abteilung des Opus Dei. «Damit nicht der leiseste Zweifel aufkam, daß Er derjenige war, der das Werk wollte, bediente Er sich sichtbarer Zeichen. Ich hatte geschrieben: ‹Nie wird es Frauen im Opus Dei geben – nicht einmal im Scherz.› Und wenige Tage später dann ... der 14. Februar: damit sichtbar würde, daß es sich nicht um eine Sache von mir handelte, sondern es gegen meine Neigung und gegen meine Absicht geschah. Ich besuchte das Haus einer alten achtzigjährigen Dame, die bei mir zu beichten pflegte, um in ihrer kleinen Hauskapelle die heilige Messe zu feiern. Und dort war es, in jener heiligen Messe, nach der Kommunion, daß die weibliche Abteilung zur Welt kam. Nach der Messe beeilte ich mich, meinen Beichtvater aufzusuchen, der mir sagte: Das kommt genauso von Gott wie alles andere», erzählte Escrivá de Balaguer.[6]

Ursprünglich sollte das Opus Dei eine Vereinigung sein, der – mit Ausnahme ihres Gründers – nur Laien angehören. Doch veranlaßte ein Nichtzurechtkommen mit den Priestern, bei denen die Mitglieder beichteten und die, wie es im Opus Dei dargestellt wird, den «Geist des Opus Dei» nicht verstanden und den beichtenden Mitgliedern schlechten oder falschen Rat gegeben hätten, zu einer dritten Gründung. Am 14. Februar 1943 gründete Escrivá de Balaguer die *Priestergesellschaft vom Heiligen Kreuz*.

[6] S. Bernal, Msgr. Josemaría Escrivá de Balaguer, 136.

Seither ist es möglich, daß (wie schon gesagt) Numerarier meist nach abgeschlossener Ausbildung zu einem «zivilen Beruf», bisweilen auch nach zeitweiliger Ausübung desselben, zu Priestern für die Vereinigung geweiht werden können, die nun mit vollem Namen bis zum 23. 8. 1982 «Priestergesellschaft vom Heiligen Kreuz und Opus Dei» (Societas sacerdotalis Sanctae Crucis et Opus Dei) hieß, im Sprachgebrauch der Mitglieder, auch nach außen hin, aber fast ausschließlich kurz als «Opus Dei» bezeichnet wurde und weiterhin wird.

Der Name «Opus Dei» mag an die benediktinische Bezeichnung für die liturgia horarum, das Stundengebet erinnern und deshalb die Übersetzung «Werk/Verrichtung für Gott; Gottesdienst» nahelegen. Dennoch handelt es sich bei «Dei» im Verständnis des Gründers und der Mitglieder der Vereinigung um einen Genitivus subiectivus. Opus Dei ist somit zu übersetzen als «Werk Gottes» im Sinn einer von Gott gewirkten Sache. «Opus Dei» als Name der von Escrivá de Balaguer im Alter von 26 Jahren gegründeten Vereinigung ist somit der anspruchsvollste Name einer *kirchlichen* Vereinigung überhaupt.

Das in diesem Namen sich spiegelnde Eigenbewußtsein und Selbstverständnis ist der Vereinigung und ihrem Gründer von Anbeginn, also seit dem 2. 10. 1928, eigen gewesen. Dieses Werk ist nicht Menschenwerk, sondern Werk Gottes. Die Gründung der Vereinigung erfolgte im Gehorsam gegenüber dem Willen Gottes, gemäß den Worten Escrivás seinen eigenen Vorstellungen entgegen. Wie aber kam es zur Idee einer solchen Gründung? Was ereignete sich in bzw. mit Escrivá de Balaguer an jenem 2. Oktober? Konkretes ist – auch den Mitgliedern – darüber bisher nie bekannt geworden. Zu seinen Lebzeiten hat der Gründer niemals etwas Genaueres dazu sagen wollen, doch bewirkte gerade dieses Offen- und Unbestimmtlassen, daß die Gründung des Opus Dei seinen Mitgliedern in einer Aura des Besonderen und Außergewöhnlichen erschien und erscheint.

Des öfteren erklärte der Gründer der Vereinigung seinen «Kindern», weshalb er nichts Näheres über die Gründung des Opus Dei erzählen wolle, mit Aussagen des Inhaltes, daß der Weg des Opus Dei das Gewöhnliche sei, sich aber in der Tat in Zusammenhang mit der Gründung des Opus Dei Außergewöhnliches ereignet habe. Später, so sagte er, würden wir («seine Söhne und Töchter») schon alles erfahren und geschrieben finden.[7] Später, dies war klar, würde in jedem Fall erst nach seinem Tod sein. Daß er zu seinen Lebzeiten nichts Näheres darüber berichtete, erschien so als beispielhafte Demut des Priesters Escrivá, der nicht wollte, daß er wegen des Außergewöhnlichen, das durch Gott ihm an diesem 2. Oktober 1928 zuteilgeworden ist, in irgendeiner Weise als herausgehoben betrachtet würde. Dies wurde jedenfalls immer wieder von den «geistlichen Leitern» der Vereinigung den neu Hinzugekommenen erklärt.

Hat sich denn an jenem 2. Oktober 1928 etwas Außergewöhnliches ereignet? Bei vielen Mitgliedern des Opus Dei, die ich kennengelernt habe, ist eine dahingehende Überzeugung herangereift, und auch ich war lange Zeit dieser Auffassung. Bisweilen wurde während des in jedem «Zentrum» der Vereinigung zweimal täglich stattfindenden «Beisammenseins» unter den Mitgliedern in diese Richtung hin spekuliert. Angedeutet, unausgesprochen, manchmal jedoch auch klar ausgesprochen ist bei vielen (um hier vorsichtig zu formulieren) eine feste Überzeugung herangereift, es müsse in Zusammenhang mit der Gründung des Opus Dei eine das Gewöhnliche überstei-

[7] vgl. ebd. 104 f.

gende Begegnung des «Vaters» mit Gott, eine Vision oder ähnliches, stattgefunden haben. Überdies wurde mir gegenüber von Leitern innerhalb des Opus Dei verschiedentlich die Auffassung geäußert, dem Gründer sei, auch wenn er so etwas nie ausdrücklich gesagt habe, wahrscheinlich Maria ein- oder zweimal in seinem Leben erschienen.

Von seiten des Gründers sind, trotz der zahlreichen Gesten der Demut und Bescheidenheit einerseits, auf der anderen Seite viele Äußerungen bekannt, die in diese Richtung interpretierbar waren, zumindest aber ihn in einer ungewöhnlichen, unmittelbaren Beziehung zu Gott auswiesen, die ihm ermöglichte, den Willen Gottes direkt zu erkennen und zu empfangen und ihn an seine «Söhne und Töchter» weiterzugeben: Bevor er, Escrivá de Balaguer, wie jedes andere Mitglied des Opus Dei einen geistlichen Leiter – nämlich Alvaro del Portillo, den derzeitigen Generalpräsidenten der Vereinigung – gehabt habe, sei der Heilige Geist sein geistlicher Leiter gewesen. Daß sich das Opus Dei verwirkliche, sei nicht ein frommer Einfall von ihm, sondern der ausdrückliche Wille Gottes. So sagte er des öfteren: «Der Himmel läßt sich nicht davon abbringen, daß es verwirklicht wird.»[8] Wenn einerseits Escrivá de Balaguer auch nicht wollte, daß man ihn in seinem persönlichen Leben nachahme («nur einen sollt ihr nachahmen – Christus»), so betrachtete er sich andererseits doch als die Instanz, durch welche die Mitglieder des Opus Dei direkt oder vermittelt durch die mit ihm in Einheit stehenden Leiter den Willen Gottes für sich sicher erfahren konnten. Da er, seinem Selbstverständnis nach und im Verständnis

[8] «El Cielo está empeñado en que se realice.» Dies berichtet das ehemalige Opus-Dei-Mitglied Maria Angustias Moreno, El Opus Dei. Anexo a una historia (Barcelona 1976) S. 62; zit. bei J.M. Castillo, Die «Nachfolge Christi» und «Der Weg». Zum Thema «unterscheidendes Erkennen»: Concilium 14, 11 (1978) 588. – Auch ich habe diesen Satz mehrfach gehört und gelesen.

der Mitglieder der Vereinigung, gleichsam über einen direkten Draht zu Gott zu verfügen schien[9], konnte er mit einer sicherlich seltenen Sicherheit immer wieder äußern: «Gott will es so, und damit fertig.»[10] Und da ihm der Wille Gottes so direkt erkennbar war, konnte er auch den Leitern des Opus Dei wiederholt anraten: «Ihr müßt alles durch meinen Kopf und mein Herz gehen lassen.»[11] Dieser direkte Draht ist es auch, der die Sicherheit gibt. Der Gründer hat den Willen Gottes klar erkannt, das ganze Werk ist nicht «Opus Escrivá» sondern eben Opus Dei, wie der Gründer häufig zu sagen pflegte. Da *alles*, was Escrivá de Balaguer bis in die kleinsten Details für das Opus Dei nach dem Willen Gottes festgesetzt hat, auch noch von der Kirche approbiert worden sei[12], ist es rundum richtig, wahr. Es kann deshalb für ein Mitglied des Opus Dei nicht Gegenstand kritischer Reflexion und Prüfung, sondern ausschließlich Sache der liebenden Annahme, der Treue und Loyalität, letztlich Sache des Gehorsams sein.

Des Außergewöhnlichen, beinahe Wunderhaften bei und um Escrivá de Balaguer gibt es noch mehr: Er, an Diabetes leidend und schwer krank, sei in den fünfziger Jahren schon einmal so gut wie tot gewesen. Doch wie durch ein Wunder kam er wieder zu sich und war obendrein von der Zuckerkrankheit, die doch als unheilbar gilt, vollständig geheilt – erzählen die Mitglieder des Opus Dei.[13] Escrivá de Balaguer war nach Aussage der Ärzte – Mitglieder des Opus Dei von der medizinischen Fakultät der Opus-Dei-Universität Pamplona – als er starb, trotz seines Alters von 73 Jahren, organisch völlig gesund. Es war kein Herzversa-

[9] vgl. ebd.

[10] «lo quiere Dios, y basta»; ebd.

[11] «habéis de parsarlo todo por mi cabeza y por mi corazón», M.A. Moreno a.a.O. 61; zit. bei J.M. Castillo a.a.O. 588.

[12] darauf soll später noch genauer eingegangen werden, vgl. S. 261/65.

[13] vgl. S. Bernal a. a. O. 212 f.

gen, sondern ein medizinisch wiederum nicht zu erklärender Herzstillstand, wurde im Beisammensein der Mitglieder erzählt. Gott hat das Opfer, das Escrivá ihm angeboten hatte, seine Bereitschaft, sein Leben für die Kirche und den Papst hinzugeben, angenommen, steht auf den hinsichtlich des angestrebten Seligsprechungsprozesses[14] tausendfach verteilten «Gebetszetteln zum privaten Gebrauch». Maria gab ihm gleichsam einen Kuß auf die Stirn und holte ihn zu ihrem Sohn, schrieb der damalige Generalsekretär und heutige Generalpräsident des Opus Dei, Alvaro del Portillo, an alle Mitglieder der Vereinigung, die mit ihm den Tod ihres «Vaters» betrauerten.

Der schon zu seinen Lebzeiten für heilig gehaltene Gründer («es gibt, wie der Vater immer wieder gesagt hat, keinen Heiligen auf Erden, aber wenn es einen gäbe, dann wäre es ganz bestimmt unser Vater», lautete eine stehende Redewendung in der Vereinigung) galt und gilt den Mitgliedern des Opus Dei nach seinem Tod als Heiliger. Schon unmittelbar nach dem Tod des Gründers wurde alles Erdenkliche unternommen, um möglichst viele Bischöfe dazu zu bewegen, die Einleitung eines Seligsprechungsprozesses zu fordern (der Großteil aller katholischen Bischöfe kam diesem Anliegen nach), und die Mitglieder der Vereinigung sowie diejenigen, die mit dem Opus Dei Kontakt hatten, wurden aufgefordert, soweit es ihnen möglich war, sogenannte «cartas postulatorias» zu schreiben bzw. zu unterschreiben.

Das, was vom Gründer des Opus Dei – indem er seiner Auffassung und der seiner «Söhne und Töchter» zufolge als Werkzeug in der Hand Gottes und nach Gottes Willen handelte – als «Geist des Opus Dei» festgelegt und bis in die kleinsten Details hinein festgeschrieben worden ist, gilt

[14] der am 12. 5. 1981 in Rom eröffnet wurde.

mit seinem Tod für die Mitglieder des Werkes als unabänderlich. Mit dem Tod von Escrivá de Balaguer ist die erste Epoche der Geschichte des Opus Dei zu Ende gegangen, die Epoche seiner Gründung. Inzwischen hat die zweite und letzte Epoche seiner Geschichte begonnen, die der Treue und Kontinuität. Der «Geist des Werkes» gilt nach den Worten des Gründers als «vollständig, kompakt und sicher». Es gilt, ihn unverfälscht und ohne Abstriche zu bewahren und zu tradieren. Indem das von dem Gründer des Opus Dei Gesagte, Getane und Festgelegte als direkt dem Willen Gottes entspringend und als das dem Willen Gottes Gemäße verstanden wird, erhält es für die Vereinigung die Qualität quasi unfehlbaren Charakters.

Im «Geist des Opus Dei» seien, so die einhellige Meinung, die Beschlüsse des II. Vatikanischen Konzils weithin gleichsam vorweggenommen, und manches – man verweist hier unter anderem auf das Dekret über das Laienapostolat «Apostolicam actuositatem» – sei geradezu durch das Opus Dei involviert worden. In diesem Zusammenhang wird dann häufig auch noch darauf hingewiesen, daß der damalige Generalsekretär der Vereinigung, Alvaro del Portillo, Sekretär einer der zehn Konzilskommissionen gewesen sei.

Nur scheinbar haben wir den ersten Schritt einer Skizzierung von Grundlinien der Vereinigung verlassen. Die Kenntnis des Selbstverständnisses der Vereinigung und ihres Gründers und das darin gründende Selbstbewußtsein ist für das weitere Verständnis sehr wesentlich. Hier ist eine der Wurzeln zu suchen, die zu einem tragischen Aussetzen und Ausbleiben legitimer und notwendiger Reflexion unter den Mitgliedern der Vereinigung bei gutgemeinter Selbstgewißheit führen, was hier noch genauer ausgeführt werden soll.

3. Leitungsstruktur

Die Leitungsstruktur des Opus Dei ist streng hierarchisch gegliedert und in den einzelnen Ebenen der Leitungshierarchie kollegial, wobei solche Kollegialität aber wiederum hierarchische Züge und Gliederungen aufweist. An der Spitze der Leitung des Opus Dei steht ein Generalrat, dem der Generalpräsident der Vereinigung vorsteht. Diesem sind alle Mitglieder, alle Regionen und alle Häuser unterstellt, in denen die Vereinigung tätig ist. Die Entscheidungen des Generalpräsidenten, meist im Verbund mit dem Generalrat getroffen, und das von ihm Geäußerte stellen für die Mitglieder des Opus Dei den durch den Generalpräsidenten vermittelten Willen Gottes für sie dar, verlangen deshalb Gehorsam und haben für sie höchste Verbindlichkeit. Der Generalrat besteht aus: Generalsekretär, Generalprokurator, Priestersekretär, 3 stellvertretende Sekretäre (Vocale), Studienpräfekt, Generaladministrator und je mindestens ein Delegierter der regionalen Länderleitungen. Dem Generalrat gehören Priester wie Laien an.

Was der Generalrat, dem bei der weiblichen Abteilung ein ebenfalls dem Generalpräsidenten zur Seite bzw. unterstehender Zentralrat entspricht, auf internationaler Ebene ist, stellt auf nationaler Ebene die Kommission als die zentrale Leitung des Opus Dei in einem Land dar. Die Kommission ist dem Generalrat unterstellt und an dessen Weisungen gebunden. An der Spitze einer Kommission steht der Consiliarius als Landesleiter der Vereinigung. Wie der Generalpräsident muß der Consiliarius immer ein Priester sein. Dem Consiliarius stehen ein Defensor, ein Delegierter der Region, der zugleich Mitglied des Generalrates ist, ein regionaler Priestersekretär, ein Sekretär der Kommission, drei «Vocale», ein Studiendelegierter und ein Regionaladministrator zur Seite.

Der Kommission eines Landes unterstehen die sogenannten «Örtlichen Räte», die lokalen Leitungen der Häuser und Einrichtungen («Zentren»), welche die Vereinigung in den Städten eines Landes unterhält. An der Spitze eines «Örtlichen Rates» steht ein Leiter, dem mindestens ein stellvertretender Leiter und ein Sekretär zur Seite stehen. Je nach Ausdehnung der Vereinigung in einem Land können eine oder mehrere sogenannte «Delegationen» der Kommission und den «Örtlichen Räten» zwischengeschaltet sein.
Auf eine Ausführung der genauen Aufgaben der einzelnen Leitungsämter soll in diesem Rahmen ebenso verzichtet werden wie auf eine Darstellung der hierarchischen Strukturen zwischen den Mitgliedern unterhalb der Leitungsebene eines «Örtlichen Rates». Die hier nur grob skizzierten Leitungsgremien beziehen sich auf die männliche Abteilung. Die der weiblichen Abteilung sind parallel strukturiert.

4. Vom Säkularinstitut zur Personalprälatur

Das Opus Dei versteht sich nicht als Orden und will mit keinem Orden verglichen oder zusammengenannt werden. Es verstand sich auch nicht mehr als Säkularinstitut, als das es am 24. 2. 1947 die päpstliche Approbation erhielt.[15] War der Gründer des Opus Dei, wie es dargestellt

[15] Die endgültige Approbation erfolgte am 16. 6. 1950. Mit der Apostolischen Konstitution «Provida Mater Ecclesia» war 1947 die Rechtsfigur der sogenannten Säkularinstitute (auch «Weltgemeinschaften» genannt) geschaffen worden. Eine Reihe von Vereinigungen, deren Mitglieder sich als Laien (bisweilen auch als Weltpriester) um ein Leben der «evangelischen Räte» bemühen wollen, ohne sich aus dem Alltag der «Welt» zurückzuziehen und Ordensleute zu werden, konnten so eine kirchenrechtliche Gestalt und Anerkennung finden. Das Konzilsdekret «Perfectae caritatis» spricht art. 11 davon, daß das Bemühen um ein Apostolat nicht nur in der Welt, sondern auch «gleichsam von der Welt her» der

wird, schon damals mit der kirchenrechtlichen Anerkennung nicht vollends zufrieden[16], da in ihr der rein «laikale Charakter» der Vereinigung nicht genügend berücksichtigt worden sei, so wuchs in der Folgezeit das Unbehagen des Opus Dei an seiner Rechtsform. Das ging so weit, daß die Vereinigung von sich zu sagen begann, sie sei zwar «de iure» noch ein Säkularinstitut, «de facto» aber keines mehr. Es müsse «darauf hingewiesen werden, daß auf die später anerkannten Säkularinstitute in den folgenden Jahren ein großer Teil der theologischen Lehre und der Gesetzgebung über die Ordensleute angewandt wurde, so daß diese sich in nicht wenigen Fällen den Orden oder ihnen gleichgestellten Gemeinschaften genähert haben. Im Gegensatz hierzu bewahrt das Opus Dei die seiner Eigenart entsprechende theologische Ausrichtung und hebt sich nicht nur von den übrigen Säkularinstituten, sondern von dem Begriff der Säkularinstitute selbst soweit ab, daß es de facto kein Säkularinstitut ist.»[17]

Neben dem teilweise ordensähnlichen Charakter anderer Säkularinstitute, mit dem das Opus Dei nicht verglichen und gleichgestellt werden wollte, waren es vor allem zwei

Grund für die Entstehung der Säkularinstitute war. Es soll hier nicht der Frage nachgegangen werden, inwieweit die oft vorgenommene Unterscheidung zwischen welthaftem Apostolat für die Säkularinstitute und Verlassen der Welt («contemptus mundi») für die Orden zum einen theologisch gesehen wirklich greift und zum anderen die Lebenspraxis der Mitglieder der Säkularinstitute bzw. der Orden adäquat wiedergibt. Schon durch Äußerlichkeiten haben einzelne der Säkularinstitute bisweilen dazu beigetragen, daß sie mit den Orden gleichgesetzt wurden. Auch das Konzil hat den Unterschied zwischen Orden und Säkularinstituten in einer gewissen Uneindeutigkeit gelassen: Die Säkularinstitute fanden Behandlung in dem Dekret über die zeitgemäße Erneuerung des Ordenslebens («Perfectae caritatis»). Die in «Lumen gentium» gegebene Beschreibung der Ordensleute scheint so weitgefaßt, daß sich fragen läßt, ob nicht auch die Mitglieder der Säkularinstitute unter diese fallen.

16 Die Rechtsform eines Säkularinstitutes sei Escrivá de Balaguer damals als die «am wenigsten unpassende» erschienen; vgl. J. Roggendorf; Die Welt, 8. 9. 1982.

17 A. Byrne a.a.O. 10; vgl. auch die Ausführungen von Escrivá de Balaguer, Gespräche, 43–45.

Dinge, die der Vereinigung an ihrer ersten kirchenrechtlichen Gestalt mißhagten: Zum einen unter die Zuständigkeit der Kongregation für die Orden und Säkularinstitute zu fallen und dem Ordensrecht unterstellt zu sein, zum anderen das Verpflichtetsein der Mitglieder zur Ablegung privater Gelübde, vor allem des Gehorsams. Die Arbeit der Mitglieder und ihr apostolisches Wirken in der Alltagswelt, so wurde argumentiert, seien dadurch erschwert und die Mitglieder zuweilen diskriminiert worden, da man ihre eigenverantwortlichen, von der Vereinigung unabhängigen Entscheidungen in Politik, Wirtschaft und Kultur nicht als solche anerkannt, sondern verschiedentlich die Vereinigung als dahinterstehend vermutet habe, der gegenüber die Mitglieder sich ja zum Gehorsam verpflichtet hätten. Doch gerade dieses Argument, das eines der Hauptargumente im Bemühen um die nun erfolgte Statusänderung war, entbehrt der Stichhaltigkeit. Was an späterer Stelle im Rahmen dieser Arbeit zum Thema Gehorsam auszuführen sein wird[18], ergab sich für die Vereinigung keineswegs erst aus dem Verpflichtetsein der Mitglieder zu privaten Gehorsamsgelübden, sondern war von Escrivá de Balaguer für die Vereinigung von Anfang an so festgelegt worden.[19] An dem Festgelegten ändert sich mit der nun erfolgten Statusänderung nichts! Wenn es auch durchaus zutreffend ist, daß das Opus Dei zuweilen zu Unrecht mit der Wahrnehmung exponierter Posten in Politik, Wirtschaft und Kultur durch einzelne ihrer Mitglieder identifiziert wurde und wird, so ist es auf der anderen Seite keineswegs so, wie die Vereinigung glauben machen will, der Gehorsam der Mitglieder den Leitern im Opus Dei

[18] vgl. S. 111/16.
[19] die in Zusammenhang mit den Ausführungen zum Thema Gehorsam S. 111/16 zitierten Punkte aus «Der Weg» gehen auf das Jahr 1934 bzw. 1939 zurück, auf eine Zeit also, die weit vor dem Verpflichtetsein der Mitglieder zu privaten Gehorsamsgelübden liegt.

gegenüber beziehe sich lediglich auf ihr «inneres Leben». Dazu sei auf das verwiesen, was in den folgenden Kapiteln ausgeführt wird.

Eine Rechtsform, die der Vereinigung angemessener als der Status eines Säkularinstitutes sein könnte, sah das Opus Dei in einer Aussage des II. Vatikanischen Konzils angedeutet bzw. vorgezeichnet. Das Konzilsdekret «Presbyterorum ordinis» spricht in Artikel 10 von der Möglichkeit der Errichtung von Personalprälaturen. Mit einer Personalprälatur ist dabei im Kontext des Konzilsdekretes ein «Zweckverband»[20] gemeint. Zum Zweck seelsorglicher Tätigkeit in einer priesterarmen Region oder auch «für spezielle pastorale Aufgaben bei verschiedenen sozialen Schichten, die in einer bestimmten Gegend oder Nation oder in irgendeinem Teil der Welt durchgeführt werden müssen» (Presbyterorum ordinis Nr. 10) sollen in einer Personalprälatur Weltgeistliche herangebildet und kirchenrechtlich eingegliedert (inkardiniert) werden können.[21] Von den Konzilsvätern scheint damit die Schaffung einer Rechtsfigur intendiert gewesen zu sein, die dazu geeignet ist, eine gleichmäßigere Verteilung des Weltklerus auf die einzelnen Ortskirchen bzw. die Wahrnehmung besonderer pastoraler Aufgaben oder Anliegen zu gewährleisten. Die in einer Personalprälatur inkardinierten Priester würden dafür gewissermaßen flexibler und mobiler sein als der Klerus einer Diözese, der an deren Ort gebunden ist.

Was aber erschien Escrivá de Balaguer an der im Konzil erst angedeuteten Möglichkeit der Rechtsform eines Klerikerverbandes vorbildlich und geeignet für das Opus Dei? Schließlich stellen doch in der Vereinigung die Priester eine Minderheit dar, und hat das Opus Dei stets Wert darauf gelegt, als Vereinigung von Laien angesprochen zu

[20] vgl. W. Aymans: Archiv für katholisches Kirchenrecht 148 (1979), 43 f.
[21] ebd. 44.

werden. Offenbar waren es weniger die materialen Bestimmungen (soweit sie im Konzilsdekret aufscheinen) als vielmehr die Strukturmomente, die ein solcher Zweckverband «Personalprälatur» aufweisen würde. Diese treten in den Konkretisierungen der Rechtsgestalt einer Personalprälatur, die Paul VI. Motu proprio «Ecclesiae Sanctae» gab, deutlicher hervor. Dort wird von der Möglichkeit gesprochen, daß auch Laien «aufgrund von Abmachungen» sich einer Personalprälatur anschließen und ihren Zwecken widmen können. Schon im Konzilsdekret war davon die Rede, daß die einer Personalprälatur angehörenden Priester zwar in diese inkardiniert sind (also dem die Prälatur leitenden Prälaten unterstellt), daß aber andererseits die «Rechte der Ortsordinarien (. . .) stets unangetastet bleiben» müssen. Damit – so lassen sich vielleicht die Überlegungen von Escrivá de Balaguer rekonstruieren – wäre eine Rechtsform gefunden, die es zum einen ermöglichen würde, Priester zu inkardinieren, ohne daß sich ihr Status als Weltpriester damit änderte. Zum anderen könnten der Prälatur auch die Laienmitglieder der Vereinigung zugehören, ohne daß sie aufhörten, Mitglieder ihrer jeweiligen Diözesen zu sein. Die Anbindung an die Prälatur geschähe durch Vertrag, womit die bislang geforderten privaten Gelübde entfielen.
Eine Anwendung der vom Konzil eröffneten Möglichkeit einer Personalprälatur auf das Opus Dei würde freilich das von den Konzilsvätern ursprünglich Intendierte genau umkehren. «In ‹Ecclesiae Sanctae› war (. . .) offenbar mehr an einzelne Laien gedacht, die ihre berufliche Tätigkeit einer Personalprälatur zur Verfügung stellen. Nach dem Selbstverständnis des Opus Dei müßte es sich dort aber gerade umgekehrt verhalten»[22]: Den Hauptkern würden

[22] Herder Korrespondenz (1982) 10, 473.

die der Vereinigung angehörenden Laien bilden. Sie machen schließlich 98 Prozent der Mitglieder des Opus Dei aus. Die Priester der Vereinigung bilden demgegenüber eine deutliche Minderheit.
Vor allem den gegen dessen Willen öffentlich gewordenen Ausführungen des neuen Generalpräsidenten, Alvaro del Portillo[23], zufolge, hat sich Escrivá de Balaguer von 1962 an intensiv um eine Änderung des kirchenrechtlichen Status des Opus Dei in Richtung auf eine Personalprälatur bemüht. Dem Ansinnen wurde von Johannes XXIII. und Paul VI. nicht entsprochen. Paul VI. gab aber dem Gründer des Opus Dei den Rat, einen «besonderen Generalkongreß einzuberufen, der die entsprechenden Untersuchungen im Hinblick auf die Umwandlung des Werkes in eine Personalprälatur einleiten sollte.»[24] 1978 forderte Alvaro del Portillo die Mitglieder des Opus Dei auf, intensiv für ein «spezielles Anliegen» zu beten, dessen Inhalt den Mitgliedern nicht genannt wurde. Dieses spezielle Anliegen sei schon ein Anliegen des Gründers gewesen und stehe nun kurz vor seiner Erfüllung. In diesem Anliegen ging es um die Statusänderung des Opus Dei. Der Optimismus del Portillos war wohl darin begründet, daß Johannes Paul II. dem Generalpräsidenten in einem handgeschriebenen Brief zum Jubiläum des 50jährigen Bestehens des Opus Dei signalisiert hatte, daß die gewünschte Statusänderung des Opus Dei nun bald in Angriff genommen werde.

[23] vgl. den in El País am 11. 11. 1979, 24–27 unter der Überschrift «Documentos íntegros para el cambio de ‹status› eclesial para el Opus Dei» veröffentlichten Bericht über die Entstehung und Entwicklung des Opus Dei, der von Alvaro del Portillo für den Vatikan angefertigt worden war, und die ebenfalls dort abgedruckten Briefe des Generalpräsidenten an Kardinal Baggio; zu den Umständen des Bekanntwerdens dieser Dokumente vgl. A. Woodrow; Le Monde, 14.11.1979, 14; C. Longley u. D. van der Vat; The Times, 12. 1. 1981.

[24] Marcello Costalunga; L'Osservatore Romano. Wochenausgabe in deutscher Sprache, 10. 12. 1982, 9.

Mit der Veröffentlichung vertraulicher Dokumente in der Spanischen Zeitung El País am 11. November 1979, die das Ersuchen des Generalpräsidenten beim Vorsitzenden der Bischofskongregation, Kardinal Baggio, um eine Änderung des kirchenrechtlichen Status des Opus Dei von einem Säkularinstitut in eine Personalprälatur enthielten, wurden die konkreteren Vorstellungen des Opus Dei öffentlich. Das Ansinnen des Opus Dei gab Anlaß zu heftigen Protesten – beispielsweise einiger Bischöfe der Spanischen und der Schweizer Bischofskonferenz – und zu Spekulationen, wie sich das Opus Dei seine neue kirchenrechtliche Gestalt genau vorstelle. Vor allem eine in den veröffentlichten Dokumenten enthaltene Aussage del Portillos, das Opus Dei sei nicht eigentlich eine Vereinigung, sondern berge in sich das ganze Spektrum einer Diözese oder Teilkirche, gab zu der vielfach geäußerten Auffassung Anlaß, das Opus Dei wolle eine Art weltweite Diözese, womöglich mit einem eigenen Bischof, und damit von den Diözesanbischöfen vollkommen unabhängig werden. Der Münchener Kirchenrechtler Aymans sah darin eine mögliche «verfassungsrechtliche Fehlentwicklung» in der Kirche, da der Übergang vom Territorial- zum Personalprinzip zu einer verhängnisvollen Ausdünnung der Ortskirchen führen könne – eine mögliche Fehlentwicklung, die er allerdings keineswegs dem Opus Dei anlasten wollte.[25] Das Opus Dei betonte verschiedentlich, daß der von ihm angestrebte Status nicht auf eine weltweite Personaldiözese hinauslaufe; was aber der von ihm gewünschte Status wäre, führte es nicht weiter aus.[26]

Am 23. August 1982 wurde die Entscheidung des Papstes bekanntgegeben, das Opus Dei zu einer Personalprälatur

[25] W. Aymans; Frankfurter Allgemeine Zeitung, 13. 12. 1979.

[26] für den deutschen Sprachraum siehe z.B. den Leserbrief von K. Jungmann (Sekretariat des Opus Dei in Deutschland): Rheinischer Merkur, 17. 7. 1981.

mit Namen «Heiliges Kreuz und Opus Dei» zu erheben.[27] Der Pressesprecher des Vatikan, Romeo Panciroli, teilte am 23. 8. 1982 nur das Faktum mit. Die Veröffentlichung der Dokumente, die über die Errichtung der neuen Prälatur Heiliges Kreuz und Opus Dei Aufschluß geben sollten, mußte aber, wie es hieß, aus technischen Gründen verschoben werden. Durch einen Koordinationsfehler wurde dennoch eine «Erklärung der Bischofskongregation zur Neustrukturierung des ‹Opus Dei›» bekannt[28], die in deutscher Sprache von der österreichischen Kathpress veröffentlicht wurde.[29] Diese «Declaratio» erfuhr ihre offizielle Veröffentlichung seitens des Vatikans unter dem Datum des 23. 8. am 28. 11. 1982.[30] Zugleich wurde bekanntgegeben, daß Johannes Paul II. – wie zu erwarten stand – den bisherigen Generalpräsidenten des Opus Dei, Alvaro del Portillo, zum ersten Prälaten der neugeschaffenen Personalprälatur ernannt hat. Da die durch Kathpress vorzeitig bekanntgewordene Erklärung der Bischofskongregation, was Einzelheiten der Personalprälatur betrifft, einiges im unklaren läßt[31], war zu hoffen, die Verschiebung der Bekanntgabe des Dokumentes diene dem Zweck einer nochmaligen Überarbeitung und Präzisierung. Der am 28. 11. 1982 offiziell veröffentlichte Text weist jedoch keinerlei Änderungen auf.

Aus der Erklärung der Bischofskongregation folgt, daß sich mit der Umwandlung in eine Personalprälatur für das

[27] vgl. dazu: Opus Dei Papst unterstellt: Frankfurter Rundschau, 24. 8. 1982, 2; J. Arias; El País, 24. 8. 1982; A. Woodrow; Le Monde, 25. 8. 1982, 8; C. Longley; The Times, 25. 8. 1982; Opus Dei jetzt Personalprälatur, KNA, 26. 8. 1982.

[28] vgl. Das Opus Dei: oder was ist eine Personalprälatur, a.a.O. (s. Anm. 22)

[29] Erklärung der Bischofskongregation zur Neustrukturierung des «Opus Dei», Kathpress Dokumentation 161, 23. 8. 1982. 1f.

[30] Sacra Congregatio pro Episcopis: Declaratio, L'Osservatore Romano, 28. 11. 1982; in deutscher Sprache veröffentlicht: L'Osservatore Romano (deutsch) 10. 12. 1982.

[31] vgl. Das Opus Dei: oder was ist eine Personalprälatur a.a.O.

Opus Dei und seine Mitglieder kaum etwas geändert hat. Alvaro del Portillo bestätigte dies, als er in einem Interview sagte, die Umwandlung des Opus Dei in eine Personalprälatur bedeute «nur einen Wechsel des juristischen ‹Gewandes›.»[32] Die wichtigsten Änderungen bestehen darin, daß die Prälatur Opus Dei, an deren Spitze ein Prälat mit «ordentlicher Regierungs- und Jurisdiktionsgewalt» steht, «die sich auf das beschränkt, was dem spezifischen Zweck der Prälatur dient»[33], der Bischofskongregation unterstellt ist. Das Opus Dei untersteht somit nicht mehr der Kongregation für die Orden und Säkularinstitute. (Die Gewalt des Prälaten unterscheidet sich von der Gewalt, die bislang der Generalpräsident innehatte, letztlich nicht.) Die Laienmitglieder des Opus Dei gehören wie bisher ihren jeweiligen Diözesen an. Ihre Bindung an die Prälatur erfolgt – dies ist eine Änderung – durch eine «klar umschriebene vertragliche Bindung und nicht kraft besonderer Gelübde.»[34] Mit der Ausgliederung des Opus Dei aus der Zuständigkeit der Kongregation für die Orden und Säkularinstitute fallen die Mitglieder nicht mehr unter das Ordensrecht. Es wurde die Auffassung vertreten, daß damit ein gewisser Schutz für die Mitglieder weggefallen ist.[35] Es fragt sich allerdings, ob ein solcher Schutz in der Vereinigung de facto jemals bestanden hat.

Die Laien, die dem Opus Dei angehören, genießen in den jeweiligen Diözesen die gleichen Rechte und haben dort die gleichen Pflichten wie die übrigen Angehörigen der jeweiligen Diözesen. «Die Laien, die der Prälatur eingegliedert werden, erlangen keine neue persönliche theologische

[32] Opus Dei vom Papst zur Personalprälatur erhoben: Schwäbische Zeitung, 14.12.1982.

[33] Erklärung der Kongregation für die Bischöfe zur Errichtung des Opus Dei als Personalprälatur: L'Osservatore Romano (deutsch), 10. 12. 1982, III a.

[34] ebd. I c.

[35] vgl. K.-G. Peschke: Kathpress/Beilage 164, 26. 8. 1982, 2.

und kirchenrechtliche Stellung, sie bleiben normale Gläubige und verhalten sich als solche in ihrer gesamten Tätigkeit und insbesondere in ihrem Apostolat», heißt es in der Erklärung der Bischofskongregation[36]. Der Jurisdiktion des Prälaten unterstehen die Laienmitglieder des Opus Dei aber «hinsichtlich all dessen, was die Erfüllung ihrer besonderen asketischen, bildungsmäßigen und apostolischen Verplichtungen anbelangt, die sie freiwillig mittels der Bindung übernommen haben, sich dem Ziel der Prälatur zu widmen.»[37] Auch hier ändert sich gegenüber ihrer bisherigen Bindung an den Generalpräsidenten nichts. Weiterhin bedarf es zur Errichtung eines jeden «Zentrums» des Opus Dei der Genehmigung der zuständigen Ortsordinarien, die nach wie vor ein Visitationsrecht in Bezug auf die Einrichtungen des Opus Dei in ihren Diözesen innehaben. «Die Priester der Prälatur müssen für die Ausübung ihres priesterlichen Dienstes an Personen, die nicht dem Opus Dei angehören, von der zuständigen territorialen Autorität die Amtsvollmachten erlangen.»[38] Der Prälatur inkardiniert sind nur solche Priester, die aus den Laienmitgliedern des Opus Dei selbst hervorgegangen sind und hervorgehen; sie gehören «in jeder Hinsicht dem Weltklerus an».[39] «Mit der Prälatur ist die Priestergesellschaft des Heiligen Kreuzes untrennbar verbunden, eine Vereinigung, der Priester des Diözesanklerus angehören können, welche die Heiligkeit in der Ausübung des eigenen Amtes gemäß der Spiritualität und der asketischen Praxis des Opus Dei anstreben wollen. Ein solcher Beitritt bewirkt nicht ihre Zugehörigkeit zum Klerus der Prälatur, sie verbleiben vielmehr in jeder Hinsicht unter der Regierung des

[36] Erklärung der Kongregation für die Bischöfe a.a.O. II b.
[37] ebd. III d.
[38] ebd. IV b.
[39] ebd. II b.

eigenen Ordinarius und informieren ihn von ihrer Zugehörigkeit, falls er es wünscht.»[40] Auch hier ergeben sich also letztlich keine Änderungen.

Die Umwandlung des Opus Dei in eine Personalprälatur hat für die Vereinigung zweifellos einen hohen Prestigewert[41] und zeugt von einem großen Vertrauen des Papstes in die Vereinigung. Wenn es zu Beginn der Erklärung der Bischofskongregation heißt, «der päpstliche Akt, mit welchem das Opus Dei unter dem Namen des Heiligen Kreuzes und Opus Dei als Personalprälatur errichtet wurde», diene «unmittelbar der Förderung der apostolischen Tätigkeit der Kirche», zeugt dies andererseits von einer gewissen Unkenntnis der Wirklichkeit des Opus Dei und einer erfolgreichen Propaganda der Vereinigung.

[40] ebd. VI.
[41] vgl. K.-G. Peschke a.a.O. 2.

II. DAS OPUS DEI IN SEINEN SELBSTDARSTELLUNGEN

«Es gibt eben zwei verschiedene Negationen der Wahrheit, die bewußte und die unbewußte, die Lüge und den Irrtum. Ein Irrtum ist keine Lüge und eine Lüge kein Irrtum. Wenn jemand die Unwahrheit spricht, soll man immer in Betracht ziehen, daß er sich nur irrt.»

Robert Havemann

Folgt man den zahlreichen, für die Öffentlichkeit bestimmten Selbstdarstellungen des Opus Dei, gibt dieses sich ungefähr folgendes Bild[42]:

1. Christus-Nachfolge im Alltag

Das Opus Dei knüpft in seiner Lehre an das Leben der ersten Christen an[43] und ruft in Erinnerung, was über Jahrhunderte hinweg in der Geschichte der Kirche in Vergessenheit geraten war.[44] «Im Verlauf der Geschichte hatte sich eine verhängnisvolle Wegetrennung für Christen herausgebildet: der Weg der *vollkommenen* Christusliebe und -nachfolge schien nur den zu einem *besonderen* Stand Berufenen zugewiesen: den Klerikern, den Religiösen, den in

[42] In diesem Kapitel werden bis einschließlich Anmerkung 101 nur Schriften und Veröffentlichungen von Verfassern zitiert, die Mitglieder des Opus Dei sind bzw. es zum Zeitpunkt der Veröffentlichung waren. In Anmerkung 102 werden auch Artikel angeführt, die zwar nicht direkt von Mitgliedern des Opus Dei verfaßt sind, wohl aber Auskünfte von seiten der Vereinigung mitteilen.

[43] vgl. z.B. Gespräche, 44.

[44] vgl. z.B. ebd. 78: «Der Geist des Opus Dei greift die herrliche, jahrhundertelang von vielen Christen vergessene Wirklichkeit auf, daß jede Arbeit, die im Menschlichen lauter und rechtschaffen ist, zu einem göttlichen Tun werden kann.»

irgendeiner Form sich ‹von der Welt› Abtrennenden; während ‹in der Welt› bleiben, notgedrungen hieß, sich mit einer geringeren, bescheideneren Christusnähe und -nachfolge begnügen zu müssen. So ein Normal-Laie *konnte* – so schien es und so meinte er selbst oft – nicht die volle Hingabe an Christus leben, das war mit den Weltgeschäften unvereinbar. Für Gott, Christus, Kirche blieben das mehr oder minder regelmäßige Gebet, die Sonntags-und Feiertagsmesse, der sakramentale Mindestkatalog», schrieb vor einigen Jahren ein Mitglied der Vereinigung.[45] Demgegenüber betont das Opus Dei, daß die Heiligung nicht Sache einiger Auserwählter oder bestimmter Stände ist, «sondern daß alle Wege der Erde, alle Stände, alle Berufe, alle rechtschaffenen menschlichen Aufgaben Wege Gottes sein können.»[46]

Das Opus Dei ist von Gott dazu berufen, in Erinnerung zu rufen, daß der Ruf zur Vollkommenheit nicht exklusiv ist und Christsein nicht im Vollbringen von Außergewöhnlichem besteht. Vielmehr soll die alltägliche Normalität als Ort der Begegnung mit Gott und des Gerufen- und Gefordertseins für Gott entdeckt werden. Die berufliche Arbeit und die alltäglichen Aufgaben und Pflichten, Freuden und Schwierigkeiten sind nicht Ballast oder gar Hindernis für die eigene Heiligung[47], sondern nach dem Willen Gottes für die Mehrzahl aller Christen *die* Möglichkeit und Chance der Begegnung mit Gott, der Antwort auf ein je persönliches Angerufensein durch Gott und des Apostolates als ein Sich-in-den-Dienst-nehmen-lassen von Gott für andere. Indem das Opus Dei von Gott dazu bestimmt ist, diesen allgemeinen Ruf zur Heiligkeit in Erinnerung zu rufen und

[45] P. Berglar: Deutsche Tagespost Nr. 117, 29./30. 9. 1978, 13; Hervorhebungen dort.

[46] Gespräche, 45.

[47] vgl. J. B. Torello, Die Welt erneuern, 20.

dazu beizutragen, daß ihm von möglichst vielen entsprochen wird, wendet es sich in seiner Botschaft besonders an alle Laien ohne Ansehen der Person, sozialer Herkunft Nationalität oder Rasse. Dabei geht es nicht um eine auf Laien «‹übertragene›, ‹adaptierte› Ordensspiritualität», wie sie in der Geschichte der Kirche verschiedentlich versucht wurde, und die «einen Begriff der Laienheiligkeit» implizierte, «der gegenüber der überlegenen Heiligkeit von Ordensangehörigen notwendigerweise als minderwertig angesehen werden mußte»[48], sondern um die Vermittlung einer Laienspiritualität und -mentalität. «Das Opus Dei will bei Menschen aller Gesellschaftsschichten das Verlangen nach christlicher Vollkommenheit mitten in der Welt fördern. Es will den Menschen in der Welt – dem gewöhnlichen Menschen, dem Mann auf der Straße – helfen, ein konsequent christliches Leben zu führen, ohne daß er seine normale Lebensweise oder seine gewöhnliche Arbeit oder seine Pläne und Hoffnungen ändern müßte.»[49]

Diese Botschaft war zu der Zeit, als der junge Priester Escrivá de Balaguer das Opus Dei gründete, ganz und gar ungewohnt, wurde verschiedentlich mißverstanden und bisweilen als häretisch diskreditiert. Das Opus Dei arbeitete gleichwohl von Anfang an mit der Genehmigung und dem Wohlwollen des Bischofs von Madrid[50] und «erhielt seit 1943 alle Approbationen des Heiligen Stuhles»[51] bis hin zur endgültigen Approbation am 16. 6. 1950. Seine Lehren fanden zudem durch das Zweite Vatikanische Konzil, das die Bedeutung und Aufgaben der Laien in Kirche und Welt klar herausstellte, ihre Bestätigung[52]. «Ohne

[48] ebd. 19; Hervorhebung dort.
[49] Gespräche, 43.
[50] vgl. z.B. ebd. 32.
[51] A. Byrne, Die gewöhnliche Arbeit heiligen, 10.
[52] vgl. z.B. Gespräche, 24 f; 28 f; 51; 69 f; 79; 105; 114 f.

Anmaßung darf ich sagen, daß das Konzil, was unseren Geist angeht, keinerlei Anlaß zu irgendeiner Änderung gegeben, sondern vielmehr all das bestätigt hat, was wir mit der Gnade Gottes seit so vielen Jahren schon leben und lehren.»[53]

Trotz der Verkündigung des II. Vatikanum sind, was die Stellung des Laien in Kirche und Welt anbelangt, noch eine Reihe von Fragen offengeblieben, die allerdings für das Opus Dei innerhalb der Vereinigung als weitgehend gelöst betrachtet werden können. «Obwohl sich das Zweite Vatikanische Konzil zu meiner großen Freude diesen Fragen ausführlich angenommen hat, und obwohl zahlreiche Begriffe und Gegebenheiten im Zusammenhang mit dem Leben und der Sendung des Laien bereits durch das Lehramt ausreichend geklärt und bestätigt worden sind, bleibt trotzdem noch ein erheblicher Kern von Fragen übrig, die für die Theologie im ganzen gesehen noch echte *Grenzprobleme* darstellen. Was uns betrifft, so scheint uns innerhalb des Geistes, den Gott dem Opus Dei gegeben hat und dem wir trotz unserer persönlichen Unvollkommenheit in Treue zu folgen suchen, der größte Teil dieser umstrittenen Fragen bereits in wunderbarer Art und Weise gelöst. Wir versuchen jedoch nicht, diese Lösungen als die *einzig* möglichen hinzustellen.»[54]

In der Lehre der Vereinigung nimmt die Arbeit, vor allem die berufliche, einen besonderen Stellenwert ein. «Der innerste Kern der spezifischen Spiritualität des Opus Dei ist die Heiligung der alltäglichen Arbeit.»[55] Heiligung der Arbeit meint ein Arbeiten mit dem Streben nach größtmöglicher menschlicher wie übernatürlicher Vollkommenheit. «Lege ein übernatürliches Motiv in deine alltägliche

[53] ebd. 105.
[54] ebd. 37; Hervorhebungen dort.
[55] ebd. 61.

Berufsarbeit, und du hast deine Arbeit geheiligt.»[56] So verstandenes Arbeiten hat einen dreifachen Aspekt: die «eigene Arbeit zu heiligen, sich in dieser Arbeit selbst zu heiligen und die anderen durch die Arbeit zu heiligen, damit sie täglich auf dem Weg ihres Lebens Gott begegnen.»[57] Heiligung der Arbeit meint also «mehr als korrekte, fleißige, gern getane Arbeit: sie ist Arbeit als sich mit Menschen- und Weltliebe verschmelzende Gottesliebe. Deshalb muß dieses Arbeitsleben durchtränkt sein von Gottesnähe. Wie ein Erdreich nichts hervorbringen kann ohne Grundwasser, ohne Regen und Sonne, so ist die Heiligung der Arbeit, die Heiligung in ihr, die Heiligung der Welt durch sie, unmöglich ohne die dauernde Verbindung mit Gott im Gebet und in den Sakramenten. Die neue Einheit des Lebens, zu der jedermann, jeder Christ vor allem, gerufen und befähigt ist, besteht in der unauflösbaren Einheit von ‹In-der-Welt-sein› und zugleich ‹Bei-Gott-sein›: in der Welt bei Gott sein; mit jedem Handgriff, mit jedem Atemzug, im Wachen und im Schlafen.»[58]
Die Mitglieder des Opus Dei, die mit ihrer Zugehörigkeit zu der Vereinigung einem göttlichen Ruf und einer persönlichen Berufung durch Gott zu entsprechen suchen, schließen sich dem Werk an, um für die Heiligung der alltäglichen Arbeit und ihr Apostolat, durch das sie den göttlichen Ruf zur Heiligkeit in der Normalität ihren Mitmenschen zu erschließen suchen und ihnen helfen wollen, diesem Ruf zu entsprechen, die notwendige spirituelle und theologische Ausbildung zu empfangen. «Wozu die Mitglieder des Opus Dei sich verpflichten, wenn sie sich dem Werk anschließen, ist dies: keine Anstrengung zu scheuen, um in

[56] J. Escrivá de Balaguer, Der Weg, Nr. 359. (Hier wie im folgenden werden nicht die Seitenzahlen sondern die jeweilige Nummer der 999 Punkte dieses Buches angegeben, das im folgenden abgekürzt zitiert wird: Der Weg, Nr.)
[57] Gespräche, 78.

ihrer Arbeit und durch ihre Arbeit die christliche Vollkommenheit zu suchen und sich immer deutlicher bewußt zu werden, daß das Leben eines Christen Dienst an den Menschen sein muß. Wie bereits gesagt, besteht die Hauptaufgabe des Werkes also darin, seinen Mitgliedern und allen Menschen, die es wünschen, christliche Bildung zu vermitteln.»[59]

Alle Mitglieder der Vereinigung verbleiben in den gewöhnlichen Lebensumständen und üben jene berufliche Arbeit aus, die sie auch ohne ihre Mitgliedschaft im Opus Dei hätten.[60] «Sie schließen sich dem Opus Dei an, nicht weil sie diese Arbeit verlassen möchten, sondern weil sie geistlichen Rückhalt suchen, um ihre gewöhnliche Arbeit heiligen zu können und sie zugleich in ein Mittel der eigenen Heiligung und in eine Hilfe für die Heiligung anderer zu verwandeln.»[61]

Die Mehrzahl der Mitglieder ist verheiratet; einige «entscheiden sich zur Ehelosigkeit und sind auf diese Weise in der Lage, der apostolischen Ausbildung der übrigen Mitglieder und den verschiedenen apostolischen Tätigkeiten mehr Zeit zu widmen.»[62] In der Hauptsache sind die Mitglieder Laien, doch gehören der Vereinigung auch Priester an, die aber nur einen geringen Prozentteil der Gesamtzahl der Mitglieder des Opus Dei ausmachen: es sind solche, die als Mitglieder des Opus Dei nach abgeschlossener Ausbildung zu einem zivilen Beruf und nicht selten nach jahrelanger Ausübung desselben[63] zu Priestern geweiht werden. «Sie widmen sich in ihrem Priesteramt den apostolischen Zielen des Opus Dei und verzichten, je nachdem in

[58] P. Berglar a.a.O.
[59] Gespräche, 47 f.
[60] vgl. z.B. ebd. 30; 36; 47; 85 f; 88 f; 93 f; 98; 100.
[61] ebd. 44.
[62] A. Byrne a.a.O. 14.
[63] vgl. Gespräche, 98 f.

stärkerem oder geringerem Maß, auf die Ausübung ihres früheren bürgerlichen Berufes.»[64] Diejenigen Mitglieder, die «in freier Entscheidung der Einladung der Leiter des Werkes folgen und Priester werden», tun dies «nicht in der Meinung, sie kämen auf diese Weise Gott näher oder sie könnten nun wirksamer nach der Heiligkeit streben. Sie wissen genau, daß die Berufung eines Laien in sich vollkommen ist und keiner Hinzufügung bedarf und daß die Hingabe an Gott vom ersten Augenblick an ein deutlicher Weg zur Erlangung der christlichen Vollkommenheit ist. Die Priesterweihe ist daher keineswegs so etwas wie die ‹Krönung› der Berufung zum Opus Dei, sie ist ein Ruf, der an einige ergeht, damit sie auf eine neue Weise den anderen dienen. Im Werk gibt es keine zwei Klassen von Mitgliedern, etwa die Klasse der Laien und die der Priester. Sie alle sind und fühlen sich gleich, sie alle leben denselben Geist, nämlich den der Heiligung im eigenen Stand.»[65]
Darüber hinaus können sich Diözesanpriester der mit dem Opus Dei untrennbar verbundenen «Priesterlichen Gesellschaft vom Heiligen Kreuz» anschließen. «Der Prälat der Personalprälatur Opus Dei steht ihr in Personalunion als ihr Generalpräsident vor.»[66] Das Opus Dei mischt sich weder in die Aufgaben dieser Diözesanpriester ein, noch versucht es, ihre Tätigkeit für Aufgaben innerhalb der Vereinigung zu absorbieren, so daß sie sich als Mitglieder der «Priesterlichen Gesellschaft vom Heiligen Kreuz» weniger um die Belange und die Menschen kümmern könnten, für die sie von ihren Ordinarien beauftragt sind.[67]
Die Priesterliche Gesellschaft vom Heiligen Kreuz ist darum

[64] ebd. 99.
[65] ebd. 100; vgl. auch J. Escrivá de Balaguer, Priester auf ewig, Homilie, gehalten am 13. 4. 1973: ders., Christliche Berufung 27f.
[66] R. Schunk, Zur «Personalprälatur» des «Opus Dei»: Anzeiger für die Seelsorge (1983, 2) 44.
[67] vgl. Gespräche, 98.

bemüht, «ihre Mitglieder in spiritueller und asketischer Hinsicht zu betreuen; dabei bleibt der kanonische Gehorsam, den diese Priester ihrem eigenen Bischof schulden, nicht nur unangetastet, sondern er wird noch gestärkt.»[68] Das Opus Dei mischt sich in keinerlei zeitliche Belange seiner Mitglieder ein. Diese sind in ihren beruflichen Angelegenheiten und auch sonst völlig frei. In dem weiten «Feld menschlicher Betätigung – Wirtschaft, Politik, Kultur, Kunst, Philosophie usw. – (...) genießen die Mitglieder des Opus Dei völlige Freiheit und arbeiten in eigener Verantwortung.»[69] Die Tatsache, daß Mitglieder der Vereinigung – «allerdings weit weniger als manchmal behauptet wird»[70] verantwortliche und einflußreiche Posten in Politik, Wirtschaft, Bildungswesen oder Kultur bekleiden, ist von der Vereinigung unabhängig und hat mit dieser nichts zu tun. Da der «Einfluß des Werkes in jedem einzelnen Fall (...) immer spiritueller und religiöser, nicht zeitlicher Natur» ist[71], muß die Wahrnehmung solcher Posten durch Mitglieder des Opus Dei als deren eigene, von der Vereinigung völlig unabhängige Angelegenheit angesehen werden, so daß man in keiner Weise von einem irgendwie gearteten politischen oder wirtschaftlichen Einfluß des Opus Dei in einem Land zu sprechen berechtigt ist.[72] «Die Achtung vor der Freiheit der Mitglieder ist eine wesentliche Lebensbedingung des Opus Dei selbst. Ohne sie würde

[68] Geist und Rechtsnorm stimmen überein: Deutsche Tagespost, 10./11. 12. 1982.
[69] Gespräche, 49.
[70] ebd. 75.
[71] ebd. 66.
[72] vgl. z.B. ebd. 49–52; 63 f; 71 f; 76; 90–92; 95–97; A. del Portillo: Wort und Wahrheit 19 (1964) 224; J. F. Coverdale: Nuestro Tiempo 117 (1964) 8–11; J. Ayesta: Frankfurter Allgemeine Zeitung, 9. 8. 1969, 10; K. Jungmann, Opus Dei, Leserbrief: Frankfurter Allgemeine Zeitung, 14. 1. 1974 (Antwort auf den Artikel von W. Haubrich: Frankfurter Allgemeine Zeitung, 5. 1. 1974); W. Puhl: Rheinischer Merkur, 18. 7. 1975, 20; F. Ludwigsdorf: Kirche und Leben 6, 8. 2. 1976, 8; H. Freitag, Leserbrief: Neue Zürcher Zeitung, 25. 8. 1977, 41; A. Byrne a.a.O. 15–17.

niemand zum Werk kommen.»[73] Auch von einem indirekten Einfluß des Opus Dei in zeitlichen Belangen oder einer indirekten Beeinflußung der Mitglieder etwa im Sinn moralischer Verpflichtungen kann in dieser Hinsicht nicht die Rede sein. «Das Prinzip, das die Haltung der Leiter des Opus Dei in diesem Punkt bestimmt, ist die Achtung vor der persönlichen Entscheidungsfreiheit in zeitlichen Belangen. Das hat nichts mit Profillosigkeit seitens der Leitung des Werkes zu tun; denn hier kommt es darauf an, daß jeder einzelne sich seiner eigenen Verantwortung stellt und sich angerufen weiß, diese Verantwortung nach seinem Gewissen auf sich zu nehmen und in Freiheit zu handeln. Aus diesem Grund ist es widersinnig, das Opus Dei ins Spiel zu bringen, wenn man von Parteien, Gruppierungen, politischen Strömungen oder überhaupt von rein menschlichen Aufgaben oder Unternehmen spricht. Mehr noch, es ist geradezu ungerecht und kommt der Verleumdung nahe, denn es könnte zu der falschen Annahme verleiten, daß die Mitglieder des Werkes irgendeine gemeinsame ideologische Position oder Denkweise hätten, oder ein gemeinsames zeitliches Interesse.»[74] Andererseits ist es selbstverständlich, daß die Vereinigung in jenen Ländern, in denen sie seit Jahren arbeitet, «einen Einfluß mit sozialen Auswirkungen hat, der mit der fortschreitenden Ausbreitung der Arbeit parallel geht.»[75] Doch ist dieser Einfluß des Opus Dei, dem jedwede zeitliche Zielsetzung fremd ist, ausschließlich «religiöser und apostolischer Natur.»[76] «Die Haupttätigkeit des Opus Dei besteht darin, seinen Mitgliedern und allen Menschen, die es wünschen, die notwendigen geistlichen Mittel an die Hand zu geben,

[73] Gespräche, 49.
[74] ebd. 50/1.
[75] ebd. 32.
[76] ebd.

damit sie als gute Christen inmitten der Welt leben können.»[77] Außer der individuellen geistlichen Leitung und Betreuung unterhält das Opus Dei auch noch sogenannte korporative Werke, Studentenheime, Schulen, Universitäten etc., die alle ebenfalls eine unmittelbar religiöse und apostolische Zielsetzung haben. Für diese Einrichtungen rechnet das Opus Dei auf die Mitarbeit und Unterstützung, auch finanzieller Art, seiner Mitglieder, «die sich gelegentlich diesen Initiativen hauptberuflich widmen»[78], wie auf die Hilfe zahlreicher anderer, die nicht der Vereinigung angehören, diese Einrichtungen aber unterstützen, weil sie in ihnen eine gute Sache erblicken. Haben diese korporativen Werke, die das Opus Dei in allen Ländern, in denen es arbeitet, unterhält, auch eine unmittelbar religiöse und apostolische Ausrichtung, so gilt der Vereinigung jedoch als das wichtigste Apostolat das je persönliche der einzelnen Mitglieder, um welches sie sich in ihren eigenen Lebensumständen in ihrer Arbeitswelt bemühen. «Das wichtigste Apostolat des Opus Dei ist dasjenige, das jedes Mitglied durch das Zeugnis seines Lebens und durch sein Wort im tatsächlichen Umgang mit seinen Freunden, Bekannten und Arbeitskollegen ausübt.»[79]

2. *«Desorganisierte Organisation»*

Das Opus Dei ist keine mächtige, bis in alle Einzelheiten strukturierte Organisation, «die ihre Kapillaren bis in die letzten Winkel der Welt erstreckt».[80] Vielmehr beschränkt sich die Leitungs- und Organisationsstruktur der Vereini-

[77] ebd. 47.
[78] ebd. 48.
[79] ebd. 55.
[80] ebd. 62.

gung auf ein Mindestmaß notwendiger Koordination und Zusammenhaltes. Man hat sich das Opus Dei als eine «desorganisierte Organisation» vorzustellen.[81] Dieser Ausdruck will besagen, daß für die Vereinigung «die *persönliche apostolische Spontaneität* und die freie und verantwortliche, vom Wirken des Heiligen Geistes geleitete Initiative von grundlegender und erstrangiger Bedeutung sind. Das ist uns wichtiger als durchstrukturierte Organisation, taktische Weisungen und Pläne von oben.»[82] Die Leitungsorgane sind immer kollegial: die zentrale Leitung des Opus Dei hat ihren Sitz in Rom, und auch in den einzelnen Ländern gibt es Leitungsorgane, «an deren Spitze ein Consiliarius steht.»[83] Praktisch erschöpft sich die Leitungstätigkeit dieser Organe darin, «den Mitgliedern des Werkes die notwendige geistliche Hilfe für ihr religiöses Leben sowie eine angemessene geistliche, theologische und menschliche Formung zu vermitteln.»[84] Damit ist die Aufgabe des Opus Dei, weshalb sich die Mitglieder ihm anschließen, schon beendet. Die Vereinigung «braucht keine weitere Anweisung mehr zu geben, noch soll und darf sie das tun; denn hier beginnt das freie, eigenverantwortliche, persönliche Wirken jedes einzelnen Mitglieds. Jeder einzelne handelt mit apostolischer Spontaneität und absoluter persönlicher Freiheit und bildet sich, angesichts der konkreten Entscheidungen, die er zu treffen hat, vor seinem Gewissen sein unabhängiges, eigenständiges Urteil.»[85]

Diese lockere, sich auf ein Mindestmaß beschränkende und geradezu als «desorganisiert» bezeichenbare Organisa-

[81] ebd.
[82] ebd. 34; Hervorhebung dort.
[83] ebd.
[84] ebd.
[85] ebd. 35.

tionsform der Vereinigung erstreckt sich selbst auf die korporativen Einrichtungen, welche die Vereinigung gründet. Die zentrale Leitung des Opus Dei überläßt es «den Leitungsorganen in den einzelnen Ländern, die praktisch über eine absolute Autonomie verfügen, in eigener Verantwortung diejenigen konkreten apostolischen Unternehmungen zu organisieren und zu fördern, die ihnen angebracht erscheinen: Hochschulen oder Studentenheime, Sanitätsstationen oder Landwirtschaftsschulen. Als logisches Ergebnis haben wir ein buntes und abwechslungsreiches, eben *organisiert desorganisiertes* Mosaik von Tätigkeiten.»[86]

Logische Konsequenz und Korrelat dieses Mindestmaßes an Organisations- und Leitungsstruktur und der völligen Freiheit der Mitglieder in allen Fragen, «über die sich das Lehramt – der Papst und die Bischöfe – nicht geäußert haben»[87], sind ein Höchstmaß an Pluralismus unter den Mitgliedern, bis hin zu sich widersprechenden Auffassungen und Meinungen der Mitglieder einer Vereinigung, der jedweder Gruppengeist fremd ist.

3. Kirche in der Kirche?

Die Vereinigung und ihre Mitglieder sind katholisch. «Im Opus Dei wollen wir immer und in allem mit der Kirche Christi solidarisch sein: *sentire cum Ecclesia.* Wir haben keine andere Lehre als jene, die die Kirche alle Gläubigen lehrt. Das einzig Besondere, das wir besitzen, ist der dem Opus Dei eigene Geist, das heißt eine konkrete Art und Weise, das Evangelium zu leben, indem wir uns in der Welt

[86] ebd.; Hervorhebung dort.
[87] ebd. 50.

heiligen und durch den Beruf apostolisch wirken.»[88] Das Opus Dei will nichts anderes, als in der Kirche der Kirche zu dienen und den Willen Gottes zu erfüllen. Vorwürfe etwa, daß die Vereinigung so etwas wie eine Kirche in der Kirche darstelle, entbehren jeder Grundlage. «Der Versuch, durch willkürliche Auswahl von Kriterien und Zitaten das Opus Dei als eine ‹Kirche in der Kirche› darzustellen – was soviel bedeutet wie außerhalb der Kirche stehend –, läuft auf den Vorwurf der groben Unwissenheit von fünf Päpsten und einer Unzahl von Bischöfen in aller Welt hinaus.»[89] Das Opus Dei betont seine Treue und Loyalität zum Papst und den Bischöfen der katholischen Kirche, bei denen die Arbeit der Vereinigung stets Wohlwollen und Gutheißung gefunden hat. «Wir müssen die Kirche und den Papst, wer immer das auch sein mag, sehr lieben. Bittet den Herrn darum, daß unser Dienst wirksam ist für seine Kirche und für den Heiligen Vater», sagte der Gründer des Opus Dei am 26. 6. 1975 noch zwei Stunden, bevor er starb, einer Gruppe von Studentinnen.[90]

Es entspricht aber der laikalen Mentalität der Vereinigung, daß deren Mitglieder in der Regel nicht in kirchlichen Einrichtungen arbeiten oder sich konfessionellen Tätigkeiten widmen, sondern sich um Heiligung und Apostolat in ihrer beruflichen Arbeit und in der Normalität des Alltags mit all seinen Freuden und Sorgen, Rechten und Pflichten mühen. «Nur in außergewöhnlichen Fällen und auf ausdrücklichen Wunsch der Hierarchie arbeiten das eine oder

[88] ebd.; Hervorhebung dort.
[89] J. Arquer, Leserbrief: Frankfurter Allgemeine Zeitung, 9. 2. 1981, 6. (Dieser Leserbrief bezieht sich auf einen Artikel von M.-Ch. Zauzich: Frankfurter Allgemeine Zeitung, 17. 1. 1981, 4, dem vornehmlich der Artikel von C. Longley und D. van der Vat: The Times, 12. 1. 1981, zugrundeliegt. Dieser bezieht sich wiederum u. a. auf Ausführungen von John Roche, einem «ehemaligen führenden Mitglied des Opus Dei» in England.)
[90] S. Bernal, Msgr. Josemaría Escrivá de Balaguer, 256.

andere Mitglied des Werkes in kirchlichen Einrichtungen. Hinter dieser Haltung steckt weder der Wunsch, anders zu sein, und noch viel weniger eine Geringschätzung der konfessionellen Tätigkeiten. Es ist vielmehr ganz einfach der Entschluß, sich dem zu widmen, was der Berufung zum Opus Dei eigen ist. Es gibt ja viele Ordensleute und Kleriker und auch viele Laien, die diese Tätigkeiten voll Eifer betreiben und ihnen ihre ganze Kraft widmen.»[91] Das Nicht-Mitarbeiten der Mitglieder des Opus Dei in solchen Einrichtungen oder Tätigkeiten meint also nicht eine mangelnde oder fehlende Kooperationsbereitschaft, sondern ein Ernstnehmen ihrer spezifischen Berufung. «Wenn die Mitglieder ihre Arbeit in der Welt vernachlässigten, um kirchlichen Arbeiten nachzugehen, würden sie die von Gott empfangenen Gaben brach liegen lassen. Durch den Trugschluß einer unmittelbaren seelsorglichen Wirksamkeit würden sie der Kirche tatsächlich einen Schaden zufügen; denn dann gäbe es weniger Christen, die sich der Heiligung in allen Berufen und Beschäftigungen der Gesellschaft auf dem unendlichen Feld der weltlichen Arbeit widmen würden.»[92]

Die Mitglieder des Opus Dei sind ganz gewöhnliche Staatsbürger, die sich äußerlich von ihren Mitbürgern und Berufskollegen in nichts unterscheiden. Sie tragen keine Abzeichen oder Habit, der sie als Mitglieder des Opus Dei ausweisen würde. Ein solches Verhalten widerspräche einer Vereinigung von Laien mit einer spezifisch laikalen Berufung und laikaler Mentalität. Das Opus Dei hat nichts von einem Orden und ist von diesen deutlich unterschieden.[93]

[91] Gespräche, 86.

[92] ebd.: «Außerdem nimmt die Notwendigkeit einer dauernden Weiterbildung im Beruf und im Glauben neben der Zeit, die dem geistlichen Leben, dem Gebet und der opferbereiten Erfüllung der Standespflichten gewidmet ist, das ganze Leben in Anspruch; es gibt keine unausgefüllten Stunden.»

[93] vgl. ebd. 45.

«Im Opus Dei interessieren uns weder Gelübde noch Versprechen; von seinen Mitgliedern wird erwartet, daß sie sich bemühen, trotz aller menschlichen Unzulänglichkeiten und Fehler die natürlichen und christlichen Tugenden zu leben, weil sie sich als Kinder Gottes wissen.»[94] Die Mitglieder sind als Mitglieder äußerlich nicht erkennbar. «Es würde ihnen widerstreben, ein Schild auf dem Rücken zu tragen: ‹Ich arbeite für Gott›. Das steht einem Laien nicht an, und es wäre nicht säkular. Jeder aber, der Mitglieder des Opus Dei kennt und mit ihnen verkehrt, weiß, daß sie zum Werk gehören, auch wenn sie es nicht laut verkünden; denn sie verheimlichen es auch nicht.»[95]

Die Tatsache aber, daß die Mitglieder des Opus Dei äußerlich nicht zu erkennen sind und ihre Mitgliedschaft auch nicht lauthals verkünden, dürfte eine der Ursachen dafür sein, daß immer wieder behauptet wurde und wird, die Vereinigung habe etwas zu verbergen und betreibe Geheimnistuerei.[96] Der Vorwurf ist verleumderisch. Das Opus Dei hat nichts zu verbergen und betreibt keine Geheimniskrämerei. Es ist «so einfach, sich über das Opus Dei zu informieren. In allen Ländern arbeitet es in aller Öffentlichkeit, mit juristischer Anerkennung der staatlichen und kirchlichen Behörden. Die Namen seiner Leiter und seiner apostolischen Werke sind allgemein bekannt. Wer immer über unser Werk Auskunft erhalten möchte, kann sie sich

[94] ebd. 44.

[95] ebd. 61.

[96] vgl. ebd. 53: «Sie erwähnen den Vorwurf der Geheimnistuerei. Er ist schon alt, und ich könnte Ihnen Schritt für Schritt den historischen Ursprung dieser üblen Nachrede darlegen. Eine mächtige Organisation, die ich lieber nicht nennen möchte – wir lieben sie und haben sie immer geliebt – gab sich viele Jahre lang der Verfälschung von Tatsachen hin, die sie nicht kannte. Man versteifte sich darauf, uns als Ordensleute zu betrachten, und fragte sich: Warum denken sie nicht alle gleich? Wieso tragen sie kein Habit und kein Abzeichen? Und daraus zogen sie den unsinnigen Schluß, wir seien eine Geheimgesellschaft.» Mit der «mächtigen Organisation» ist die Gesellschaft Jesu gemeint.

ohne Schwierigkeiten verschaffen; er braucht sich bloß mit den Leitern in Verbindung zu setzen oder sich an eines unserer korporativen Werke zu wenden.»[97]
Die Vereinigung ist der Ökumene aufgeschlossen. Sie ist die erste katholische Vereinigung, die mit päpstlicher Zustimmung «auch Nichtkatholiken und Nichtchristen als Mitarbeiter aufnimmt»[98], und dies schon seit Beginn der fünfziger Jahre.[99]

4. Verbreitung

Das Opus Dei ist inzwischen in über 80 Ländern verbreitet und zählt weit über 70000 Mitglieder. «Wenn ich an diese Tatsache denke, bin ich selbst überrascht. Ich finde keine menschliche Erklärung dafür; die einzige Erklärung ist für mich der Wille Gottes, denn *der Geist weht, wo er will,* und er bedient sich, wessen er will, um die Menschen zu heiligen. All das ist für mich Grund zur Danksagung, zur Demut und zur Bitte an Gott, ihm immer in der rechten Weise dienen zu können.»[100] Wenngleich die Zahl der Menschen, die mit dem Opus Dei in Kontakt gekommen sind und durch die Vereinigung Hilfe für ihr inneres Leben empfangen haben, die der wirklichen Mitglieder noch weit übersteigt, ist das Opus Dei nicht an Erfolgszahlen oder Statistiken interessiert. Für eine Vereinigung mit übernatürlicher Ausrichtung bedeuten sie wenig. Die wirklichen Erfolge vollziehen sich im Inneren eines Menschen, der sich entschließt, dem Willen Gottes großzügig zu

[97] ebd. 54.
[98] ebd. 67.
[99] vgl. ebd. 39.
[100] ebd. 54f; Hervorhebung dort. Dieser Satz stammt aus einem Interview aus dem Jahr 1967; der Gründer des Opus Dei bezog sich damit noch auf andere (niedrigere) Zahlen als die, welche dem Zitat hier vorangestellt werden.

entsprechen und seiner Berufung in Treue zu folgen. Dies ist nicht meß- und allein von Gott beurteilbar.[101] «In einer Vereinigung, die sich irdischen Zielen widmet, wäre es nur logisch, eindrucksvolle Statistiken über Zahl, Art und Qualifikation der Mitglieder zu veröffentlichen. Tatsächlich geschieht das bei Organisationen, die auf Prestige Wert legen. Wenn es aber um die Heiligung der Menschen geht, fördert eine solche Haltung nur den kollektiven Hochmut: Christus aber will die Demut des einzelnen und die der Gemeinschaft.»[102]

[101] vgl. ebd. 55.

[102] ebd. 65; Wenngleich in diesem Kapitel das Bild, das sich das Opus Dei nach außen hin gibt, lediglich zusammenfassend dargestellt werden soll und deshalb bei dieser Darstellung auf kritische und dem Ausgesagten widersprechende Anmerkungen bisher verzichtet wurde, soll folgendes an dieser Stelle doch Erwähnung finden: In einem Interview vom 16. 5. 1966 sprach Escrivá de Balaguer von «65 Ländern, in denen es Mitglieder des Opus Dei gibt» und am 7. 10. 1966 von «Menschen aus 68 Ländern», die dem Opus Dei gegenwärtig angehören. Dieselbe Länderzahl meinte er wohl auch am 15. 4. 1967, als er für die Vereinigung «Männer und Frauen aus fast 70 Nationen» angab. In einem Leserbrief in der Frankfurter Allgemeinen Zeitung vom 9. 8. 1969 teilte Javier Ayesta vom Madrider Informationsbüro des Opus Dei mit, daß dem Opus Dei «Personen in mehr als 70 Ländern angehören». Diese Angaben wurden durch den Opus-Dei-Priester Josef Arquer in einem am 7. 10. 1969 in der Deutschen Tagespost veröffentlichten Artikel noch präzisiert «Es hat annähernd 50000 Mitglieder aus 73 verschiedenen Ländern.» Am 23. 8. 1974 meldet die Kirchenzeitung für das Erzbistum Köln, daß die «internationale katholische Vereinigung Opus Dei (...) nach eigenen Angaben 56000 Mitglieder aus 80 verschiedenen Nationen» umfaßt. Am 18. 7. 1975 schrieb Widmar Puhl im Rheinischen Merkur, daß das Opus Dei «mit über 60000 Mitgliedern eine der größten Vereinigungen innerhalb der katholischen Kirche» ist. Auch KNA meldet am 16. 9. 1975: «Nach eigenen Angaben zählt die Vereinigung gegenwärtig 60000 Mitglieder in 80 Nationen.» Die gleiche Zahl gibt Franz Silvius Ludwigsdorf in Kirche und Leben vom 8. 2. 1976 an, der in seinem Artikel von «heute etwa 60000 Mitgliedern in allen fünf Kontinenten» schreibt, und auch in einer auf das Kölner Sekretariat des Vizepostulators des Opus Dei in Deutschland zurückgehenden Meldung der Kirchenzeitung des Erzbistum Köln vom 9. 12. 1977 ist von einer Verbreitung der Vereinigung «mit mehr als 60000 Mitgliedern auf allen fünf Kontinenten» die Rede. In einem Leserbrief in der Jülicher Volkszeitung am 13. 12. 1980 gibt der Opus-Dei-Priester Jürgen Eberle die Zahl der Mitglieder des Opus Dei mit «ca. 70000» an. Am 22. 9. 1970 schrieb Konrad Jungmann in der Kirchenzeitung des Erzbistum Köln von der Priesterweihe von 22 Mitgliedern des Opus Dei, die im August desselben Jahres stattgefunden hatte: «Die Neugeweihten kommen aus Argentinien, Australien, Deutschland,

Die schnelle Ausbreitung des Opus Dei in Spanien und weit über die Grenzen des Landes hinaus ist unlösbar mit dem heiligmäßigen Leben und Einsatz des Gründers der Vereinigung verbunden.[103]

Die für die Öffentlichkeit bestimmten Selbstdarstellungen, welche das Opus Dei von sich gibt, mögen selbst

England, Kanada, Kolumbien, Mexiko, Spanien und den Vereinigten Staaten. Nicht alltäglich dürfte die Tatsache sein, daß alle 22 Neupriester im bürgerlichen Berufsleben gestanden haben, ehe sie sich entschlossen, die Priesterweihe zu empfangen. So finden sich unter ihnen Volkswirte, Ärzte, ein Physiker, ein Architekt, Ingenieure, ein Psychiater und zwei Offiziere.» Noch detaillierter sind die Angaben, die am 23. 8. 1974 ebenfalls in der Kölner Kirchenzeitung berichtet werden: «Insgesamt 45 Mitglieder des Opus Dei aus 13 Ländern wurden am 4. August (...) zu Priestern geweiht. Wie das Sekretariat des Opus Dei in Rom mitteilte, gehören dieser Gruppe geweihter Priester unter anderem an: der 30jährige Gymnasialprofessor Dr. Paul Blecha aus Wien, ein argentinischer Arzt im Alter von 43 Jahren, ein 35jähriger brasilianischer Wirtschaftswissenschaftler, ein 36jähriger italienischer Rechtsanwalt sowie mehrere Architekten, Ingenieure und Lehrer.» Am 14. 7. 1975 meldet KNA, daß am Vortag 54 Mitgliedern der Vereinigung, Ärzten, Rechtsanwälten, Ingenieuren, Lehrern und Journalisten aus insgesamt 19 Ländern die Priesterweihe gespendet wurde. «Unter den Neupriestern sind der deutsche Germanist Dr. Jürgen Eberle (27) aus Trier, Mitglied des Thomas-Instituts der Universität Köln, der Schweizer Dr. Peter Rutz (33), vorher Assistent für mathematische Logik an der Universität Freiburg (Schweiz) sowie Dr. Werner Litzka, Ingenieur aus Wien.» In der Kirchenzeitung des Erzbistum Köln wiederum schreibt Franz Silvius Ludwigsdorf am 8. 10. 1976: Der Neupriester Dr. Peter Irrgang «studierte an der Bonner Universität Englisch, Pädagogik und Sport und in Rom und Pamplona Philosophie und Theologie. (...) Der Primiziant gehört zu den 50 Mitgliedern der internationalen Vereinigung Opus Dei, die am 8. August dieses Jahres zu Priestern geweiht wurden, nachdem sie zum großen Teil viele Jahre als Ärzte, Ingenieure, Journalisten, Lehrer etc. im zivilen Berufsleben gestanden hatten.» Solche Auflistungen von Zahlen, Herkunftsländern und beruflicher Qualifikation der Opus-Dei-Mitglieder bei den alljährlichen Priesterweihen ließen sich auch für die nachfolgenden Jahre aufführen.
Der «Tages Anzeiger» (Zürich) berichtet am 11. 1. 1980, daß das Opus Dei nach eigenen Angaben 72375 Mitglieder in 87 Ländern hat. «Sie sind, so die minutiöse Aufzählung, an 487 Universitäten, 52 Radio- und TV-Anstalten, 12 Filmgesellschaften, 694 Presseorganen und 38 Nachrichtenagenturen tätig.» Hier gilt es allerdings anzumerken, daß diese Angaben 1979 gegen den Willen des Opus Dei öffentlich wurden.

103 Dies soll hier aber nicht weiter ausgeführt werden. Es sei, was die Darstellung des Lebens und Wirkens des Gründers des Opus Dei von seiten der Vereinigung anbelangt, auf die schon mehrfach zitierte Biographie von Salvador Bernal a.a.O. verwiesen.

schon eine Reihe von Fragen aufwerfen: so fragt es sich beispielsweise, ob etwa das mit Heiligung Gemeinte eine hinreichende Reflexion erfahren hat und im Zusammenhang mit «Heiligung der Arbeit» das Problem des Verhältnisses von Werk und Gnade überhaupt bedacht ist. Die naiv anmutende strikte Trennung von zeitlichen Belangen einerseits und religiös-geistlichen andererseits mag um so mehr verwundern, als das Opus Dei sich ja gerade darum bemüht zeigt, ein Auseinanderfallen der Lebenswirklichkeit in eine weltliche und göttliche Sphäre zu überwinden. Es fragt sich beispielsweise auch, ob nicht weiterhin gilt, was der Schweizer Theologe Hans Urs von Balthasar 1964 schrieb, daß die wenigen «Aufklärungen über die Organisationsform, die Kategorien der Mitgliedschaft» anmuten «wie die Besichtigung der Stiegenhäuser eines riesigen Verwaltungsgebäudes»[104]. Welche kritischen Fragen sich auch schon bei den Selbstdarstellungen des Opus Dei aufdrängen mögen, es wird im folgenden zu zeigen sein, daß die von der Vereinigung der Öffentlichkeit dargebotene Außenseite vielfach eine Kulisse darstellt, welche die Innenseite des Opus Dei verdeckt.

[104] H.U. von Balthasar: Der christliche Sonntag 15, 12. 4. 1964.

III. DER WEG IN DAS OPUS DEI

Fünfzehn Jahre war ich alt, als mir 1974 nahegelegt wurde, Numerariermitglied des Opus Dei zu werden. Mit der Vereinigung war ich ein Jahr zuvor, ohne es zunächst zu wissen, in Kontakt gekommen. Ich besuchte die neunte Klasse eines Kölner Gymnasiums, als mich im Februar 1973 H. P., der als Unterprimaner damals Schülersprecher des Gymnasiums war, ansprach: Er leite einen Laienspielarbeitskreis, mit dem er eine Kriminalparodie einüben und aufführen wolle. Nicht alle Rollen habe er bisher besetzen können, und vor allem für die Hauptrolle des Meisterdetektivs fehle ihm noch ein geeigneter Mann. Ob ich nicht Lust habe, bei seiner Laienspielgruppe mitzutun und die Rolle des Meisterdetektivs zu übernehmen. Am Nachmittag, einem Samstag, warf H. P. bei uns zu Hause das Textbuch der Kriminalparodie in den Briefkasten, dazu noch einen kleinen Zettel, auf dem er mir viel Spaß bei der Lektüre wünschte und seine Hoffnung ausdrückte, daß ich meine Teilnahme an dem Arbeitskreis zusagen werde. Noch sehr genau erinnere ich mich an meine Begeisterung damals. Theaterspielen war immer schon eine Leidenschaft und ein Hobby von mir gewesen. Als kleiner Junge hatte ich mit meinem jüngeren Bruder oftmals kurze Stücke oder Szenen, die wir uns ausdachten, «eingeübt», und bisweilen hatten wir unseren Eltern sonntags eine «Vorstellung» gegeben. Die Bücher der Stadtbibliothek über Sketche und Laienspieltheater hatte ich mir immer wieder ausgeliehen und gerne gelesen: und jetzt gleich die Hauptrolle in einer Kriminalparodie, die mir gut gefiel! Gleich am Montag sagte ich H. P. meine Teilnahme an dem Laienspielarbeitskreis zu.

Die Proben fanden jeweils samstags in der Aula eines Studentenheims mit dem Namen «Schweidt» statt. Daß es sich dabei um ein vom Opus Dei geleitetes Haus handelte, und daß H.P. Mitglied des Opus Dei war, wußte ich damals noch nicht. Den Namen «Opus Dei» hatte ich zu jenem Zeitpunkt ohnehin noch nie gehört. Ich hielt Schweidt für ein «gewöhnliches» Studentenheim, wo H.P. halt nachgefragt hatte, ob er dort mit seiner Laienspielgruppe proben dürfe. In der Regel holte mich H.P. zu Hause ab, und wir fuhren auf unseren Fahrrädern gemeinsam zum Schweidt. Dadurch wußte ich von Anfang an, daß es in diesem Studentenheim eine größere Kapelle gibt, die ein Allerheiligstes hat. Das erste nämlich, was H.P. stets tat, wenn wir das komfortabel ausgestattete Foyer des Heimes betraten, war, zu dieser Kapelle zu gehen, die Türe zu öffnen und im Eingang der Kapelle eine Kniebeuge zum Tabernakel hin zu machen. Dann erst legte er seinen Mantel an der Garderobe ab. «Man muß erst einmal den eigentlichen Herrn des Hauses begrüßen», kommentierte er sein Verhalten. Irgendwie imponierte mir dies, so daß wir künftig gemeinsam kurz die Kapelle aufsuchten, bevor wir uns zur Aula begaben, wo die anderen meist schon warteten.

Schon bald gewann ich den Eindruck, daß H.P. mich unter den anderen Arbeitskreisteilnehmern bevorzugt behandelte. Gemeinsam kamen wir zum Studentenheim, gemeinsam verließen wir es auch wieder. In den Schulpausen trafen wir uns bisweilen und sprachen miteinander. Einmal lud er mich nachmittags in ein Café ein, was für mich etwas ganz Außerordentliches war, da mir meine Eltern damals nur wenig Taschengeld gaben. Ein anderes Mal rief mich H.P. zu Hause an, um mich zu einem Filmabend im Studentenheim Schweidt einzuladen. Ich fühlte mich geschmeichelt, daß ein Älterer sich derart um mich kümmerte und mich ernstzunehmen schien.

Nach den Sommerferien lud mich ein Klassenkamerad, der im Oktober 1973 im Alter von 14 Jahren Numerariermitglied des Opus Dei wurde, zu einer Fahrradrallye in den Jugendclub Feuerstein ein. Von diesem Jugendclub hatte ich vorher schon verschiedentlich gehört; ich wußte, daß einige meiner Klassenkameraden dort an wöchentlich stattfindenden Clubstunden teilnahmen, und vor einigen Jahren hatte einmal der Leiter des Clubs während einer Unterrichtsstunde an unserer Schule für den Feuerstein geworben. Wohl durch den Namen «Feuerstein» veranlaßt verband ich mit dem Jugendclub aber etwas wie «Bannerwettkämpfe», womit ich nichts zu tun haben wollte. Fahrradrallye klang jedoch für mich faszinierend und attraktiv, so daß ich diesmal zusagte. Am Nachmittag war ich etwas zu früh im Jugendclub und nicht wenig überrascht, daß vor dem Geländespiel erst einmal eine 15-minütige Betrachtung in einer in dem Haus des Jugendclubs befindlichen Kapelle (daß ein Zusammenhang zwischen Schweidt und dem Feuerstein bestehen könnte, kam mir damals nicht in den Sinn) stattfand, die ein spanischer Priester in schlechtem Deutsch zum Thema «Gebet» hielt. Diese Betrachtung sprach mich sehr an, und die anschließende Fahrradrallye machte großen Spaß. Danach war im Jugendclub noch eine Messe, an der ich, weil ich mich dazu irgendwie verpflichtet fühlte, auch noch teilnahm. Als ich den Feuerstein mit der festen Zusage, künftig nun jede Woche an der Clubstunde für mein Alter teilzunehmen, verließ, traf ich zu meiner großen Überraschung H.P., der selber sehr überrascht tat, mich dort zu treffen. Noch wußte ich nicht, daß H.P. im Jugendclub Feuerstein eine Fülle von Aufgaben hatte, sich dort hauptsächlich aufhielt und wenige Wochen später dort einziehen würde, um als Numerariermitglied des Opus Dei, das er schon seit einigen Jahren war, mit anderen Mitgliedern der Vereinigung,

welche die Arbeit des Jugendclubs betreuten, zusammenzuwohnen.
Mit meiner Teilnahme an Veranstaltungen des Jugendclub Feuerstein wurde der Kontakt mit H. P. intensiver. Es begannen nun regelmäßige, längere Treffen mit ihm. Hatten wir uns bislang vornehmlich über Theater, Oper und unsere Schule unterhalten, so wurden unsere Gespräche nun durch H. P. immer mehr von religiösen Themen bestimmt. Er begann, mich nach meinem Glauben und meiner religiösen Praxis zu fragen: ob ich beten würde, was Gott mir in meinem Leben bedeute, etc. Da ich zu H. P. großes Vertrauen hatte, er mir sympathisch war und für mich eine Autorität darstellte, gab ich ihm bereitwillig Auskunft und befolgte die Anregungen und Anweisungen, die er mir zu geben begann, gewissenhaft. Kontinuierlich, schnell und für mich zunächst unmerklich vollzog sich ein Übergang von einem älteren Freund, den H. P. für mich anfangs und auch weiterhin darstellte, zu einem (geistlichen) Leiter. Er lud mich ein, am gemeinsamen Rosenkranzgebet der Bewohner des Jugendclub Feuerstein, das dort jeweils am Samstagnachmittag stattfand, teilzunehmen. Außerdem nahm ich nicht selten an einem Beisammensein der Bewohner – meist Studenten aber auch ältere Schüler – teil, zu dem man sich vor dem Rosenkranzgebet traf. Auch hier hatte ich wiederum das Gefühl, von Älteren anerkannt und ernstgenommen zu werden.
H. P. riet mir, täglich sieben Minuten lang eine Zeit des Gebetes zu halten und ein Geheimnis des Rosenkranzes zu beten. Kurz vor den Herbstferien, die ich in der Eifel bei meiner Großmutter verbrachte, gab er mir als Hilfe für die tägliche Gebetszeit das von Escrivá de Balaguer verfaßte Büchlein «Der Weg». Es ist eine Sammlung von 999 aphorismenhaften Sentenzen, die sich auf verschiedene Themen des geistlichen Lebens beziehen. H. P. legte mir ein-

dringlich ans Herz, die vereinbarten Frömmigkeitsübungen auch in den Ferien zu verrichten. Ferien dürften niemals Ferien von Gott sein.

Während jener Herbstferien erhielt ich von H.P. fast täglich einen Brief, wobei diese Briefe mithin den Versuch darstellten, die geistliche Leitung, die er mir gegenüber ausübte, auch während seiner Abwesenheit fortzusetzen. Immer wieder enthielten sie Erinnerungen, Ermahnungen und Aufforderungen. So heißt es in einem Brief vom 8. 10. 1973: «Nun, nun, wie geht's Dir so? Ich meine natürlich nicht nur das, was Deine physis – tolles Wort, nicht? – angeht, da muß man ja bei Dir keine Bange haben. Ich vermute doch stark, daß Du pausbäckig und mit einer ordentlichen Magenverstimmung zurückkehrst (wegen des vielen Kuchens und der Pfefferminzplätzchen). Na ja, ich wollte Dich nicht beleidigen, sondern nur die Backkünste Deiner Großmutter – ich könnte auch «Oma» sagen, aber das ist zu vulgär – loben. Also ich hoffe, es geht Dir auch innerlich recht gut!! Wie klappt es mit den 7 Minuten und dem einen Geheimnis pro Tag? Nun möchte ich nicht Deine Gewissenserforschung machen, wenn es nicht geklappt haben sollte. Aber da Du ja nicht den ganzen Tag Griechisch machst – nette kleine Aufforderung von mir, aber doch ein bißchen zu tun – wirst Du ja doch etwas Zeit für das andere haben. Und dann kannst Du Dir mal überlegen, was Du in Köln z.B. mit dem X. machen kannst, ich meine natürlich nicht in Bereichen wie Eisenbahn spielen oder verprügeln, sondern Du verstehst schon wie. Und streng 'mal Dein kluges Köpfchen an, während der bewußten zehn Minuten, ob es da nicht noch jemanden in Deinem weiten Bekanntenkreis gibt, der es verdient hätte, daß Du ihn mal zum Club einlädst.» Eine Karte vom 10. Oktober enthält die Aufforderung, nicht zuviel Zeit vor dem Fernsehgerät zu verbringen, und in einem Postscriptum heißt es: «Vergiß mir gewisse Verabredungen nicht!» In einem Brief vom 11. Oktober schrieb H. P.: «Also, um es noch mal zu sagen, daß Du Dingens [diese Bezeichnung hatte sich unter uns für die tägliche Gebetszeit eingebürgert; K. S.] pflegst, ist sehr gut. Aber eine Bitte dazu: pflege es wirklich sehr gut! Mach Dein Gebet, auch wenn Du dazu keine Lust hast; ähnlich wie es mir hier erging: ich hatte nicht im mindesten Lust, den Rosenkranz zu beten, und während ich mir noch Gründe überlegte, denn Gründe oder besser: Ausreden hat man ja immer, warum es wohl besser sei, den Rosenkranz nicht zu beten, hatte ich schon angefangen, ungelogen. Ja, ja man macht schon was mit. Und denk ab und zu mal an den Gründer d. Werkes. Prima, und nach den Ferien sehen wir mal weiter.» und «Kleine Frage am Rande: hast Du schon an X. geschrieben? Wenn nicht, er würde sich bestimmt sehr freuen.» Ein Brief vom 12. 10. 1973 endet: «Aber ich glaube, für heute machen wir Schluß, wir haben lange genug gequatscht, und Du läßt einen ja nicht los und kommst einem nicht aus dem Sinn, es ist wirklich schlimm. Aber ich denke, daß wir uns in Kölle mal wieder etwas länger sehen werden und dann haben wir ja genug Zeit zum Reden, auch über Dingens. Ich mache übrigens jetzt Dingens, wenn Du Lust hast. ‹Bereitung braucht es nicht voran / Beisammen sind wir, fanget an!› (Goethe, Faust, Studierzimmer).» 13. 10. 1973: «Nun, wie war's gestern? Hast Du mit mir zusammen, trotz Entfernung, Dingens gemacht? (...) Nun gut, dann wollte ich Dich fragen, ob Du Dienstagabend zur Messe kommen kannst – natürlich, wenn Du möchtest – und anschließend können wir was quatschen.»

Nach den Herbstferien begannen wir, uns noch häufiger zu treffen. Ich fing an, die Sonntagsmesse im Jugendclub Feuerstein zu besuchen und verabredete mich mit H. P.

auch verschiedentlich zu den Werktagsmessen dort. Von Oktober an nahm ich an den monatlichen Einkehrtagen teil, die im Jugendclub abgehalten wurden. Aus den täglichen sieben Minuten Gebet wurden recht bald zehn Minuten Gebet am Morgen und zwanzig Minuten am Nachmittag. Auch wenn mir diese täglichen Gebetszeiten bisweilen lang wurden – H.P. hielt mich dazu an, die vereinbarten Zeiten genau einzuhalten, um das Gebet nicht von meinen Launen oder irgendwelchen Stimmungen abhängig zu machen – so hielt ich sie trotzdem für kurz, wußte ich doch, daß H.P. selbst täglich morgens und nachmittags eine halbe Stunde lang eine Zeit des Gebetes hielt. Auf einem Zettel notierte mir H.P. einige Stoßgebete. Ich sollte mich bemühen, im Lauf eines Tages das eine oder andere häufiger zu beten, um so stets von neuem der «Gegenwart Gottes» innezuwerden.
Befolgte ich sonst alle Ratschläge und Anweisungen, die H.P. mir gab, sehr genau, so wollte ich seinem auffordernden Drängen, doch bei dem Priester des Opus Dei, der den Jugendclub Feuerstein, betreute, zu beichten, zunächst nicht nachkommen. Da ich von meinen Eltern von Kindesbeinen an im katholischen Glauben erzogen worden war und sie mir ihren Glauben anziehend vorlebten, ging ich damals ohnehin in meiner Heimatpfarrei regelmäßig zur Beichte. Ich wollte nicht einsehen, warum ich jetzt bei einem anderen Priester zur Beichte gehen sollte, zumal ich Scheu davor empfand, bei einem Priester zu beichten, der mich durch meine inzwischen recht häufigen Besuche im Jugendclub Feuerstein genauer kannte. H.P. vermutete aufgrund der ablehnenden Haltung, die ich in diesem Punkt einnahm, bei mir eine schwere Sünde im Bereich der Sexualität, wobei ich nun Angst hätte, diese einzugestehen. Er forderte mich auf, wenn ich schon nicht beichten wolle, wenigstens nicht mehr zur Kommunion zu gehen.

Wenngleich ich mich bemühte, ihm klarzumachen, daß seine Annahme falsch sei, gab er in seinem Drängen nicht nach. Unser langes Gespräch, das wir an einem Sonntagvormittag im Jugendclub führten, mußten wir beenden, weil wir beide die Messe besuchen wollten. H. P. sagte, daß er in der Messe sehr dafür beten werde, daß ich mich doch noch entschlösse, zur Beichte zu gehen. Ich hatte den Eindruck, daß meine Weigerung ihm nahe ging und ihn besorgte; er brachte dies auch sehr deutlich und eindringlich zum Ausdruck. Ich bekam ein schlechtes Gewissen. Nach der Messe teilte ich ihm mit, daß ich bei dem Opus-Dei-Priester zur Beichte gehen würde, was ich auch am darauffolgenden Montag tat.
Solche Aufforderungen durch ältere «Leiter» oder «Tutoren» an Jüngere, zur Beichte zu gehen (möglichst bei einem Priester des Opus Dei) waren im Jugendclub Feuerstein und in den anderen von der Vereinigung geleiteten Jugendclubs feste Praxis. Die Teilnehmer an Gruppenstunden, Arbeitskreisen, Fahrten oder sonstigen Veranstaltungen werden auf die jeweiligen Leiter genau aufgeteilt. Diese sollen mit den Kindern oder Jugendlichen immer wieder persönlich auch über deren inneres Leben sprechen und ihnen helfen, Gott näher zu kommen und in ihrem Glaubensleben Fortschritte zu machen. Gerade die Jüngsten, 11–12jährige Schüler, wurden (besonders während der Fahrten, bei denen meist ein Priester des Opus Dei mitfuhr) gedrängt, doch zu beichten und so nicht selten unter Druck gesetzt. Bei solchen Gesprächen waren dann Begriffe wie «Schwere Sünde», «Todsünde» sehr schnell zur Hand, wodurch neben dem unnachgiebigen Drängen durch einen meist Älteren (der nicht selten sogar viel älter war) noch zusätzlich Gewissensdruck erzeugt wurde. Das Ansprechen derjenigen, um die sich besonders zu kümmern sie von der Leitung des Jugendclubs beauftragt waren, geschah

von seiten der Älteren in bester Absicht. Man sorgte sich um das Seelenheil des anderen, der, wenn er im Stand der Todsünde sterben würde, für immer verdammt wäre. Man hatte auch Angst, mitschuldig zu werden, wenn man den anderen in diesem – besonders im Pubertätsalter nur zu oft angenommenen – Stand beließe. Man hatte dabei aber nicht nur die Vergebung von Schuld im Bußsakrament vor Augen, sondern auch die Gnaden, die dem Betreffenden in der Beichte zuteil und ihm Hilfe sein würden, in seinem inneren Leben Fortschritte zu machen und Gott näher zu kommen. Die für gut erachteten Ziele schienen das Eindringen auf den anderen zu rechtfertigen. Nicht selten wurde und wird so in die Freiheit eines anderen massiv eingegriffen.

Jugendliche im Pubertätsalter pflegt, wie schon angedeutet, der jeweilige «Leiter», der diesen zugeteilt ist, auf den Bereich der Sexualität, vor allem auf die Selbstbefriedigung hin anzusprechen. Gibt jemand zu, sich selbstzubefriedigen, so wird ihm sogleich gesagt, daß die Masturbation eine Todsünde sei, daß er schwer gesündigt habe, er unbedingt beichten müsse und vorher nicht zur Kommunion gehen dürfe. Welches Recht hat ein Älterer zu derartigen und anderen, bis zu den persönlichsten und intimsten Bereichen vordringenden Fragen an solche, die er zudem nur zu oft kaum kennt? Die Antwort darauf ist im Opus Dei schnell zur Hand: Gott hat sich, ohne uns zu fragen, in unser Leben eingemischt. Deshalb dürfen, sollen und müssen wir, die wir ja seine Apostel sind, uns auch unbefragt und -gebeten in das Leben anderer einmischen.

Durch den Kontakt mit H. P. und den anderen Mitgliedern des Opus Dei, die das Haus des Jugendclub Feuerstein bewohnten, erfuhr ich nach und nach einiges über die Vereinigung selbst. Ich las viel in «Der Weg», fragte nach, wenn etwas mir darin unverständlich blieb, las – soweit sie

damals schon übersetzt waren – die Homilien von Escrivá de Balaguer, den ich nach Art der Mitglieder des Werkes «Vater» zu nennen begann. Von meinen Eltern wünschte ich mir die «Gespräche mit Msgr. Escrivá de Balaguer». Daß das dort über das Opus Dei Ausgesagte in weiten Teilen irreführend ist und vielleicht nicht der Wahrheit entspricht, ist eine bittere Erkenntnis, die ich erst im Lauf meiner Mitgliedschaft in der Vereinigung gewinnen sollte. Damals begeisterte mich, was ich aus den für die Öffentlichkeit bestimmten Schriften des Opus Dei und von H. P. über die Vereinigung erfuhr: Mit seinem Christsein mitten in der Welt Ernst zu machen. Gott im Alltag begegnen zu können. Die Möglichkeit, in den normalen, alltäglichen Begebenheiten im Bewußtsein der Gegenwart Gottes zu leben. Ich bemühte mich, in der Schule und zu Hause konzentrierter zu arbeiten, und begann, bei meinen Schularbeiten ein kleines Taschenkreuz auf meinen Schreibtisch zu legen, das mich immer wieder an Gott erinnern sollte.[105] Das hatte ich im Jugendclub Feuerstein, wo es einen Studienraum gab, bei vielen immer wieder gesehen. Auch H. P. hatte solch ein Taschenkreuz.
H. P. fragte mich, ob ich mir schon einmal Gedanken darüber gemacht habe, wen von meinen Klassenkameraden und Freunden ich mich bemühen könnte, Gott näher zu bringen. Er erzählte mir von der Notwendigkeit des «Apostolates». Die Einsicht, daß man Gott in der Normalität des Alltages begegnen könne, daß das Ernstnehmen

[105] vgl. Der Weg, Nr. 335: «Eine Stunde Studieren ist für einen modernen Apostel eine Stunde Gebet.» und Nr. 277: «Du fragst mich: Warum dieses Holzkreuz? Ich schreibe aus einem Brief ab: ‹Wenn ich die Augen vom Mikroskop erhebe, stößt der Blick auf das leere schwarze Holzkreuz. Dieses Kreuz ohne Gekreuzigten ist ein Symbol. Es birgt einen Sinn, den die anderen wohl nicht sehen. Aber der Ermüdete, der schon daran war, seine Arbeit aufzugeben, führt seine Augen wieder ans Okular und arbeitet weiter, denn das leere Kreuz fordert Schultern, die es tragen.›»

christlicher Berufung für die Mehrzahl aller Menschen nicht im Vollbringen von Außergewöhnlichem bestehe, dürfe ich nicht für mich behalten. In «Der Weg» las ich daraufhin besonders die Kapitel «Der Apostel», «Das Apostolat», «Menschen gewinnen»: «Habt ihr nicht manchmal gute Lust, den jungen Menschen um euch herum zuzurufen: Dummköpfe, jetzt laßt doch einmal diesen weltlichen Kram beiseite! Er macht euch das Herz eng ... Oft erniedrigt er es ... Laßt das, und folgt mit uns den Spuren der Liebe?»[106]«Klein ist deine Liebe, wenn du nicht alle Menschen retten willst. – Und arm ist deine Liebe, wenn du nicht aus tiefster Seele wünschst, andere Apostel mit deiner Verrücktheit anzustecken.»[107]

Ich faßte mir ein Herz, meinen besten Freund – den in den oben zitierten Briefausschnitten von H. P. erwähnten X. – auf das tägliche Gebet anzusprechen und versuchte, ihn von der Notwendigkeit einer täglichen Zeit der Betrachtung zu überzeugen. Vorher hatte ich ihn schon mit zu den Clubstunden im Feuerstein gebracht. H. P. hielt mich zu solchem «Apostolat» an. Wir sprachen regelmäßig über meinen Freund, ich berichtete, wie er auf meine «apostolischen Bemühungen» reagierte. H. P. gab die jeweils nächsten Schritte und Ziele für meinen Freund vor. Ich durfte nicht für mich behalten, was – wie damals H. P. und später die Leiter des Opus Dei verschiedentlich betonten – mir völlig unverdient zuteil geworden war. Das «Apostolat» mit dem Freund und, wozu mich H. P. sehr bald anzuhalten begann, auch mit anderen, wurde für mich selbst wiederum zu einem Ansporn, mich in meinem eigenen «inneren Leben» mehr anzustregen. «Mit gutem Beispiel sät man guten Samen; die Nächstenliebe aber verpflichtet alle

[106] ebd. Nr. 790.
[107] ebd. Nr. 796.

zur Saat.»[108] «Wie das Rauschen des Meeres sich aus dem Geräusch seiner einzelnen Wellen ergibt, so ergibt sich die Heiligkeit eures Apostolates aus den persönlichen Tugenden eines jeden einzelnen von euch.»[109] «Apostel: zuerst du. – Der Herr sagt beim heiligen Matthäus: ‹Viele werden an jenem Gerichtstag zu mir sagen: Herr, Herr! Haben wir nicht in deinem Namen geweissagt und in deinem Namen Teufel ausgetrieben und viele Wunder gewirkt? Dann werde ich ihnen zur Antwort geben: Ich habe euch nie gekannt; hinweg von mir, ihr Übeltäter.› Damit ich nicht, sagt der heilige Paulus, nachdem ich anderen das Evangelium gepredigt habe, selber verworfen werde.»[110]

Von H.P. lernte ich auch, mich nach Möglichkeit erst einmal um diejenigen apostolisch zu bemühen, die in der Schule gute Leistungen erbringen. Denn wer fleißig ist, könne leichter als jemand, der faul ist, verstehen, was es heißt, die Arbeit zu heiligen. In ähnlicher Weise wird er mir damals schon gesagt haben, was ich später in der Vereinigung bei den zahlreichen Vorträgen über das Apostolat immer wieder als eine stehende Redewendung gehört habe: «Von hundert Seelen interessieren uns hundert, aber ...» Aber, angesichts der großen Zahlen gilt es zunächst, eine Auswahl zu treffen, sich um die zu kümmern, die beruflich und menschlich die Besten sind, weil sie am ehesten verstehen können. Wenn sie beginnen, «inneres Leben zu haben», in ihrem geistlichen Leben Fortschritte machen und «Gott näher kommen», werden sie selber wiederum apostolisch sein und weitere Menschen zu gewinnen suchen, wurde und wird argumentiert. «Du bist für deine Umgebung, Apostel, ein Stein, der in den See fällt. – Löse du mit deinem Beispiel und Wort

[108] ebd. Nr. 795.
[109] ebd. Nr. 960.
[110] ebd. Nr. 930.

einen Kreis aus. Dieser erzeugt einen neuen, dieser wieder einen und wieder einen ... Jeder wird größer als der vorhergehende. Begreifst du jetzt die Größe deiner Sendung?»[111] «Jeder einzelne von euch muß dafür sorgen, Apostel von Aposteln zu sein.»[112]
Das Ansprechen eines anderen auf sein «inneres Leben», die Einladungen zu den Betrachtungen im Jugendclub oder zu gemeinsamem Gebet, die «diskrete Indiskretion»[113] eines Fragens, das bis zu den intimsten Bereichen eines Freundes oder Kameraden vorzudringen versucht, all das forderte stets von neuem große Überwindung. Doch Entschuldigungen, um dem auszuweichen, galten nicht: «Wenn du dein ‹Apostolat der Diskretion und des vertraulichen Gesprächs› in die Tat umsetzen willst, dann sage mir nicht, du wüßtest dich nicht auszudrücken. – Denn ich sage dir mit dem Psalm: ‹Dominus dabit verbum evangelizantibus virtute multa›, der Herr legt seinen Aposteln Worte voller Wirksamkeit in den Mund.»[114] «Halte dir gegenwärtig, mein Sohn, daß du nicht nur ein Mensch bist, der sich mit anderen Menschen zusammentut, um eine gute Sache zu vollbringen. Das ist viel – aber es ist noch zu wenig. – *Du bist Apostel, der einen gebieterischen Befehl Christi ausführt.*»[115] Die Reaktionen auf solche «apostolischen Bemühungen» waren sehr unterschiedlich; verständlicherweise bisweilen deutlich abweisend und schroff. «Du hättest einen Mißerfolg erlitten? Du weißt ganz genau, daß du

[111] ebd. Nr. 831.
[112] ebd. Nr. 920.
[113] vgl. ebd. Nr. 973: «Diese Worte, zur rechten Zeit ins Ohr des unsicher gewordenen Freundes gesagt; das orientierende Gespäch, das du bei gegebener Gelegenheit herbeizuführen wußtest; der berufliche Hinweis, der seine Arbeit an der Hochschule verbessert; und die diskrete Indiskretion, die seinem Suchen ungeahnte Horizonte erschließt ... all das ist ‹Apostolat des vertraulichen Gesprächs›.»
[114] ebd. Nr. 972.
[115] ebd. Nr. 942; Hervorhebung dort nicht.

keinen Mißerfolg erleiden kannst. Das war kein Mißerfolg: Du hast Erfahrungen gesammelt. Vorwärts!»[116]
Im Herbst 1973 begann ich, zusammen mit dem erwähnten Freund und einigen anderen, an einem wöchentlichen «Bildungskreis» teilzunehmen, der von H.P. geleitet wurde. Ein «Bildungskreis» (kurz «Kreis» genannt) stellt eines der Ausbildungsmittel des Opus Dei für die sogenannten «Jungen (bzw. Mädchen) von St. Raphael» dar, d.h. für solche, die mit dem Opus Dei schon näheren Kontakt haben, von seiten der Vereinigung dem engeren Freundeskreis der «Familie des Opus Dei» zugerechnet werden und von denen erhofft wird, daß zumindest der eine oder andere unter ihnen auf den Weg des Opus Dei berufen ist und Mitglied der Vereinigung wird.[117] Neben dem von H.P. geleiteten «Kreis» fanden im Jugendclub Feuerstein noch andere «Bildungskreise» statt.
Ein solcher «Kreis» besteht aus verschiedenen, genau vorgeschriebenen Teilen: Zunächst Wiederholungsfragen an die Teilnehmer zu den wichtigsten inhaltlichen Aussagen des Vortrages der vergangenen Woche; dann Verlesung und kurze Kommentierung des Tagesevangeliums, an die sich ein Vortrag zu einem geistlichen Thema anschließt. Die Vortragsthemen sind durch zwei vorgeschriebene Zyklen festgelegt; ist das letzte Thema des zweiten Zyklus abgehandelt, wird mit diesem zweiten Themenzyklus wieder von vorne begonnen. Der Leiter eines «Kreises» kann

[116] ebd. Nr. 405; vgl. auch Nr. 404: «Du bist gescheitert! – Wir scheitern nie. Du setztest dein Vertrauen ganz auf Gott. – Du hast kein menschliches Mittel unversucht gelassen. Mach dir diese Wahrheit klar: Dein Scheitern, jetzt und in dieser Angelegenheit, war ein Erfolg. – Sage dem Herrn Dank und fange von neuem an!»

[117] Die Arbeit mit Jugendlichen und Studenten ist in der Vereinigung der Fürsprache und dem Schutz des Erzengels Raphael und des Apostels Johannes anvertraut, die Arbeit mit Erwachsenen und die Supernumerarier sind dem Erzengel Gabriel und dem Apostel Paulus anempfohlen, die Numerarier und Assoziierten schließlich haben als Patrone den Erzengel Michael und den Apostel Petrus.

jedoch, wenn er es im Hinblick auf die Teilnehmer für erforderlich hält, gelegentlich ein anderes Thema dieser vorgeschriebenen Vortragsfolge zwischenschieben. Dem Vortrag folgt eine Gewissenserforschung mit festgelegten elf Fragen, die durch den Leiter des «Kreises» gegebenenfalls präzisierend kommentiert werden. Ein kurzes «Beisammensein» und eine kurze «geistliche Lesung» beschließen den «Kreis», der durch ein vorgegebenes Einleitungs- und Schlußgebet umrahmt ist. Insgesamt dauert ein solcher «Bildungskreis» eine halbe bis dreiviertel Stunde.

H.P. hatte mich vor meiner ersten Teilnahme am «Kreis» auf die Gewissenserforschung vorbereitet. Ich solle nicht erschrecken und mir keine Sorgen machen, wenn ich noch nicht alles praktiziere, was dort gefordert und erfragt werde. Das käme mit der Zeit schon. Eine der Fragen der Gewissenserforschung lautet beispielsweise: «Habe ich täglich den heiligen Rosenkranz(...) gebetet?» Ebenso wird nach der Verrichtung eines täglichen Besuches beim Allerheiligsten, von Stoßgebeten und Abtötungen gefragt. Diskussionen über das Vorgetragene sind während eines «Kreises» undenkbar und werden, falls sie aufzukommen drohen, sofort unterbunden. Eventuell vorhandene oder aufkommende Fragen dürfen nicht im Kreis der Teilnehmer gestellt werden, sondern sollen mit dem (meist älteren) Leiter des «Bildungskreises» gegebenenfalls nachher unter vier Augen besprochen werden.

Ende November fuhr ich mit H.P. zu Besinnungstagen nach Kreuzweingarten bei Euskirchen, wo sich ein Tagungshaus der Vereinigung befindet. Während dieser Tage wurde ein strenges Stillschweigen gewahrt, man durfte lediglich mit dem jeweiligen «geistlichen Leiter» und mit dem Priester sprechen. Am Tag fanden mehrere halbstündige Betrachtungen statt, die von einem Priester der Vereinigung – in diesem Fall von Dr. I., der damals den Jugendclub Feuerstein seelsorglich betreute – gehalten wurden, sowie ein gemeinsames Rosenkranzgebet, eine Eucharistiefeier, ein Vortrag und eine längere Gewissenserforschung anhand von Fragen, die vom Priester festgelegt wurden. Zwischen diesen Fixpunkten des Tagesplanes waren längere Pausen vorgesehen, die für das persönliche Gebet, Gespräche mit dem «Geistlichen Leiter» und dem Priester genutzt werden sollten.

Noch deutlich erinnere ich mich an die letzte Betrachtung des Samstagabends in der fast dunklen Kapelle, die nur durch zwei Kerzen am Altar und ein kleines Lämpchen auf dem Tisch, an dem der Priester uns zugewandt sitzend vortrug, erleuchtet war. Die Themen dieser Betrachtung unmittelbar vor dem Zubettgehen waren «Tod» und «Hölle». «Es gibt eine Hölle!», rief der Priester laut in die Kapelle hinein und führte aus, daß derjenige, der im Stand der Todsünde sterbe, ewig verdammt sei. Die Ausführungen gingen mir sehr unter die Haut, wozu die düstere Atmosphäre in der Kapelle – was bei diesem während der Besinnungstage feststehenden Thema auch intendiert ist – nicht unerheblich beitrug. Nach der Betrachtung sprach ich mit H. P., mit dem ich ein Zimmer teilte. Ich sagte ihm, daß ich Angst habe, im Stand einer Todsünde zu sein, wenngleich ich mir keiner bewußt sei. H. P. beruhigte mich. – Die erste Betrachtung am Sonntagmorgen hatte dann das Thema «Himmel». Insgesamt erfuhr ich die Besinnungstage als ansprechend und positiv. Erstmals und sehr eingehend las ich während dieser Tage das Büchlein von Escrivá de Balaguer «Der Rosenkranz», das mir damals gut gefiel.

Meine Eltern begann die intensive Weise, in der sich H. P., der ja einige Jahre älter als ich war, um mich kümmerte, zu wundern und zu sorgen. Über meinen Kontakt zum Jugendclub Feuerstein waren sie aber zunächst recht froh,

da ich vorher eher kontaktarm war. Schon bald wurden sie von H.P. und dem damaligen Sekretär des Feuersteins besucht und in groben Umrissen über die Arbeit des Clubs und das, was das Opus Dei sei, informiert und um einen Dauerauftrag als regelmäßige Spende für die Clubarbeit gebeten. Dem Opus Dei trauten sie anfänglich noch als einer katholischen Vereinigung; daß diese Vereinigung mich ihnen in der Folgezeit zunehmend entfremden und der Grund Jahre andauernder großer Sorge und Verzweiflung sein würde, konnten sie damals noch nicht wissen. Erschreckt wurden sie dann zunächst durch den Besuch der weihnachtlichen Mitternachtsmesse im Jugendclub, zu der die Eltern der Mitglieder des Feuersteins eingeladen worden waren. Nicht nur die vom «Volk» abgewandt gelesene Messe, sondern vor allem das, was der Priester sagte, und das Verhalten der Mitglieder der Vereinigung stießen sie ab und befremdeten sie. Der Gottesdienst mutete ihnen wie der einer fremden Religionsgemeinschaft an, und das Verhalten der Opus-Dei-Mitglieder – von deren Mitgliedschaft in der Vereinigung sie freilich damals noch nichts wußten – wirkte auf sie sektenhaft. Mir gegenüber verhielten sich meine Eltern aber zunächst noch zurückhaltend und vorsichtig, was ihre Kritik anbelangte.
Während der Weihnachtsferien half ich im Januar 1974, eine Fahrt des Jugendclubs zu betreuen, die für fünf Tage in eine Jugendherberge im Sauerland führte. Die Fahrtteilnehmer waren 10–13jährige Jungen, an die genaue Zahl der Mitfahrenden erinnere ich mich nicht mehr. Die Teilnehmer wurden in verschiedene, schon vor Antritt der Fahrt genau festgelegte Gruppen eingeteilt, die jeweils von zwei Älteren betreut wurden. Zusammen mit H.P. leitete ich eine dieser Gruppen. Geehrt fühlte ich mich, daß ich offiziell zum Gruppenleiter avancierte, während H.P. mein Stellvertreter war. Faktisch verhielt es sich natürlich genau

umgekehrt. Daß Nichtmitglieder bei solchen Gelegenheiten nach außen hin zu Gruppenleitern gemacht werden, während deren «geistliche Leiter» Stellvertreter sind, habe ich auch später verschiedentlich als eine immer wieder einmal versuchte, planvolle Praxis erlebt. Es soll auf diese Weise bei den Nichtmitgliedern ein größeres Verantwortungsgefühl geweckt und, wenn ich das richtig sehe, eine stärkere Identifikation mit den Zielen der Vereinigung bei einer solchen Fahrt und mit der Vereinigung selbst erreicht werden. Die Ziele einer Fahrt und das Programm werden durch die Fahrtleitung vorgegeben, die aus einem Leiter, einem stellvertretenden Leiter und einem Sekretär besteht. Dieser «Örtliche Rat der Fahrt» kann personell von den Gruppenleitern verschieden sein, in der Regel verhält es sich aber so, daß zumindest der stellvertretende Leiter und der Sekretär neben den Aufgaben der Gesamtleitung einer Fahrt, jeweils noch die konkrete Leitung einer der Gruppen zu übernehmen haben.

Ziel einer solchen Fahrt ist primär die religiöse und menschliche Formung der Fahrtteilnehmer. In der Regel fährt ein Priester mit oder begleitet die Fahrt, falls eine durchgehende Teilnahme nicht möglich ist, für eine bestimmte Zeit. Tägliche Programmpunkte sind der Besuch der Messe, eine kurze Zeit gemeinsamen Gebetes (wenn ein Priester der Vereinigung zugegen ist, in Form einer durch diesen gehaltenen Betrachtung), ein Vortrag beispielsweise über das Bußsakrament, das Gebet oder die Aufrichtigkeit, eine abendliche Gewissenserforschung. Jeder der Teilnehmer soll nach Möglichkeit während der Fahrt bei dem Priester beichten oder zumindest mit ihm sprechen. Vor Beginn der Fahrt ist jeweils genau festgelegt worden, wer von den Gruppenleitern mit welchen Gruppenmitgliedern vor allem über die Beichte und das Gebet spricht.

Bei jener Winterfahrt waren mir drei Jungen zugeteilt worden, mit denen ich sprechen sollte. Täglich wurde ich von H. P. oder dem Gesamtleiter der Fahrt auf diese mir anvertrauten Jungen angesprochen: über was ich mit ihnen gesprochen hätte, ob sie schon gebeichtet hätten und was ich noch mit ihnen besprechen sollte. Es war das erste Mal, daß ich so mit Jüngeren sprach; ihnen von der Wichtigkeit der Beichte (etc.) zu reden und sie dazu (meist mit Erfolg) zu bewegen versuchte. Daß ich als ein ihnen gegenüber Älterer durch solches Reden und das damit verbundene Drängen, das sich schon allein aus einem wiederholten Ansprechen auf (beispielsweise) die Beichte ergibt, massiv in ihre Freiheit eingriff, kam mir damals nicht zu Bewußtsein. Vielmehr erblickte ich in einem solchen Vorgehen eine wichtige und gute Sache und war überzeugt, daß es zum Besten der Jungen sei. Ein schlechtes Gewissen hätte ich wohl bekommen, wenn ich nicht mit ihnen gesprochen hätte. In diesem Fall hätte ich ihnen – so lernte ich es ja beständig im Opus Dei – ein mir unverdient zugekommenes Wissen, wie das um die Wichtigkeit des Bußsakramentes, für mich behalten und mich meiner Verpflichtung zum Apostolat widersetzt. Erheblich trug aber auch die ständige Kontrolle durch meine eigenen Lehrer dazu bei, daß ich mich zu solchem Ansprechen von Jüngeren auf ihr persönliches Verhältnis zu Gott überwunden habe – denn Überwindung haben für mich solche «apostolischen Gespräche» mit Jüngeren stets und in der Folgezeit in zunehmendem Maße bedeutet. Doch nahm ich die inneren Widerstände in mir nicht recht wahr, geschweige denn ernst.

Da damals ein Priester des Opus Dei nicht für die ganze Zeit der Fahrt anwesend sein konnte, mußten wir anfangs für den täglichen Besuch der Messe mit den Jungen einen Weg von fast einer Stunde zu Fuß zur nächsten Kirche zurücklegen. Ohne Ausnahme mußte jeder Teilnehmer dazu mitkommen. Was die angespochene menschliche Formung anbelangt, so legte man großen Wert auf gegenseitige Rücksichtnahme bei den Mahlzeiten, auf Tischmanieren, faires Spielverhalten etc. Natürlich ist bei solchen Fahrten auch intendiert, daß sie für die Teilnehmer zu einem Erlebnis werden, daß sie dabei Spaß haben und sich wohl fühlen. Es werden Spiele durchgeführt, es wird miteinander gesungen und gelacht. Doch bleibt all dies in gewisser Hinsicht sekundär und gewinnt die Funktion eines «Aufhängers» und eines Rahmens für die genannten primären Ziele.

Kurz vor Weihnachten 1973 hatte ich damit begonnen, täglich eine Messe zu besuchen, in der Regel die abendliche Eucharistiefeier im Feuerstein. Da ich freitagabends im Schulorchester Geige spielte, besuchte ich an diesen Tagen zunächst die Messe nicht. H.P. sprach mich darauf an. Es zeuge von einem Mangel an Liebe, nur wegen der Proben des Schulorchesters nicht die Messe zu besuchen. Er hielt mich dazu an, vor dem Unterrichtsbeginn freitags an einer Eucharistiefeier teilzunehmen, die in einer in Schulnähe gelegenen Kirche stattfand. Wenn ich die Messe vor dem Schlußsegen verließe, könnte ich noch gerade pünktlich in der Schule sein. So hielt ich es dann auch in der Folgezeit. Trotz vorzeitigen Verlassens der Messe kam ich aber nicht selten zu spät zum Unterricht. Wegen des Nüchternheitsgebotes frühstückte ich erst in der kurzen Pause nach der ersten Unterrichtsstunde. Ich nahm es als «Abtötung». H.P. hatte mir von der Notwendigkeit täglicher kleiner Abtötungen gesprochen. «Wenn du dich nicht abtötest, wirst du nie ein Mensch des Gebetes.»[118] Er hatte mir einige Vorschläge unterbreitet, welche kleinen Opfer ich mir vornehmen könnte: die «heroische Minute», d.h. sofor-

[118] Der Weg, Nr. 172.

tiges Aufstehen, wenn morgens der Wecker schellt – «Die heroische Minute. Das ist der Augenblick des pünktlichen Aufstehens. Kein Schwanken: ein übernatürlicher Gedanke und ... auf! – die heroische Minute: da hast du eine Abtötung, die deinen Willen stärkt und deine Natur nicht schwächt.»[119] – Abtötungen beim Essen: etwas weniger von dem, was man gerne mag, und etwas mehr von dem, was man nicht so gerne ißt; sich nicht an die Lehne des Stuhles, auf dem man sitzt, anzulehnen; ohne Kopfkissen zu schlafen; etc. Mit H.P. erstellte ich eine Liste solcher Abtötungen, um die ich mich täglich bemühen sollte. H.P. riet mir, sie jeweils für bestimmte Personen «aufzuopfern»: für den Papst, für meine Eltern und Geschwister, für Freunde und Klassenkameraden, für den Leiter des Jugendclub Feuerstein, für den Gründer des Opus Dei, für meinen «geistlichen Leiter» (also für H.P.) etc.[120]

Die regelmäßigen Gespräche mit H.P. setzten sich auch 1974 fort. Ich berichtete jeweils, wie die einzelnen Punkte des «Lebensplans», wie Gebet, täglicher Meßbesuch, Rosenkranzgebet, Stoßgebete, Abtötungen, Heiligung der Arbeit und Apostolat «geklappt» hatten; er gab mir Ratschläge und schlug vor, worum ich mich in der nächsten Zeit besonders bemühen sollte. Wir sprachen über die Vorträge, die er im «Kreis» gehalten hatte, unterhielten uns aber auch über vieles andere: über die Schule, über unsere Hobbies, über den Laienspielarbeitskreis ... Dieser fand inzwischen nicht mehr im Studentenheim Schweidt, sondern im Jugendclub Feuerstein statt.

[119] ebd. Nr. 206; vgl. auch Nr. 191: «Überwinde dich jeden Tag vom ersten Augenblick an. Steh rechtzeitig zur festen Stunde auf, ohne eine Minute Zugeständnis an deine Trägheit zu machen. Wenn du dich mit der Hilfe Gottes überwindest, hast du schon viel für den Tag vorweggenommen. Es ist entmutigend, sich gleich beim ersten Handgemenge besiegt zu sehen!»

[120] vgl. Nr. 192: «Immer unterliegst du. Setze dir jedesmal die Rettung eines bestimmten Menschen zum Ziel, oder seine Heiligung, oder seine Berufung zum Apostolat ... – Dann bin ich deines Sieges gewiß.»

Im Frühjahr begann ich, mich mit H.P. fast täglich zu Waldläufen im Kölner Stadtwald zu treffen. Die Initiative dazu war von H.P. ausgegangen. In der Regel liefen wir keinen Rundkurs, sondern eine längere Strecke auf den Wegen entlang. Auf dem Rückweg sprachen wir dann lange und intensiv, meist über mein «inneres Leben».
Am Fest der Verkündigung Mariens, 25. März, hielt der damalige Consiliarius des Opus Dei in Deutschland, Dr. M., die Messe im Jugendclub. In einer kurzen Ansprache sagte er, daß Maria, als sie ihr «Fiat» gesprochen habe, höchstwahrscheinlich nicht älter als vierzehn Jahre gewesen sei, also jünger als der Jüngste hier in diesem Kreis. Während der Predigt mußten die anderen immer wieder lachen; ich verstand damals nicht warum. Erst später wurde mir klar, daß die ganze Predigt auf mich gemünzt gewesen war. Unter denen, die an der Eucharistiefeier damals teilgenommen hatten, war ich nämlich der einzige gewesen, der nicht dem Opus Dei angehörte, und zudem der Jüngste. Es sollte eine Aufforderung an mich sein, doch in meinem Alter mein eigenes «Fiat» hinsichtlich einer Mitgliedschaft im Opus Dei zu sprechen. Zu dieser Zeit bat mich H.P., für ein dringendes Anliegen von ihm zu beten, dessen Inhalt er mir aber augenblicklich noch nicht nennen wolle. Ich versprach es ihm und tat es auch mit großem Eifer. An dem Tag, als ich Mitglied des Opus Dei wurde, verriet er mir, daß sein Anliegen eben dieses war, daß ich Mitglied des Opus Dei werde.
Sehr gedrängt wurde ich von H.P., doch in den Ostertagen an einer vom Opus Dei durchgeführten Romreise teilzunehmen. In Rom hätte ich dann die Möglichkeit, den Gründer des Opus Dei in einem Beisammensein kennenzulernen, mehr noch und Genaueres über die Vereinigung zu erfahren und vor allem in meinem «inneren Leben» einen großen Schritt vorwärts zu tun. Meine Eltern gaben

mir jedoch nicht die Erlaubnis, an der Romfahrt teilzunehmen, da schon länger geplant gewesen war, daß ich mit meinem Bruder die Ferien in England verbringen sollte. Wie ich im nachhinein erfuhr, hatte man sich von seiten der Leitung des Jugendclub Feuerstein erhofft, ich könnte während der Romfahrt dem Opus Dei beitreten.

In England bemühte ich mich so gut es ging, die mit H.P. vereinbarten Frömmigkeitsübungen zu praktizieren. Wochentags habe ich, wenn auch nicht täglich, verschiedentlich eine Messe besucht, wozu ich früh aufstehen mußte, um nach einem Fußweg von etwa einer dreiviertel Stunde die nächste katholische Kirche zu erreichen. Einen Brief von H.P., den er mir am Ostermontag nach England geschickt hatte, habe ich aufgehoben. Er schreibt darin unter anderem über zwei Freunde von mir: «... und nachmittags bin ich mit X. by bicycle – also auf unseren Stahlrössern – nach Kreuzweingarten geradelt; das hat ihn ziemlich geschlaucht, obwohl wir gemütlich fuhren. Wir brauchten $3\frac{1}{2}$ Std. (...) In Kreuzweingarten haben wir uns auf Ostern vorbereitet; insgesamt, together, waren wir 14. Y. ist auch mitgefahren, er sprach mit Dr. I. [dem Priester, der damals den Jugendclub Feuerstein betreute, K. S.], und ich sprach mit ihm, und er erzählte mir, was Du mir schon gesagt hattest. Ich hoffe, daß ich ihn in dieser Woche nochmals treffe; Karsamstag war er bei der Betrachtung dabei; Du siehst also, daß Deine Gespräche mit ihm durchaus fruchtbar waren. In Köln mehr. – X., da weißt Du doch schon alles. Bei der Rückfahrt habe ich ihn was in die Mangel genommen, rein physisch, und bin etwas schneller gefahren, als er eigentlich konnte. Kämpfen tut ihm ein bißchen weh, und mir scheint, daß man das auf einen anderen Bereich übertragen kann. Karsamstag kam er auch zur Betrachtung. (...) Ich hoffe nicht, daß Du in England in große Bedrängnisse kommst, wenn ja, dann machs wie beim Dauerlauf (Sonntag, 28. 4., 17h ?), nein, Waldlauf: bei Seitenstichen einfach gegen anlaufen und nie die Freude verlieren, schließlich ist Ostern. Aber ich sehe schon, daß es Dich ärgert, daß ich das geschrieben habe, weil es Dir so gut geht. Was macht mein Anliegen?»

Nach der Englandfahrt sagte mir H.P. immer wieder, ich solle mich doch im Gebet fragen, was Gott von mir verlangen würde, ob er nicht mehr von mir erwarte; und irgendwann stand dann die Frage ausdrücklich im Raum: ob ich nicht eine Berufung zum Opus Dei hätte. Bis dahin war mir überhaupt nicht klar gewesen, daß es so etwas wie Mitglieder des Opus Dei gibt. Gerade die Tatsache, daß das Opus Dei einen Weg, sein Christsein mitten in der Welt ernstzunehmen, eröffnen und Hilfestellungen dazu geben will, Gott in der Normalität des Alltags zu entdekken, ließ mich nicht daran denken, daß es eine besondere, ausdrückliche Mitgliedschaft im Opus Dei geben könnte, durch die ja, so dachte ich, das Gewöhnliche und das Nichtunterschiedensein von anderen Christen irgendwie durchbrochen würde. Dadurch, daß ich an der Arbeit des Opus Dei teilnahm, fühlte ich mich schon dazugehörig. Andererseits überraschte mich die Tatsache einer ausdrücklichen Mitgliedschaft in der Vereinigung nicht sonderlich; denn wer sollte sonst sicherstellen, daß die christliche Botschaft des allgemeinen Rufs zur Heiligkeit, der, wie im Opus Dei immer wieder zu hören war, über Jahrhunderte in Vergessenheit geraten war, wirklich lebendig gemacht und entsprechende Hilfe dazu gegeben würde?

Mitglied des Opus Dei wollte ich, so gefragt, zunächst nicht werden. Ich beschäftigte mich zu dieser Zeit intensiv mit dem Leben und Wirken von Pater Maximilian Kolbe, das mich begeisterte. Der beständige Anstoß zu der Frage, ob Gott nicht etwas Besonderes von mir erwarte, ließ mich bei meiner Begeisterung in diesem Alter denken, es könnte vielleicht mein Weg sein, Minorit zu werden und ähnliches zu tun wie Maximilian Kolbe, ein Apostolat zu entfalten wie dieser Pater. Ich erzählte H.P. von meinen Ideen. Er war sehr bestürzt. In der Folge machte er mir klar, daß das Besondere für Gott in der Regel nicht das Außergewöhnliche bedeute. Ordensleben sei etwas Außergewöhnliches, und Berufung und Leben Maximilian Kolbes seien etwas Außerordentliches und Einmaliges gewesen. Dies sei wohl auch nicht das, was Gott von mir erwarte. Immer drängender stellte H.P. mir die Frage nach meiner Berufung zum Opus Dei und machte deutlich, daß er davon überzeugt sei, daß dies mein Weg wäre. Auch stellte er es so dar, als handelte es sich hier um eine Lebensentscheidung, die ich möglichst zum damaligen Zeitpunkt, in meinem damaligen Alter zu treffen hätte. Ich bekam Angst; eine Angst, die regelrecht lähmend war. H.P. erzählte mir, wie er Mitglied des Opus Dei geworden sei und wie andere es geworden seien.

In oft stundenlangen Gesprächen erörterten wir die Frage einer Berufung zum Opus Dei. H.P. sagte mir, daß man, um Mitglied des Opus Dei zu werden, einen Brief an den Generalpräsidenten der Vereinigung schreiben müsse. Umrißhaft deutete er an, daß es drei Weisen der Mitgliedschaft gibt, wobei er, ohne die Bezeichnungen zu nennen, die Mitgliedschaft als Numerarier und Supernumerarier etwas genauer ausführte. Für mich käme – so sagte er fast beiläufig in einem Satz – nur eine Mitgliedschaft als Numerarier in Frage. Ich fragte nicht näher nach, warum. Lebenslange Ehelosigkeit schien mir in diesem Alter kein Problem zu sein. Ich stellte es mir zwar nicht einfach vor, aber schließlich würde ich, falls ich Priester und Minorit werden sollte, ja auch ehelos leben. Kurz erwähnte H.P. auch das Leben in Armut und Gehorsam, erläuterte aber nicht, wie das in der Vereinigung näher aussieht. In Bezug auf den Gehorsam sagte er nur, daß er stärkste Befehl im Opus Dei das «Bitte» sei. Auch hier fragte ich nicht näher nach. Wissen wollte ich zunächst nur, was sich denn in meinem Leben ändere, wenn ich Mitglied des Opus Dei würde. Im Grunde nicht viel, antwortete H.P. darauf.

Während der Gebetszeiten und auch sonst begann ich die entsprechenden Kapitel in «Der Weg» zu lesen – «Der Wille Gottes», «Die Verherrlichung Gottes», «Der Ruf» . . .:

«Dies ist der Schlüssel, um die Tür zu öffnen und in das Himmelreich einzugehen: ‹Qui facit voluntatem Patris mei qui in coelis est, ipse intrabit in regnum coelorum›. Wer den Willen meines Vaters tut . . ., der wird eintreten!»[121]

«Freier Mensch, unterwirf dich zu freiwilligem Dienst, damit Jesus von dir nicht sagen muß, was Er der heiligen Theresia von anderen gesagt haben soll: ‹Theresia, ich wollte . . ., aber die Menschen haben nicht gewollt.›»[122]

«Diese Hingabe ist genau die Bedingung, die du brauchst, um in Zukunft den Frieden nicht zu verlieren.»[123]

«Es ist gut, Gott zu verherrlichen, ohne sich von dieser Herrlichkeit etwas vorwegzunehmen (Frau, Kinder, Ehren . . .), die wir in der Fülle mit Ihm im ewigen Leben genießen werden . . . Überdies, Er ist großzügig . . . Er gibt hundert für eins, das stimmt sogar im Hinblick auf Kinder. – Viele verzichten auf sie um seiner Herrlichkeit willen und haben tausende Kinder im Geiste. – Kinder, wie wir Kinder unseres Vaters sind, der im Himmel wohnt.»[124]

«Warum gibst du dich Gott nicht hin? Ein für allemal . . . wirklich . . . jetzt!»[125]

«Dies, dein Ideal, deine Berufung, ist . . . ein Wahnsinn. – Und die

[121] ebd. Nr. 754.
[122] ebd. Nr. 761.
[123] ebd. Nr. 767.
[124] ebd. Nr. 779.
[125] ebd. Nr. 902.

anderen, deine Freunde, deine Brüder, lauter Wahnsinnige ... Hast du diesen Schrei nicht manchmal tief in deinem Inneren vernommen? – Antworte entschieden, daß du Gott für die Ehre dankst, diesem ‹Irrenhaus› anzugehören.»[126]

«Du hast herzlich gelacht, als ich dir riet, deine jungen Jahre unter den Schutz des heiligen Raphael zu stellen: damit er dich wie den jungen Tobias zu einer heiligen Ehe führe – mit einer guten und hübschen und reichen Frau, sagte ich im Scherz. Aber dann, wie nachdenklich wurdest du, als ich den Rat hinzufügte, dich auch unter den Schutz jenes jugendlichen Apostels Johannes zu stellen: für den Fall, daß der Herr mehr von dir verlangt.»[127]

«Du weißt, daß dein Weg nicht klar ist. – Und daß er es nicht ist, weil du im Dunkeln tappst, wenn du Jesus nicht dichtauf folgst. – Auf was wartest du noch: um dich zu entscheiden?»[128]

Intensiv las ich auch in den «Gesprächen mit Msgr. Escrivá de Balaguer», um aus den in diesem Buch gesammelten Interviews Näheres über das Opus Dei zu erfahren. Die Vorträge, die H.P. in dieser Zeit im «Kreis» hielt, waren alle auf mich zugeschnitten. Es ging um «Hingabe», «Großzügigkeit», «Berufung» ... Auch traf ich mich mit H.P. häufiger zu gemeinsamer «geistlicher Lesung». H.P. übersetzte mir aus der internen Opus-Dei-Zeitschrift «Obras» – wiederum ging es um die gleichen Themen. Ich mußte eine Entscheidung treffen. Diese lähmende Angst, die mich ergriffen hatte, machte mich beinahe handlungsunfähig; ich konnte kaum noch konzentriert arbeiten. H.P. erklärte mir, daß die Angst – wie der «Vater» immer wieder gesagt habe – das sicherste Zeichen für eine Berufung sei.

Schließlich sagte ich «Ja». H.P. war hocherfreut und sagte, ich müsse jetzt mit dem Leiter des Jugendclub Feuerstein (der nicht ganz ein Jahr später aus dem Opus Dei austrat)

[126] ebd. Nr. 910.
[127] ebd. Nr. 360.
[128] ebd. Nr. 797.

sprechen. Nach einigem Hin und Her – dieser Leiter war zehn Jahre älter als ich, und ich hatte ein wenig Angst vor ihm – willigte ich ein, ihn am nächsten Tag aufzusuchen. Am Abend kamen mir große Zweifel an meiner Entscheidung. Ich rief H. P. an, mir sei alles wieder unklar, und ich könne zu meinem «Ja» am Nachmittag nicht mehr stehen. Am nächsten Morgen traf ich mich mit H. P. im Feuerstein; es war ein Freitag, und wir hatten an diesem Tag schulfrei. Unser Gespräch dauerte den ganzen Vormittag, und wieder sagte ich «Ja». Am Nachmittag sprach ich mit dem Leiter des Jugendclubs.

All diese Gespräche mit H. P. waren meinerseits so persönlich, daß ich gar nicht auf die Idee kam, mit meinen Eltern darüber zu sprechen. Ich erinnere mich nicht mehr, ob H. P. mir nahegelegt hatte, mit meinen Eltern nicht über meine «Berufung zum Opus Dei» zu sprechen, der Leiter des Jugendclub Feuerstein sagte es mir jedenfalls ausdrücklich, daß ich mit ihnen nicht darüber reden solle. Es sei noch nicht der Zeitpunkt, daß sie meine «Berufung» verstehen könnten. Später werde ich ihnen schon alles sagen, und sie würden sich sicherlich darüber freuen. Er erzählte mir von seinen eigenen Eltern, die sehr froh über seine Mitgliedschaft im Opus Dei seien. Im Lauf meiner Mitgliedschaft in der Vereinigung habe ich immer wieder erlebt, wie ausdrücklich darauf hingewiesen wurde, man solle den Schülern, die auf eine Mitgliedschaft im Opus Dei angesprochen werden, klarmachen, daß es nicht gut sei, mit den Eltern darüber zu sprechen. Die Eltern hätten sich wahrscheinlich schon Pläne von der Zukunft ihrer Kinder gemacht, würden vielleicht auf spätere Enkelkinder hoffen und hätten womöglich zunächst kein Verständnis für eine solche Berufung. Man dürfe sie nicht in die Versuchung bringen, eine gottgewollte Sache wie die Berufung von jemandem zum Opus Dei verhindern zu wollen.

Ihnen nichts darüber zu erzählen, meist während der ersten Jahre der Mitgliedschaft nicht, geschehe also im Grunde aus Liebe zu den eigenen Eltern. Außerdem handele es sich bei einer Berufung zum Opus Dei um eine sehr persönliche Entscheidung, die Sache des jeweils einzelnen sei und nicht der Eltern.

Die Gespräche mit dem «geistlichen Leiter» von Nichtmitgliedern können gerade bei jungen Menschen einen Intimbereich zum Gegenstand haben, der allenfalls sonst bei einem Gespräch mit einem Priester, einem Beichtvater zur Sprache käme. Deshalb sprechen viele der Jugendlichen mit ihren Eltern ganz von selbst nicht mehr über den Inhalt ihrer Gespräche mit dem «älteren Freund». Meine Eltern, die sich, wie schon erwähnt, über die Intensität, mit der ein Älterer sich um mich kümmerte, zu wundern begannen, wußten nur, daß H.P. mir einige Tips für mein «inneres Leben» gäbe. Durch die intensive, immer stärkere Einmischung in die innersten Bereiche eines jungen Menschen erreicht der «ältere Freund», daß er von einer anfangs meist sympathischen Autoritätsperson zu einer die Eltern ablösenden Vertrauensperson wird, was bei Jugendlichen im Pubertätsalter oft kaum eine Schwierigkeit darstellt. Die Gespräche über die «Berufung» zum Opus Dei stellen bei den Jugendlichen, die dafür geeignet scheinen und auf Beschluß des «Örtlichen Rates» eines Hauses daraufhin angesprochen werden, eine Fortsetzung der Gespräche auf der Ebene jenes Intimbereiches dar, so daß nur die wenigsten überhaupt auf die Idee kommen, mit ihren Eltern darüber zu sprechen. Durch die ausdrückliche Aufforderung, den Eltern zunächst nichts von einer Entscheidung zur Mitgliedschaft im Opus Dei zu erzählen, besteht zwischen den Eltern und ihrem Kind ein Geheimnis hinsichtlich einer einschneidenden und gewichtigen Entscheidung, die das Leben grundlegend prägen wird. Auf diese Weise wird der Grundstein gelegt für einen sich immer weiter fortsetzenden Entfremdungsprozeß. Eine ehemalige Numerarierin, Petra H. (Name geändert), schreibt dazu: «(...) Ich habe mir überlegt, daß es eigentlich sehr leicht ist, die Clubmädchen zur Verschwiegenheit zu bringen, z.B. habe ich mit X. darüber gesprochen, wieviel sie zu Hause hilft und wie gerne. Ich machte ihr Vorschläge. Es war natürlich klar, daß sie jetzt nicht zu ihrer Mutter ging und sagte, ‹ab morgen mache ich mein Bett selber, um die Nächstenliebe besser zu leben›. etc. Als ich ihr oder anderen vorschlug, doch 5 Minuten im Neuen Testament zu lesen oder 10 Min. Gebet zu machen, hat sich wohl eine gewisse ‹Scheu› eingestellt, darüber zu sprechen. Wie man wohl allgemein schwer über sein innerstes Verhältnis zu Gott spricht. So entwickelt sich jedoch ein Vertrauensverhältnis zwischen Numerarierin und Clubmädchen von ganz ungewohnter Art. Ich habe den Mädchen ‹angeboten›, einmal in der Woche oder alle zwei mit ihnen über diese Probleme des Innenlebens oder allgemein über Schwierigkeiten zu reden. Manche sagten, ist das denn nötig? Ja, um sich zu entwickeln und innerlich zu wachsen. Ehe man einen festen Termin ausmachte, mußte sich natürlich schon ein Vertrauensverhältnis gebildet haben. (...) Die Mädchen gewöhnen sich also an die Beraterfunktion der Clubleiterin (obwohl sie sich meist äußerst zaghaft öffnen), sie nehmen diese Gespräche in Kauf, da sie vom Club und den Fahrten etc. begeistert sind. Natürlich machen sie auch die Erfahrung, daß es Freude macht, der Mutter Arbeit abzunehmen oder weniger Krach mit den Geschwistern zu haben. Und gleichzeitig entwickeln sie auch ein Gespür dafür, daß die eigene Mutter nicht unbedingt Verständnis für den täglichen Kampf um 10 Min. Gebet haben würde. Ich glaube, jeder spürt, daß diese Anhäufung von Frömmigkeitsübungen, dazu noch unter ständiger Kontrolle und Anleitung, etwas Besonderes ist und von der Umgebung nicht mehr voll akzeptiert würde, wüßte sie es. So kapselt man sich ab. Und man gerät in eine verhängnisvolle Abhängigkeit. Es kommt ein bißchen Stolz hinzu, daß man von einer Studentin ernstgenommen wird, und natürlich ist es leichter, ihr ständig Sympathie entgegenzubringen, als der eigenen Mutter. Im Club läßt man die häuslichen Unstimmigkeiten hinter sich, die Studentin ‹strahlt› gute Laune aus, sie schimpft nicht, hat immer Verständnis. (...) Während der Entwicklung des Innenlebens hat sich eine gewisse Überlegenheit den Eltern gegenüber eingestellt. Vielleicht gehen sie noch jeden Sonntag in die Kirche, aber in der Woche, beten sie jeden Tag längere Zeit, gar den Rosenkranz, lesen sie geistliche Bücher, beherrschen sie sich immer, wenn etwas schief läuft? Man weiß jetzt, dank des Opus, wie ein echter Christ leben müßte. Man betet viel für seine Eltern! Man versucht, sie zu Vorträgen ins Heim zu lotsen. Der Grad der Überlegenheit mag bei jedem verschieden sein, die Numerarierin hat darüber natürlich nie gesprochen, aber dafür aufgeklärt, was ein Christ ist. Je mehr sich die Mädchen zu eigen machen, müssen sie zwangsweise den Unterschied zu ihren Eltern spüren. Die Numerarierin hat natürlich für alle Verhaltensweisen der Eltern des jeweiligen Clubkindes eine Entschuldigung und ermahnt, sie noch mehr zu lieben. Sie hat sich also während der ganzen Zeit immer mehr zwischen Kind und Eltern geschoben, auch wenn sie ein netteres Zusammenleben bewirkt haben sollte. So braucht die Numerarierin also nicht einmal zu sagen, verrate deinen Eltern ja nichts von der Berufung, denn man ist sich ja der Ungeheuerlichkeit dieses Weges bewußt, man weiß, daß die Welt(?) einen verachten wird etc. – die innere Überzeugung, die die Numerarierin in einem hochzüchtete, ist außerdem so stark, der Ruf Gottes so eindring-

lich, daß man natürlich auch nicht um Erlaubnis bitten braucht. Im Grunde genommen kommt man gar nicht auf die Idee, daß die Eltern das überhaupt was angeht. Das schlechte Gewissen wird einem sowieso erleichtert. (...)»
An anderer Stelle notierte sie stichwortartig: «da Eltern Eintritt verbieten könnten aus ‹Unverständnis›, werden sie nicht informiert, oder nur begrenzt. Da Berufung intime Angelegenheit zwischen Gott und Berufenem ist, braucht nicht um Erlaubnis gefragt werden.»
Eine andere ehemalige Numerarierin, Susanne I. (Name geändert), schrieb auf: «Meine ‹ältere Freundin› war eine ca. 23-jährige (...) Studentin, die sehr intensiv auf mich einging. Nach den Kreisen wurde ich des öfteren gebeten, doch noch ein paar Minuten länger zu bleiben. Während dieser Zeit wurde ich nach meinen persönlichen Problemen befragt. Diese Gespräche, bei welchen man das Gefühl suggeriert bekam, bereits als eine ‹vollwertige› Persönlichkeit ernstgenommen zu werden, banden mich mit der Zeit immer stärker an meine ‹persönliche Leiterin›. Ich erzählte ihr so persönliche Dinge, die ich nicht einmal bereit war, meinen Eltern zu erzählen. Somit war natürlich auch ausgeschlossen, daß ich meinen Eltern über die Gespräche mit meiner Leiterin berichtete. Mehr und mehr wurde meine Persönlichkeit und auch mein Tagesablauf durch den Einfluß des Opus Dei verändert. (...) Mein ganzes Leben befand sich mittlerweile unter der Kontrolle meiner persönlichen Leiterin. Sie hielt mich vor allem zu religiösen Übungen an. Diese religiösen Übungen sollten dazu führen, ständig Kontakt, bei allem was man tut, zu Gott zu haben. Die Grundlage bei der Arbeit im Kreis und bei den religiösen Übungen war ‹Der Weg› (...). Daraus wurden auch die Themen für Stoßgebete entnommen. Diese Stoßgebete sollten zu allen möglichen Tageszeiten verrichtet werden. Als Hilfestellung wurde mir z. B. von meiner pers.

Leiterin angeboten, jedesmal wenn ich eine Türklinke anfaßte, ein Stoßgebet zu beten, was ich trotz dieser Hilfestellung häufig vergaß. Wenn ich mit meinen religiösen Übungen nicht zurechtgekommen war oder etwas vergessen hatte, was ich auch gegenüber meiner Leiterin, die ja hauptsächlich eine Art Freundin für mich war, eingestand, wurde ich nicht getadelt. Sie schlug mir dann stattdessen neue Übungen vor oder gab mir weitere Hilfestellungen zur Verrichtung der Übungen an die Hand. Dieses Gefühl, es ständig gut bzw. besser zu machen, welches bei den Gesprächen mit meiner Leiterin geweckt wurde, führte dazu, daß ich ständig mit einem schlechten Gewissen zu Bett ging. (...) Eigentlich waren mir die Gespräche mit der Leiterin unangenehm, da sie ständig zum Weitermachen drängte, selbst wenn einem die Lust verging. Aber ich war nicht mehr imstande zu sagen, ich will nicht mehr oder mir ist das Ganze zu lästig, da sie ja ständig neue Erwartungen in mich setzte.
Über den Eintrittsmodus und die Bedeutung des Begriffs ‹Numerarierin› wurde ich vor dem Eintritt ins Opus Dei aufgeklärt. Allerdings wurde einem das Bewußtsein ‹berufen› zu sein, eher von außen suggeriert. So wurde mir zum Beispiel gesagt, daß die Angst vor der Verpflichtung zur Ehelosigkeit ein untrügliches Zeichen der Berufung sei. Bevor ich um Aufnahme ins Opus Dei bitten konnte, mußte ich zu Dr. X., dem priesterlichen Leiter des Opus Dei in Deutschland, zur Beichte. Er fragte mich noch einmal, ob ich mich imstande fühlte, ein eheloses Leben zu führen, und er frug mich auch, ob ich in meinem Leben einmal eine sexuelle Beziehung gehabt hätte. (Ich war zu diesem Zeitpunkt 16 Jahre alt). (...)» An anderer Stelle: «Man hat mir ausdrücklich empfohlen, über die Mitgliedschaft nicht mit meinen Eltern zu sprechen, mit dem Argument, meine Eltern würden das nicht verstehen.»

Der Leiter des Jugendclub Feuerstein fragte mich, ob ich meine Entscheidung, Mitglied des Opus Dei werden zu wollen, frei getroffen habe und mich durch niemanden dazu gedrängt fühle. Etwas zögernd antwortete ich mit «Ja» und war von der Richtigkeit meiner Antwort trotz der intensiven «Bearbeitung» durch H.P. auch überzeugt, wenngleich ich ein ungutes Gefühl bei dieser Antwort hatte. Ob ich diesem Unbehagen damals Ausdruck verliehen habe, erinnere ich mich nicht mehr. Der Leiter des Jugendclubs betonte, daß es sich bei meiner Entscheidung zur Mitgliedschaft um eine endgültige, das ganze Leben betreffende Entscheidung handele. Kurz sprach er Armut, Ehelosigkeit und Gehorsam an. Ich erfuhr, daß man als Numerariermitglied sein ganzes Geld beim Sekretär des «Zentrums», zu dem man gehört, abgibt und jeweils nur soviel Geld erhält, wie man für anfallende, notwendige Ausgaben benötigt, wobei jede Ausgabe auf einem Zettel genau zu notieren ist, den man jeweils am Monatsende seinem Leiter abzugeben hat. Als Numerariermitglied würde ich keine Tanzstunde besuchen, da dies für jemanden, der für Gott ein Leben in Ehelosigkeit führen wolle, überflüssig sei und nur eine Gefährdung der Berufung darstelle. Ebenfalls dürfe ein Numerarier keine Kinos, Theateraufführungen, Opern oder Konzerte besuchen. Wir vereinbarten, daß ich alles nochmals in Ruhe überdenken und am nächsten Tag kommen würde, um den Brief an den Generalpräsidenten zu schreiben. Am Samstag, dem 15. Juni 1974, schrieb ich im Beisein von A.G., dem damaligen stellvertretenden Leiter des Jugendclubs – der Leiter war an diesem Tag abwesend – den Brief. A.G. prüfte anschließend, ob der Brief auch den Satz «Ich bitte um die Aufnahme in das Opus Dei als Numerariermitglied» enthielt und nahm ihn an sich.[129] Im Alter von 15 Jahren war ich Mitglied des Opus Dei geworden.

Das meiner Mitgliedschaft in der Vereinigung vorausgegangene Drängen und die intensive Bearbeitung durch H. P., das Herbeiführen von «Lebensentscheidungen» oft Minderjähriger stellen im Opus Dei leider keine Ausnahmen dar. Die meisten Numerariermitglieder in Deutschland sind als Schüler dem Opus Dei beigetreten, eine Reihe von ihnen in einem Alter zwischen 14 und 17 Jahren.[130] Die Arbeit mit Jugendlichen («das Werk des hl. Raphael und des hl. Johannes») gilt der Vereinigung als ihre eigentümlichste; sie stellt gleichsam die «Brutstätte» der Vereinigung dar.[131] Oft konnte ich miterleben, wie mit Jugendlichen immer und immer wieder über die Frage einer Mitgliedschaft gesprochen wurde, vor allem bei den alljährlich stattfindenden Osterfahrten nach Rom. Jedes Jahr findet während der Karwoche in Rom ein vom Opus Dei

[129] Briefe an den Generalpräsidenten und andere nach Rom gerichtete Mitteilungen werden nicht mit der Post geschickt, sondern gesammelt und durch ein von der Kommission beauftragtes Mitglied überbracht.

[130] Das Mindestalter um Mitglied des Opus Dei zu werden, betrug bislang 14 Jahre. Es war allerdings zu hören, daß dieses Mindestalter nun mit der Umwandlung des Opus Dei in eine Personalprälatur auf 16 Jahre heraufgesetzt wurde.

[131] vgl. § 8 der spanischen Übersetzung der «Konstitutionen des Opus Dei» bei Jesús Ynfante, La prodigiosa aventura del Opus Dei, 398: «Los socios del Opus Dei emplean su actividad en tres obras, cada una de las cuales está constituida bajo patronos, a saber: 1. Obra de San Rafael y de San Juan, para cultivar a los jóvenes; este trabajo es el más proprio del Opus Dei y como semillero del Instituto. (...)» Die von Ynfante veröffentlichten Konstitutionen sind wohl vor 1950 abgefaßt; wann sie in dieser Fassung in der Vereinigung Geltung hatten, ob diese oder eine geänderte Fassung päpstlich approbiert wurde, ist unbekannt. Unklar ist auch, wie diese Konstitutionen Ynfante zugänglich wurden (über die Geheimhaltung der Statuten der Vereinigung siehe unten S. 261/65). Zudem handelt es sich bei dem von Ynfante veröffentlichten Text um eine Übersetzung aus dem Lateinischen. Wenngleich es m. E. kaum als zweifelhaft gelten kann, daß die Autorschaft dieser Konstitutionen beim Opus Dei liegt und die aufgeführten Bestimmungen bis in Kleinigkeiten hinein auch heute noch weitgehend die Praxis der Vereinigung wiedergeben, stütze ich mich der genannten Unsicherheitsfaktoren wegen, zumal nach der erfolgten Umwandlung des Opus Dei in eine Personalprälatur, an keiner Stelle dieser Arbeit auf den von Ynfante 1970 veröffentlichten Text. Erwähnungen dieser «Konstitutionen» hier und in Anm. 169 des 4. Kapitels sind deshalb ausschließlich als Hinweise und nicht als Beweise zu verstehen.

initiiertes internationales Treffen statt, zu dem unter der Leitung der beiden Abteilungen der Vereinigung jeweils mehrere tausend Schüler und Studenten aus vielen Ländern der Welt teilnehmen.

Die Vorbereitung der mitfahrenden Nichtmitglieder auf eine Romfahrt ist sehr intensiv. Der Besuch von Besinnungstagen und in der Regel auch einer Vorbereitungstagung sind Voraussetzung für die Teilnahme an einer solchen Fahrt. Möglichst sollen solche mitfahren, die mit dem Opus Dei schon näher vertraut sind, an einem «Kreis» teilnehmen und die Voraussetzungen dafür mitbringen, während der Romfahrt oder bald danach zu «pfeifen». «Pfeifen» ist ein Ausdruck, der in der Sprache der Mitglieder des Opus Dei das Mitgliedwerden in der Vereinigung, das Schreiben des Briefes an den Generalpräsidenten des Opus Dei meint.

In der Regel wird vorher deutlich gemacht, daß eine solche Romfahrt von seiten der Fahrtleitung nicht als eine «Tourismusfahrt» verstanden wird, sondern es vielmehr darum gehe, Ostern im Zentrum der Christenheit zu verbringen, in seinem inneren Leben Gott näher zu kommen, in seiner Liebe zum Papst und zur Kirche zu wachsen. Auch bestehe die Möglichkeit, das Opus Dei besser kennenzulernen: den «Vater» in einem großen Beisammensein mit internationaler Beteiligung zu erleben, am Grab des Gründers des Opus Dei im Generalhaus der Vereinigung zu beten. Daß letzteres, das Opus Dei näher kennenzulernen, während der Romfahrt eindeutig im Vordergrund stehen und am nachhaltigsten den Tagesablauf bestimmen wird, können die zum ersten Mal an einer solchen Romfahrt teilnehmenden Nichtmitglieder vorher nicht wissen.

Seit einigen Jahren werden die Fahrten nach Rom mit Bussen durchgeführt. Dies hat sich als besonders günstig herausgestellt. Während der zweitägigen Hinfahrt können die Zweiersitze der Busse für ständige Gespräche mit den Nichtmitgliedern genutzt werden; ein Bus ist dazu geeigneter als ein Zugabteil, wo immer andere Mitinsassen mithören würden.

Vor Fahrtbeginn ist genau festgelegt worden, wer mit wem die Gespräche führt. Die mitfahrenden Opus-Dei-Mitglieder erhalten von der Fahrtleitung einen kleinen Zettel, auf dem die Namen derjenigen notiert sind, mit denen sie während der Romfahrt sprechen sollen, außerdem die Grundthemen, die spätestens während der Hinfahrt besprochen werden müssen. Die Leiter der Fahrt vergewissern sich immer wieder während der Busfahrt bei den anderen Mitgliedern der Vereinigung, ob solche Gespräche stattgefunden und wie die Angesprochenen reagiert haben. Weiterführende Ratschläge, Anweisungen werden gegeben, wie weiter vorzugehen sei. Diese gilt es genauestens zu befolgen. «Bei der Arbeit im Apostolat gibt es keinen Ungehorsam, der geringfügig wäre.»[132] Vor der Fahrt hat jedes teilnehmende Mitglied des Opus Dei – in der Regel dürfen nur diejenigen Mitglieder an der Romfahrt teilnehmen, die mindestens zwei oder drei «Freunde» dazu mitbringen – mit seinem «geistlichen Leiter» die genauen Ziele für die einzelnen «Freunde» während einer solchen Romfahrt festgelegt. Der «Örtliche Rat» der jeweiligen «Zentren» des Opus Dei hat vorher beschlossen, welche der Nichtmitglieder während der Fahrt «grünes Licht» haben, d.h. Mitglieder der Vereinigung werden dürfen bzw. sollen.

Die Art und Weise, wie die «Gespräche» während der Busfahrt zwischen Mitgliedern und Nichtmitgliedern zustandekommen, wiederholt sich. Der – nicht selten ältere – «Leiter», der sich während der Romfahrt und oft auch

[132] Der Weg, Nr. 614.

außerhalb der Fahrt um ein Nichtmitglied kümmert (bzw. zu kümmern hat), setzt sich während der Busfahrt neben den Betreffenden. Mit scheinbar belanglosen, «normalen» Themen fängt es dann meist an: das Wetter, die Landschaft, was man in Rom alles besichtigen will, wie es zu Hause geht, Schule, Studium ... Man spricht über «Gott und die Welt», wie es heißt. Dann die schrittweise Überleitung – «immer weniger von der Welt und immer mehr von Gott». Es beginnt jenes unnachgiebige Fragen, jene Einmischung in die innersten Bereiche eines anderen, zu der man sich berechtigt glaubt. Was denn die Vorsätze für diese Romfahrt seien ... Fragen über das «innere Leben» des anderen, ständiges Nachfragen; Drängen, gemeinsam zu beten; Aufforderungen zur Beichte (ein Priester fährt im Bus mit). Häufiger Wechsel der Sitzplätze, da jedes Opus-Dei-Mitglied während der Romfahrt in der Regel mehrere «Freunde» zu betreuen hat. Spricht mit einem Schüler etwa ein gleichaltriger Klassenkamerad, der Mitglied des Opus Dei ist, und ergeben sich dabei irgendwelche Schwierigkeiten, berichtet er dies in aller Regel seinem eigenen Leiter, der dann entweder Ratschläge für das weitere Vorgehen gibt oder es selbst versucht. Die Autorität des Älteren beschert dann nicht selten den Erfolg. Die beherrschenden Themen auf der Romfahrt sind: das Opus Dei; der «Vater»; der heilige Gründer, der bald heiliggesprochen werde; Berufung zum Opus Dei; Ganzhingabe; Großzügigkeit ... Gebet; Abtötung; Rosenkranz; Reinheit; innerer Kampf; Notwendigkeit eines geistlichen Leiters; Beichte; Gespräche mit dem Priester; der Papst; die Kirche ...
In der Unterkunft am Rand von Rom – in der Regel wohnt man außerhalb der Stadt und fährt morgens gemeinsam mit dem Bus in die Stadt hinein – erfolgt dann eine planmäßige Zimmerverteilung, wobei man häufig darauf bedacht ist, miteinander befreundete Nichtmitglieder voneinander

zu trennen. Nach Möglichkeit wohnt der jeweilige «Leiter» mit denen, die er betreut, in einem Zimmer zusammen. Allmorgendlich hält ein Priester des Opus Dei den Fahrtteilnehmern eine halbstündige Betrachtung, an die sich meist eine Eucharistiefeier anschließt. Bisweilen wird die Messe aber auch im Lauf des Tages in einer der im Generalhaus des Opus Dei befindlichen Kapellen gefeiert, meistens dann in der großen Kapelle «Santa Maria de los Angeles», unter der sich die Krypta mit dem Grab des Gründers befindet. Die Kar- und Osterliturgie wird in der Kirche «S. Andrea della Valle» gefeiert, zu der alle männlichen Gruppen der bei dem jeweiligen Ostertreffen vertretenen Länder zusammenkommen. Die von der weiblichen Abteilung des Opus Dei betreuten Gruppen feiern die Kar- und Osterliturgie in einer anderen Kirche. Die männlichen Gruppen haben keine Kenntnis davon, wo sich während des Ostertreffens die Unterkünfte der weiblichen Gruppen befinden, und umgekehrt. Auch bei den Romfahrten wird eine strikte Trennung der beiden Abteilungen der Vereinigung gewahrt, allerdings können sich die Mitglieder der von beiden Abteilungen betreuten Gruppen an einer Plakette mit der Aufschrift «UNIV» (früher «ICU»)[133] erkennen.

Die Osterfahrt wird von beiden Abteilungen nach außen hin unter dem Namen eines vornehmlich von Opus-Dei-Mitgliedern initiierten internationalen Studentenkongresses über studentische und universitäre Fragen und Probleme durchgeführt. Ein solcher Kongreß findet tatsächlich während der Karwoche in Rom statt, doch hatten zumindest bis 1979 über 95 % aller Romfahrtteilnehmer damit

[133] Die Abkürzung «UNIV» steht für «Universität». «ICU» bedeutet «Instituto per la Cooperazione Universitaria» (Institut für universitäre Zusammenarbeit). Diese von Mitgliedern des Opus Dei initiierte Einrichtung ist der offizielle Veranstalter der UNIV-Kongresse.

nichts zu tun. Lediglich an der Abschlußsitzung nahmen einige der mitgefahrenen Studenten teil. Während des Aufenthaltes in Rom werden die Fahrtteilnehmer von den Pilgern oder Touristen immer wieder auf die Bedeutung Ihrer UNIV-Plaketten angesprochen. Die an der Romfahrt teilnehmenden Schüler sind nicht selten angewiesen, sich auf Befragung als Studenten auszugeben. Einer der Gründe, weshalb die Romfahrten unter dem Namen eines internationalen Studentenkongresses durchgeführt werden, ist wohl, daß das Opus Dei auf diese Weise – wie so oft – nach außen hin nicht als Veranstalter der Osterfahrten in Erscheinung tritt.

1979 – ich habe während meiner Mitgliedschaft in der Vereinigung viermal an einer Romfahrt teilgenommen – wurde erstmals eine Papstaudienz ausschließlich für die «Teilnehmer» am UNIV-Kongreß gewährt. Zu Beginn der Audienz trug jemand dem Papst die Ergebnisse des Kongresses vor. Es war peinlich, mitzuerleben, wie Johannes Paul II. in seiner Rede darauf einging und Tausende Audienzteilnehmer, die mit dem UNIV-Kongreß eigentlich gar nichts zu tun hatten und größtenteils nicht einmal recht wußten, um was es sich bei dem Kongreß, dessen Teilnehmerplakette sie trugen, wirklich handelte, ansprach: «(...) Wie ich weiß, vertretet ihr hier 217 Universitäten der ganzen Welt, und schon das ist ein positives Zeichen der Universalität des christlichen Glaubens, auch wenn er nicht immer ein bequemes Leben hat. (...) In diesen Tagen nun denkt ihr über die erforderlichen Bemühungen nach, Einheit und Solidarität unter den Völkern in der Welt zu fördern. Mit Recht fragt ihr, auf welche Werte sich diese Bemühungen stützen müssen, um nicht in leere Rhetorik zu verfallen. Und zugleich fragt ihr, im Namen welcher Ideale es möglich sei, so verschiedene Kulturen und Völker wie z. B. jene, die hier von euch vertreten sind, wirklich zu verbrüdern. (...) Bei eurem Kongreß habt ihr die Leiden und Gegensätze herausgestellt, von der eine Gesellschaft heimgesucht wird, wenn sie sich von Gott entfernt. (...)»[134] Einige der Studenten, die an der Romfahrt teilnahmen, äußerten sich mir gegenüber sehr überrascht, sie hätten den Eindruck, daß dem Papst hier etwas vorgespielt worden sei, das so nicht der Wahrheit entspreche.

Seit 1980 allerdings nimmt der UNIV-Kongreß während der Osterfahrten einen höheren Stellenwert ein. Durch Befragungen von Studenten und Dozenten werden die Kongresse nun gezielter in den einzelnen Ländern vorbereitet und eine größere Zahl der Romfahrtteilnehmer in die Beschäftigung mit der jeweiligen Tagungsthematik und wohl auch in das Kongreßgeschehen selbst einbezogen. Anhand der durchgeführten Interviews soll ein «Überblick über die Einstellungen von Studenten zu ihrem Studium und späteren Beruf»[135] aber auch über darüber hin-

[134] Ansprache des Papstes in der Audienz für die Teilnehmer des Weltkongresses der Vereinigung für die Zusammenarbeit der Universitäten am 10. April: L'Osservatore Romano (deutsch), 4. 5. 1979, 5.

[135] Im Wintersemester 1981/82 bot das Studentenheim Schweidt beispielsweise einen Arbeitskreis «UNIV '82: ‹Qualität des Studiums – Qualität des Lebens›» an. In dem Veranstaltungsprogramm des Studentenheimes hieß es: «Bei diesem Arbeitskreis soll in Fortführung der letztjährigen UNIV-Tagungen in Rom anhand von Befragungen ein Überblick über die Einstellungen von Studenten zu ihrem Studium und späteren Beruf die Grundlage bilden, um zu einigen Forderungen und Folgerungen aus diesen Ergebnissen für die Qualität des Studiums zu kommen.» Im Sommersemester 1982 veranstaltete das Studentenheim wiederum einen Arbeitskreis: «UNIV '82: ‹Einstellung zum Studium – Einstellung zum Leben›», der in dem entsprechenden Programmheft folgendermaßen vorgestellt wurde: «Die Qualität des Studiums hängt wesentlich davon ab, ob es mit einer Sicht des Lebens in Einklang steht, die dem Menschen in all seinen Dimensionen gerecht wird, und ob diese Lebenseinstellung wiederum orientierend auf sein Studium wirkt. Dies läßt sich als Fazit des XIV. Internationalen Studentenkongresses UNIV '82 angeben, der über Ostern in Rom stattfand. Welche Konsequenzen ergeben sich hieraus für den Studienalltag, für die Universität? Wie bestimmt sich das Verhältnis zu Kommilitonen und Professoren, zur wissenschaftlichen Arbeit in der Universität? Der Arbeitskreis will in Gesprächsrunden mit Professoren und Studenten diese Fragen erörtern und Aussagen zu den Forderungen eines qualitätsvollen Studiums und Lebens erarbeiten sowie den Kongreß UNIV '83 vorbereiten.»

ausgehende Auffassungen und Einstellungen gewonnen werden.[136]

Das Thema «Berufung zum Opus Dei» taucht während der Tage der Romfahrt immer wieder auf. Die daraufhin Angesprochenen werden unablässig damit bedrängt, wobei hier Laien und Priester eng zusammenarbeiten. Dem, der vor die Frage seiner möglichen Berufung zum Opus Dei gestellt wurde, wird geraten, sich doch einmal mit dem Priester darüber zu unterhalten. Bevor dann ein solches Gespräch zustandekommt, hat der «Leiter» des Betreffenden nicht selten den Priester informiert; ihn darauf hingewiesen, warum dieser oder jener zögert, einer Mitgliedschaft im Opus Dei zuzustimmen, und ihm erzählt, welche Probleme der Betreffende hat und was seine Gegenargumente sind. Hat ein Gespräch dann stattgefunden, erkundigt sich der «Leiter» beim Priester wiederum über dessen Verlauf und erhält von dem Priester meist Ratschläge und Hinweise, wie mit dem Betreffenden weiterhin zu verfahren sei und worauf geachtet werden müsse.

Außer in Vorträgen und Betrachtungen ist das Thema «Berufung zum Opus Dei» auch Gegenstand von einem oder mehreren «Beisammensein» mit einem Mitglied des Generalrates der Vereinigung. Dazu werden vornehmlich diejenigen eingeladen, die schon mit der «Berufungsfrage» konfrontiert wurden, oder solche, die kurz vor dieser Problematik stehen. Immer wieder betont das jeweilige Mitglied des Generalrates während eines solchen Beisammenseins die Notwendigkeit einer weiteren Ausbreitung des Opus Dei, damit dessen Botschaft noch mehr Menschen erreiche. Den deutschen Gruppen wird gesagt, daß

[136] Ein Mitglied des Opus Dei erzählte mir 1980, daß diese Interviews eine gute Möglichkeit seien, mit Studenten und Professoren in Kontakt zu kommen. So biete beispielsweise eine Frage, wie man über Empfängnisverhütung dächte, eine Chance darüber, in ein apostolisches Gespäch zu kommen.

der «Vater» viel von Deutschland erwarte. Es komme darauf an, sich Gott ganz hinzugeben, «Ja» zu sagen. Für die Gruppen aus Deutschland fanden 1979 drei Beisammensein dieser Art statt: eines mit dem Studienpräfekten des Generalrates, dem deutschen Opus-Dei-Mitglied Dr. Rolf Thomas, ein anderes mit Dr. Joaquin Alonso, einer der beiden Custodes des «Vaters», d.h. jener beiden Priester, die den Generalpräsidenten ständig begleiten, und ein weiteres mit dem «Vocal von St. Michael», der im Generalrat für die Numerarier und Assoziierten zuständig ist. Einen Höhepunkt der Romfahrt stellen die «Beisammensein» mit dem Generalpräsidenten dar, an denen jeweils einige hundert Romfahrtteilnehmer aus den verschiedensten Ländern teilnehmen. Vor einem solchen Beisammensein ist es Aufgabe der «Leiter» der Nichtmitglieder, diese dazu anzuhalten, sich eine Frage an den «Vater» zu überlegen und ihnen gegebenenfalls auch eine Frage nahezulegen. Theo S. (Name geändert), Teilnehmer an der Romfahrt 1979, schreibt: «Schließlich kam der Tag, an dem der neue ‹Vater› eine Audienz gab. Mitglieder legten mir nahe, doch eine Frage an den ‹Vater› zu richten; dabei sollte ich vor allem erwähnen, daß sein Wirken und Werk mich zum katholischen Glauben gebracht hätten[137], und ich ihm sehr dankbar dafür wäre. Ich konnte und wollte dies nicht sagen und auch nicht, was ich mehr tun soll für das Opus Dei. Das war nicht mein Anliegen. Es war ein fremdes Anliegen. Außerdem durfte ich nicht sagen, ‹Sehr geehrter Herr Portillo›, sondern ‹Lieber Vater›. Als ich dann doch ‹Sehr geehrter Herr Portillo› auf einen Zettel schrieb, nahm mir augenblicklich ein Mitglied den Zettel aus der Hand und zerriß ihn.»

[137] Theo S. war vom protestantischen zum katholischen Glauben konvertiert; K.S.

In den Treffen mit dem Generalpräsidenten nimmt die Thematik «Berufung zum Opus Dei» geradezu überhand. Einzelne werden vorher dazu angehalten, dem «Vater» eine Frage mit dem Inhalt zu stellen, daß man nicht wisse, ob man zum Opus Dei berufen sei. Die Antworten des Nachfolgers von Escrivá de Balaguer sind oft die gleichen; meist übernimmt er, was der Gründer des Opus Dei auf solche «Berufungsfragen» zu antworten pflegte: Du hast Angst? Das ist das sicherste Zeichen dafür, daß du berufen bist!... Es gibt keine Sicherheit! Sich Gott ganz hinzugeben ist ein Wagnis. Sei großzügig! Gebrauche deine Freiheit, um «Ja» zu sagen!... Wenn du dich Gott im Werk hingibst, wirst du der glücklichste Mensch auf der Erde sein...

Ein kleiner Spanier steht auf. Er sei vierzehneinhalb Jahre alt (das Mindestalter um Mitglied des Opus Dei zu werden)[138] und habe heute morgen den Brief geschrieben. Der «Vater» gratuliert und ermutigt ihn. Es käme jetzt darauf an, treu zu sein und auszuharren. «Anfangen tun alle; ausharren – die Heiligen (...).»[139] Er solle treu die Normen (d.h. die für die Mitglieder des Opus Dei vorgeschriebenen, genau festgelegten Frömmigkeitsübungen) erfüllen und gegenüber seinem geistlichen Leiter sehr aufrichtig sein.

Ein noch Jüngerer steht auf, er ist dreizehn Jahre alt und möchte Mitglied des Opus Dei werden. Der «Vater» sagt ihm, daß er noch warten muß. Er solle viel für das Werk beten und apostolisch sein. Auch er, der «Vater», werde für ihn beten...

Ein Student berichtet, daß er verlobt gewesen sei und fest vorgehabt habe zu heiraten. Doch habe er sich auf dieser

[138] siehe dazu Anm. 130.
[139] Der Weg, Nr. 983.

Romfahrt entschlossen, Numerarier zu werden. Der «Vater» und die anderen Anwesenden applaudieren ihm...

Fast regelmäßig wiederholte sich in den zahlreichen Beisammensein mit dem Generalpräsidenten des Opus Dei, die ich in Rom miterlebt habe, die folgende Szene: Ein Mitglied des Opus Dei steht auf und sagt, es habe einen Freund, von dem es sicher sei, daß er eine Berufung zum Opus Dei habe. Dieser habe aber Angst und sei nicht bereit, sich in dieser Weise Gott hinzugeben. Der betreffende «Freund» sitzt dann nicht selten neben dem Fragenden und weiß oft nicht, wie ihm geschieht.

Auch andere Fragen werden gestellt: wie man besser beten, die Reinheit bewahren, apostolischer sein könne. Die Fragen ähneln sich – bei kleinen Abwandlungen – jedesmal sehr. Nach den Antworten des «Vaters» stets langanhaltender Applaus der Anwesenden. Es herrscht bei solchen Beisammensein eine Atmosphäre der Begeisterung, eine kaum vorstellbare Euphorik. Für die unverheirateten Mitglieder des Opus Dei ist der «Vater» der Mensch auf Erden, den sie am meisten lieben. Für sie ist ein solches Beisammensein ein Erlebnis, dem sie schon lange entgegenfieberten. Da die Mitglieder des Opus Dei in der Regel nur dann an der Romfahrt teilnehmen dürfen, wenn sie eine von der Kommission des jeweiligen Landes festgesetzte Zahl von «Freunden» dazu mitbringen, die auf die Fahrt gut vorbereitet sind, haben sie vorher meist alles nur Erdenkliche darangesetzt, um mitfahren zu können. Jetzt ist es soweit! Vor dem Haus, in dem die Treffen mit dem Generalpräsidenten stattfinden, muß jedesmal eine große Zahl von Ordnern eingesetzt werden: denn fast jeder ist darum bemüht, möglichst schnell in die große Aula des Hauses hineinzugelangen, um nur ja einen guten Platz zu erwischen, von dem aus es möglich sein könnte, den

«Vater», wenn er kommt, zu berühren, vor ihm in die Knie zu gehen und ihm die Hand zu küssen, oder sich ein Mikrophon zu ergattern, das einem ermöglicht, dem «Vater» während des Beisammenseins eine Frage zu stellen. Für ein Beisammensein mit dem Vater werden jeweils Karten ausgegeben. Jedesmal versuchen aber einige, die keine Karte bekommen konnten, sich in die Aula hineinzuschmuggeln. Es wird gedrängelt, andere werden beiseitegestoßen. Es herrscht eine Euphorik, die oft an Hysterie zu grenzen scheint; eine Stimmung, die abstoßen kann, die meisten – nicht selten sogar bislang Skeptische – aber mitreißt.
Im Anschluß an ein Beisammensein mit dem Generalpräsidenten wird nach einer kurzen Pause auf verschiedenen Fernsehbildschirmen das Beisammensein nochmals in Videoaufzeichnung gezeigt, damit alle Worte des «Vaters» möglichst vollständig im Gedächtnis bleiben.
Während der Karwoche findet fast täglich ein Beisammensein mit dem Generalpräsidenten statt, wobei die strikte Trennung der beiden Abteilungen genau eingehalten wird. Grundsätzlich haben die Gruppen eines Landes während einer Romfahrt die Möglichkeit, einmal an einem Beisammensein teilzunehmen. Diejenigen Nichtmitglieder eines Landes jedoch, von denen man erwartet, daß sie sich während der Romfahrt oder unmittelbar danach zur Mitgliedschaft entschließen können, erhalten aber in der Regel die Gelegenheit zu einem weiteren Beisammensein mit dem Generalpräsidenten.[140]
Kritik an oder Abweichungen von dem durch die Leiter jeweils festgelegten Tagesplan werden kaum geduldet. Theo

[140] Ostersonntag findet zudem noch ein Beisammensein mit dem Generalpräsidenten ausschließlich für die Mitglieder des Opus Dei und zwar vormittags für die Mitglieder der weiblichen Abteilung und nachmittags für die der männlichen Abteilung statt.

S. berichtet von diesbezüglichen Erfahrungen während der Romfahrt 1979: «Und wieder ein anderes Erlebnis: Ich nahm mir eines Tages vor, mit einigen zusammen für mehrere Stunden Rom anzuschauen. Da aber die Messe im Opus Dei in diesen Tagen gewöhnlich erst um neun Uhr begann und ihr Bus erst recht spät nach Rom fuhr, so beschlossen wir eine Messe um 6.00 h in einer dort befindlichen Kirche zu besuchen und anschließend in die Stadt zu fahren. Da ich selbst die Verantwortung dafür auf mich nahm und zudem die Priester des Werkes davon unterrichtete, wurde mir vorgeworfen, ich wolle mich gegen das Werk stellen und habe mich sowieso schon längst zum Rädelsführer gemacht. Mir wurde bleich und ich verstand diesen Angriff nicht, da ich unlängst wußte, wievielen Mitgliedern Sondertouren erlaubt waren (...). So wollten wir wenigstens die Messe in der dort befindlichen Ortskirche besuchen. Aber auch hier nur ein strenges Verbot. ‹Wieso?›, fragte mich ein Jugendlicher, der aus einem gut katholischen Elternhaus kommt, ‹ist denn die Messe dort schlechter als im Opus Dei? Ist Gott dort etwa nicht zugegen?› Ich konnte ihm nur antworten, daß er vollkommen im Recht wäre, und daß mir dieses Verbot auch recht irrational vorkäme. Ein anderer wieder beklagte sich, daß er noch schier die Freude an anderen schönen Dingen verliere: immerzu Rosenkranz beten (in Rom mehrmals am Tag)[141], Messe feiern, zur Beichte gehen (...), sich besinnen, Andachten mitmachen, alles bis zum Überdruß; (...) sich offen darzustellen wie eine Zielscheibe und stets einen Lebensplan zu befolgen, den ein geistlicher Leiter aufge-

[141] So etwas zu pauschal formuliert. Während der täglichen Busfahrten wurde von den Mitgliedern des Opus Dei immer wieder vorgeschlagen, doch gemeinsam den Rosenkranz zu beten. Je nachdem, wo im Bus jemand saß, konnte es vorkommen, daß er mehrmals am Tag aufgefordert wurde, den Rosenkranz mitzubeten, K.S.

stellt hat. Ich merkte, wie verzweifelt er war und fragte mich selbst, ob hier noch etwas zu finden sei von der Lehre über den freien Willen, wie sie die katholische Kirche lehrt, von dem Verstand, dem Thomas v. Aquin einen großen Platz in seiner ‹Summa theologica› einräumt.» Von einem weiteren Erlebnis berichtet Theo S.: «Ebenfalls in Rom ereignete es sich, daß ein Jugendlicher von seinem ihm aufgezwungenen geistlichen Leiter wider seinen Willen, obgleich er oft und gern Messen besuchte, und ich erleben konnte, wie gern er in Rom war, aufgefordert wurde zu einem Gespräch, in dem ihm einmal mehr vor Augen gehalten werden sollte, wie egoistisch er sei und daß er statt die historischen Stätten in Rom aufzusuchen doch verstärkter an Andachten im Werk teilnehmen solle. Ihm wurde so sehr eingeheizt, daß ich ihn nachher traurig wiedertraf. Er mußte weinen und war so verwirrt, daß ihm nicht klar war, was nun Recht und Unrecht sei.»

Erfolgszahlen von Gruppen aus anderen Ländern stellen mit einen Ansporn für die Mitglieder des Opus Dei dar, mehr um neue Mitglieder zu beten und noch intensiver mit den in Frage kommenden Nichtmitgliedern zu sprechen, damit möglichst viele von ihnen «pfeifen». Immer wieder heißt es: «Der Vater hat gesagt, daß er mehr, viele Berufungen aus Deutschland erwartet!» Es wird überlegt, welche Fahrtteilnehmer, die von den «Örtlichen Räten» in Deutschland noch kein «grünes Licht» erhalten haben, während der Ostertage vielleicht doch noch «den Brief schreiben» könnten. Bisweilen wird eigens nach Deutschland telefoniert, damit der «Örtliche Rat» eines «Zentrums» des Opus Dei dem einen oder anderen noch «grünes Licht» erteilt.[142]

[142] Solche telefonischen Anfragen werden von den Mitgliedern eines «Örtlichen Rates» allerdings durchaus auch abschlägig beantwortet.

Einen weiteren Ansporn, in der «Berufungsfrage» nicht locker zu lassen, erfahren die Mitglieder auch bei den im Generalhaus der Vereinigung stattfindenden Beisammensein. Jedes Numerariermitglied wird während des Aufenthaltes in Rom zumindest einmal zu einem Mittagessen im Generalhaus eingeladen, an das sich ein Beisammensein anschließt. Die aus den verschiedensten Ländern kommenden Numerariermitglieder erzählen, welche und wieviele Personen aus ihrem Land in diesen Tagen bereits «gepfiffen» haben und wer die nächsten «Pfeifkandidaten» sind. Namen werden ausgetauscht und aufgeschrieben, und die Numerarier versprechen einander, für die betreffenden Personen besonders zu beten. Trifft man sich später beim Beisammensein mit dem Generalpräsidenten, bei der Papstaudienz oder sonst irgendwo in der Stadt wieder, wird nachgefragt, ob denn dieser oder jener inzwischen Mitglied des Opus Dei geworden ist.

Die jedesmal verhältnismäßig hohe Zahl derer, die während einer Romfahrt Mitglieder der Vereinigung werden, wird – seit dem Tod von Escrivá de Balaguer – der wirksamen Fürsprache des Gründers bei Gott zugeschrieben. Das Gebet am Grab des Gründers gehört zu den wichtigsten Programmpunkten während der Romfahrten. Für die einzelnen Teilnehmergruppen sind jeweils verschiedene Zeiten vorgesehen, zu denen sie am Grab von Escrivá de Balaguer beten können. Es wird aber versucht, mit den «Pfeifkandidaten» so oft wie möglich auch außerhalb der festgelegten Zeiten an das Grab des verstorbenen Gründers zu gelangen.

Immer wieder gelingt es während der Tage in Rom, auch solche zu einer Mitgliedschaft im Opus Dei zu bewegen, die sich bislang beharrlich dagegen gewehrt hatten. Auch bei den Romfahrten sind es vornehmlich wieder Jugendliche, die sich, in vielfältiger Weise bedrängt und bisweilen regelrecht «bearbeitet», schließlich zu einer «Lebensentscheidung» durchringen, die ihr Leben in einem Maß verändern wird, wie es für sie im Augenblick der «Entscheidung» oft nicht im geringsten absehbar ist. Ein Betroffener schrieb dazu in einem Leserbrief: «Jedes Jahr werden eine große Zahl von gerade auch jungen (zwischen 14 und 18 Jahren) Schülern und Studenten dafür gewonnen, mit dem ‹Opus Dei› für zehn Tage nach Rom zu fahren. In täglich zwei halbstündigen Betrachtungen, einer Messe und einer Vielzahl von Vorträgen, in denen es fast ausschließlich um das Thema Berufung zum ‹Opus Dei› geht, wird versucht, den Teilnehmern klarzumachen: ‹Du bist berufen!› Das wird noch unterstützt durch eine Vielzahl von Gesprächen unter vier Augen, denen man sich zum Teil kaum entziehen kann. Außerdem hat man natürlich dort, fern von der Heimat, kaum Gelegenheit, mit einer ‹neutralen Person›, etwa den Eltern, zu sprechen. Den *ungeheueren psychischen* Druck, der dadurch erzeugt wird, konnte ich selbst 1978 auf einer solchen Fahrt erleben. Von einer Entscheidung, die in einer solchen Situation gefällt wird, kann ich unmöglich sagen, daß sie frei und unbeeindruckt gefällt wird.»[142a]

[142a] Godehard Kamps, Die ganze Wahrheit über «Opus Dei», Leserbrief: Frankfurter Allgemeine Zeitung 16. 2. 1981, S. 9; Hervorhebung dort nicht.

IV. DIE INNENSEITE DES OPUS DEI

1. Aufrichtigkeit, Aussprache, Gehorsam

Am Sonntag, dem 16. 6. 1974 traf ich mich mit A. G., dem stellvertretenden Leiter des Jugendclub Feuerstein, der nun zwei Jahre lang mein «geistlicher Leiter» sein sollte. Wir unternahmen einen kleinen Spaziergang. Wenn ich mich auch nicht mehr an alle Einzelheiten unseres Gespräches erinnern kann, so ist mir doch im Gedächtnis geblieben, daß er sehr nachdrücklich die Bedeutung der «Aufrichtigkeit» betonte, die im Opus Dei eine der wichtigsten Tugenden sei. Meinen Leitern gegenüber dürfe ich keinerlei Geheimnisse haben. Was ich in Zukunft unter Umständen auch anstellen würde, wenn ich darüber spräche und aufrichtig wäre und mir helfen ließe, würde alles nur halb so schlimm sein. Er führte folgendes Beispiel an, das ich von ihm und in ähnlicher Weise auch von anderen Leitern im Opus Dei noch öfters hören sollte:

Ein Numerarier, der seinem Leiter mitteile, «Ich heirate morgen», sei unaufrichtig gewesen, da er die ganze Zeit seine Freundschaft verheimlicht habe. Nicht eine Aufrichtigkeit, die schließlich vor vollendete Tatsachen stellt, sei gemeint, sondern eine direkte und vollständige, ein Offenlegen von Anfängen und Beginnendem, von scheinbar unbedeutenden Kleinigkeiten. Der Leiter müsse durch einen wie durch einen Kristall hindurchsehen können. In wichtigen Angelegenheiten sei der Leiter – wenn möglich – sofort aufzusuchen oder gegebenenfalls telefonisch zu verständigen.

Ich erfuhr von der Einrichtung der «Aussprache», die im Opus Dei auch das «brüderliche Gespräch» genannt wird:

ein wöchentliches Gespräch, das jedes Mitglied der Vereinigung zu einem in der Regel festen Termin mit seinem «geistlichen Leiter» führt. Die «geistliche Leitung» eines Mitgliedes der Vereinigung wird meist von einem der Mitglieder des zuständigen «Örtlichen Rates» wahrgenommen, es können aber auch andere Numerariermitglieder damit beauftragt werden.
In der Aussprache hat sich der Betreffende seinem «geistlichen Leiter» völlig offenzulegen, alles irgendwie wesentliche der vergangenen Woche mit schonungsloser Aufrichtigkeit von sich zu berichten. Nach kurzer Zeit darf es nichts geben, was man von sich weiß und einem irgendwie von Belang erscheint, das nicht auch der «geistliche Leiter» wüßte. «Warum diese Scheu, dich selbst zu sehen und dich deinem Leiter so zu zeigen, wie du in Wirklichkeit bist? Du gewinnst eine große Schlacht, wenn du die Angst überwindest, dich durchschauen zu lassen.»[143].
Gegenstand der Aussprache ist vor allem das «innere Leben»: die Normen, die Fehler und Sünden, Versuchungen ..., das Positive, Erfolge, Fortschritte; das Apostolat, der Umgang mit den «Brüdern» ..., die Erfüllung der «Aufträge»; Sorgen, Pläne, Zielvorstellungen, Wünsche, Fragen...

«Verbirg deinem Leiter diese Einflüsterungen des Feindes nicht. – Deine Überwindung in der Aussprache gibt dir mehr Gnade. – Überdies stehen dir dann, damit du weiter siegreich bleibst, die Gabe des Rates und die Gebete deines geistlichen Vaters zur Seite.»[144]
«Du dummes Kind: an dem Tag, da du deinem geistlichen Leiter etwas über deine Seele verbirgst, hörst du auf, ein Kind zu sein, denn du hast dein einfaches Wesen verloren.»[145]

[143] Der Weg, Nr. 65.
[144] ebd. Nr. 64.
[145] ebd. Nr. 862.

Der «geistliche Leiter» ist nach Auffassung des Opus Dei das Instrument, welches Gott gebrauchen will, um dem Betreffenden seinen Willen kundzutun. Vom Leiter erfährt der Betreffende, was er zu tun und zu unterlassen hat, was der Wille Gottes ist. Der Leiter hat dazu «spezielle Gnade», «Standesgnade», die «Gabe des Rates».

«Ein Leiter. – Du brauchst ihn. – Um dich hinzugeben, um dich zu verschenken . . ., im Gehorsam. – Ein Leiter, der dein Apostolat kennt und *weiß, was Gott will.* So wird er dem Wirken des Heiligen Geistes in deiner Seele den Weg ebnen können, ohne dich von deinem Platz zu entfernen . . ., wird dich mit Frieden erfüllen und dir zeigen, wie deine Arbeit fruchtbar werden kann.»[146]

Der «geistliche Leiter» hört sich das, was ihm jemand in der «Aussprache» berichtet, an, schweigend, kommentarlos, fragt gegebenenfalls nach, lobt, tadelt, ermahnt, gibt Hinweise, Ratschläge, besänftigt, schreit – je nachdem, wie er es für notwendig hält. «Merkwürdig war, daß fast alle Mitglieder, die einige Zeit dabei waren, während der Aussprache weinten – nervlicher Zustand?», schreibt die ehemalige Numerarierin Petra H. in einer stichpunktartigen Auflistung einiger ihrer Erfahrungen mit dem Opus Dei. Dies mag vielleicht nicht gleichermaßen für die männlichen Mitglieder der Vereinigung gelten, doch erinnere ich mich, einige Male während der Aussprache den Tränen nahe gewesen zu sein. Immer wieder wurde im Opus Dei gesagt, daß die Tatsache, von den Leitern hart angefaßt zu werden, eine Auszeichnung darstelle und bedeute, daß einer in seinem «inneren Leben» schon weiter fortgeschritten sei. Um dies zu veranschaulichen, wurde des öfteren die folgende Begebenheit als Anekdote erzählt: Ein Mit-

[146] ebd. Nr. 62; Hervorhebung dort nicht.

glied der Vereinigung, das im Generalhaus des Opus Dei in Rom wohnte, war vom Gründer des Opus Dei beauftragt worden, ihm nach Erledigung einer Aufgabe kurz Bescheid zu geben. Als er sich dem Zimmer von Escrivá de Balaguer näherte, hörte er den Gründer des Opus Dei einen anderen sehr laut anschreien. Für einen Augenblick überlegte das beauftragte Mitglied, ob es in dieser Situation an der Tür klopfen und stören solle. Da es aber einen klaren Auftrag erhalten hatte, klopfte das Mitglied an die Tür des Zimmers, in dem sich Escrivá de Balaguer mit einem anderen befand. Der andere war kein geringerer als Alvaro del Portillo, der heutige Generalpräsident der Vereinigung. Der Gründer des Opus Dei empfing den Betreffenden sehr freundlich. Kaum hatte dieser jedoch das Zimmer wieder verlassen, habe Escrivá de Balaguer erneut zu schreien begonnen.

«Du beklagst dich innerlich, weil du hart angefaßt wirst. Du spürst den Gegensatz zum Verhalten deiner Verwandten. Für dich schreibe ich aus dem Brief eines Militärarztes ab: ‹Gegenüber dem *Kranken* ist eine klare, nüchterne, sachlich richtige und für den *Patienten* nützliche Haltung des *Arztes* nötig; nicht aber das weinerliche Klagen der Familie. Was würde aus einem *Verbandsplatz* während der Schlacht, wenn sich der Strom der *Verwundeten* staut, weil der Abtransport nicht schnell genug vor sich geht und an jeder Tragbahre eine Familie steht? Es wäre zum Davonlaufen.›»[147]

Am Ende der Aussprache bestimmt der «geistliche Leiter» das sogenannte «Partikularexamen», jenen das «innere Leben» betreffenden Punkt bzw. Bereich, in dem der Geleitete sich in der kommenden Woche besonders anstrengen,

[147] ebd. Nr. 361; Hervorhebungen dort nicht.

«kämpfen» soll, um darin ein wenig voranzukommen, besser zu werden. Den Ratschlägen und Anweisungen des geistlichen Leiters schuldet man unbedingten Gehorsam; Kritik und Widerspruch sind nicht erlaubt.

«Du solltest dir die bewährte Erkenntnis vor Augen halten, daß der eigene Verstand ein schlechter Ratgeber und ein schlechter Lotse ist, wenn es darum geht, die Seele durch die Böen und Stürme und Klippen des inneren Lebens zu steuern. Deshalb *ist es der Wille Gottes,* daß ein Kundiger die Führung des Schiffes übernimmt und uns mit seinem Licht und seinem Wissen in einen sicheren Hafen führt.»[148] «Wer bist du, daß du über die Entscheidungen deines Vorgesetzten urteilst? – Siehst du nicht, daß ihm mehr Gesichtspunkte für sein Urteil zur Verfügung stehen als dir, mehr Erfahrung, bessere, einsichtigere und vorurteilslosere Ratgeber, vor allem aber *mehr Gnade, spezielle Gnade, Standesgnade*, welche *Licht und mächtigen Beistand Gottes* bedeutet?»[149]

Unbedingten Gehorsam schuldet man aber nicht nur gegenüber dem «geistlichen Leiter» und seinen Anweisungen sondern auch den Leitern des jeweiligen «Zentrums», dem man angehört – vor allem dem Leiter des «Zentrums» – und allen ihnen übergeordneten Leitern (der Kommission, des Generalrates, dem Generalpräsidenten). Die Anweisungen der Leiter beziehen sich nicht nur auf das «innere Leben», sondern erstrecken sich auch auf Aufträge, die vom Telefondienst in einem Haus der Vereinigung über Reparaturaufträge, das Abhalten von Arbeitskreisen, Clubstunden, Vorträgen, das Verdienen von Geld für die Vereinigung, Spendenbesuche, Fragen der Berufswahl, der Studien-und Berufsgestaltung bis hin zur Aufgabe des Berufes, um sich der Vereinigung hauptberuflich zu wid-

[148] ebd. Nr. 59; Hervorhebung dort nicht.
[149] ebd. Nr. 457; Hervorhebung dort nicht.

men, reichen können, um hier nur einige Beispiele anzuführen. Der Gehorsam erstreckt sich bis in die Kleinigkeiten der Tages-und Lebensgestaltung. Den Stundenplan der Veranstaltungen, die ein Student während eines Semesters an der Universität besuchen möchte, gilt es ebenso dem Leiter vorzulegen und genehmigen zu lassen, wie dieser zu entscheiden hat, ob ein Mitglied ein Buch lesen, das Haus verlassen, an einem Familienfest teilnehmen darf. Der Leiter entscheidet nicht nur, ob ein Mitglied einen Freund besuchen darf, sondern mithin auch darüber, was es mit dem Freund besprechen soll und wie.

Eine stehende Redewendung im Opus Dei lautet: «Im Werk ist der stärkste Befehl das ‹Bitte›.» Anweisungen werden deshalb in der Vereinigung selten in Befehlsform sondern gewöhnlich konjunktivisch formuliert. Ein Beispiel: Der Leiter fragt: «Könntest du heute vielleicht zur Kommission fahren und dort helfen, Schriften versandfertig zu machen?» Im Klartext heißt das: «Fahre heute zur Kommission . . .!» Den Anweisungen eines Leiters darf nicht widersprochen werden («es sei denn, es wäre eine Aufforderung zur Sünde», heißt es; der Regelfall ist nun ein klares «Ja» des Angesprochenen, gegebenenfalls ein Stehen- und Liegenlassen der bisherigen Beschäftigung, um sich sofort aufzumachen. Allerdings darf und soll der Angesprochene, falls er den Eindruck hat, daß besondere, dem Leiter nicht bekannte Umstände vorliegen, auf diese aufmerksam machen. Er kann sagen: «Ich habe morgen ein Referat zu halten, das noch nicht fertig ist. Eigentlich bräuchte ich heute noch den ganzen Tag dazu.» Der Leiter sagt jetzt entweder: «Gut, dann arbeite an dem Referat weiter!» Vielleicht wird er vorher noch genau nachfragen, um was für ein Referat es sich handelt, ob es sich nicht gegebenenfalls verschieben läßt. Oder er sagt: «Es wäre trotzdem wichtig, nach Köln zu fahren.»

In den Ausbildungsvorträgen wird zum Thema Gehorsam häufig folgendes Beispiel erzählt, das von Escrivá de Balaguer stammt: Angenommen, ein Mitglied des Opus Dei hätte den Stein der Weisen entdeckt, und es ginge nur noch darum, einen Tropfen aus einem Reagenzglas der Flüssigkeit in einem anderen beizugeben, so hätte er seine Arbeit liegen zu lassen und den Tropfen nicht mehr zuzusetzen, wenn ein Leiter ihn mit einer anderen Arbeit beauftragen würde.

«Dein Gehorsam verdient diesen Namen nicht, falls du nicht entschlossen bist, deine blühende persönliche Arbeit aufzugeben, wenn ein Berufener es so für richtig befindet.»[150]

Der Gehorsam im Opus Dei ist gewissermaßen total; ein Mitglied der Vereinigung hat seinen Leitern in allem schnell, genau, vorbehalts- und bedingungslos zu gehorchen.

Es gilt: «Gehorchen ..., sicherer Weg. – Blind dem Vorgesetzten gehorchen ..., Weg der Heiligkeit. – Gehorchen in deinem Apostolat ..., der einzige Weg: weil in einem Werk Gottes der Geist vorherrschen muß, entweder zu gehorchen oder wegzugehen.»[151] «Gehorcht, wie ein Werkzeug in der Hand des Künstlers gehorcht, *das nicht danach fragt, warum es dies oder jenes tut.* Seid überzeugt, daß man euch nie etwas auftragen wird, das nicht gut ist und nicht zur Ehre Gottes gereicht.»[152]

[150] ebd. Nr. 625.

[151] ebd. Nr. 941; Hervorhebung dort nicht. Da die Übersetzung der deutschen Ausgabe hier, wie an vielen anderen Stellen auch, abmildernd ist, wurde oben eine wörtliche Übersetzung des spanischen Textes versucht: «Obedecer ..., *camino* seguro. – Obedecer ciegamente al superior ..., camino de santidad. – Obedecer en tu apostolado ..., el único camino: porque, en una obra de Dios, el espíritu ha de ser obedecer o marcharse.» ‹Obedecer ciegamente al superior› – ist in der deutschen Ausgabe mit «den Vorgesetzten mit rückhaltlosem Vertrauen gehorchen» wiedergegeben. Das spanische «ciegamente» bedeutet jedoch «blind, blindlings»; «el ciego» ist «der Blinde».

[152] ebd. Nr. 617; Hervorhebung dort nicht.

Solch blinder Gehorsam soll aber nach den Worten von Escrivá de Balaguer kein «Kadaver-» sondern ein «intelligenter Gehorsam» sein. Der für einen blinden Gehorsam erforderlichen «Unterwerfung des Verstandes», rückhaltlosen Fügsamkeit und Passivität muß sich nach Auffassung des Opus Dei eine gewisse Aktivität beigesellen, die sich die Anweisungen des Leiters völlig zu eigen, zur eigenen Sache macht. In den Ausbildungsvorträgen wird stets nachdrücklich betont, daß ein Mitglied des Opus Dei niemals sagen darf: «Mein Leiter hat mir gesagt . . .». Die Anweisungen der Leiter sind soweit zu eigen zu machen, daß der Beauftragte bereit ist, die Konsequenzen, die sich aus dem Gehorsam in einer Angelegenheit ergeben, selbst zu tragen und für sie so wie für sein ureigenstes Handeln einzustehen. Das Verbot beispielsweise, seine Eltern am Wochenende zu besuchen, hat ein Mitglied vor seinen Eltern als seinen ganz persönlichen Entschluß zu vertreten. Die Rede vom «intelligenten Gehorsam» meint aber noch einen weiteren Aspekt. Nicht nur die Übernahme fremder Entscheidungen und Anregungen, sondern auch ein mitdenkendes Initiativwerden, Vorschläge und Ideen, die an die Leiter herangetragen werden sollen, wobei es gilt, sich deren Entscheidung – Gutheißung und Verwerfung – dann zu fügen. Die Initiativen sollen sich zum einen auf das «Wie» bestmöglicher Ausführung eines Auftrags beziehen, zum anderen auf Unaufgetragenes nach Maßgabe dessen, was der «Geist des Werkes» genannt wird.

2. Beichte

Die «geistliche Leitung» ist im Opus Dei nicht nur auf die Aussprache beschränkt. Jedes Mitglied soll mindestens einmal in der Woche bei einem Priester des Opus Dei beichten und zwar bei dem sogenannten «ordentlichen Beichtvater», d.h. bei jenem Priester, der demselben «Zentrum» wie das jeweilige Mitglied angehört.[153]

«Geht wöchentlich – und immer, wenn ihr es nötig habt, aber ohne Skrupeln Raum zu geben – zum heiligen Sakrament der Buße, zum Sakrament der göttlichen Vergebung. Mit der Gnade angetan, werden wir die Gebirge durchqueren (vgl. Ps. 103, 10) und den steilen Weg der Erfüllung unserer christlichen Pflichten mit Beständigkeit zurücklegen.»[154]

Die Mitglieder des Opus Dei sollen nur bei einem Priester der Vereinigung beichten. «Die schmutzige Wäsche wäscht man im eigenen Haus», pflegte Escrivá de Balaguer diesbezüglich häufig zu sagen. Ein Priester, der nicht dem Opus Dei angehört, kenne den «Geist des Werkes» nicht und würde die «spezifisch laikale Mentalität und Spiritualität» der Vereinigung vielleicht nicht verstehen, so daß er mithin kein geeigneter Ratgeber für ein Mitglied des Opus Dei wäre.

Ein Ausspruch von Escrivá de Balaguer, der u.a. in den «Cuadernos» (Nichtmitgliedern unzugängliche Aufsatzsammlungen zu verschiedenen Aspekten des «Geistes des Werkes») zitiert ist, lautet ungefähr so: «Begeht ein Mitglied, welches außerhalb des Opus Dei beichtet, eine Sünde? – Nein! Muß es darüber in der Aussprache berichten? – Nein! Besitzt es den guten Geist? – Nein!» Jedes Mitglied des Opus Dei ist in der Wahl seines Beichtvaters grundsätzlich frei; es gehört aber zum «guten Geist des

[153] Jedes «Zentrum» des Opus Dei hat zudem noch einen «außerordentlichen Beichtvater», ein nicht in dem «Zentrum» wohnender Priester des Werkes, der alle drei bis sechs Monate kommt und bei dem dann alle Mitglieder des «Zentrums» beichten sollen.

[154] J. Escrivá de Balaguer, Die Hoffnung des Christen, Homilie, gehalten am 8. 6. 1968: ders., Freunde Gottes, 328.

Werkes», von diesem Recht keinen Gebrauch zu machen. So wird es stets in den Ausbildungsvorträgen gelehrt. Von einem Außenstehenden läßt sich wohl kaum ermessen, welch ein Gewicht für ein Mitglied der Satz hat, es entspräche nicht dem «Geist des Werkes», außerhalb des Opus Dei zu beichten – dies nämlich ist mit dem Absprechen des «guten Geistes» bei dem, der außerhalb beichtet, gemeint. Es ist eines der Hauptaufgaben und -ziele eines jeden Mitgliedes, vor allem aber der Numerarier, den «Geist des Werkes», den der Gründer des Opus Dei vollständig von Gott empfangen habe, unverfälscht zu leben und weiterzugeben. Die geringsten Abweichungen, die ein Mitglied bei einem anderen in dieser Hinsicht feststellt, gilt es den Leitern zu melden, die dann darüber entscheiden, ob der Betreffende darauf hin- und darin zurechtgewiesen werden soll.[155] In jeder Kommission gibt es das Amt des «Defensors», dessen Aufgabe und Pflicht es ist, über die Reinerhaltung des «Geistes des Werkes» in den einzelnen «Zentren» eines Landes zu wachen. Bis in die kleinsten Einzelheiten hinein ist umfassend schriftlich festgelegt, was dem «Geist des Werkes» entspricht und was nicht. In den Vorträgen wird dies den Mitgliedern, deren Lebensziel es ist, «Opus Dei zu machen» und «Opus Dei zu sein» (was für sie gleichbedeutend ist mit «den Willen Gottes zu tun» und «heilig zu werden») stets von neuem wiederholt. Wenngleich ausdrücklich gesagt wird, es stelle keine Sünde dar, bei jemand «anderem» zu beichten, so gibt die zugleich behauptete Nichtübereinstimmung mit dem «guten Geist» solchem Verhalten dennoch etwas Anrüchiges und Fehlerhaftes. Die behauptete grundsätzliche Freiheit in der Wahl des Beichtvaters, wird so gewissermaßen sogleich wieder zurückgenommen, und es ist wohl nicht zuviel behauptet,

[155] zur «Brüderlichen Zurechtweisung» siehe S. 158/160.

daß für ein Mitglied, das eine bestimmte (recht kurze) Zeit die in der Vereinigung massiv betriebene Ausbildung durchlaufen hat, zumindest gewissensmäßig eine solche Freiheit de facto weitgehend nicht existiert.

In diesem Zusammenhang erinnere ich mich an drei Begebenheiten während meiner eigenen Mitgliedschaft: Bevor ich wenige Wochen nach meinem Eintritt in das Opus Dei zum letzten Mal mit meinen Eltern in die Sommerferien verreisen durfte (dieser Urlaub war schon lange vor meinem Eintritt geplant gewesen), sagte mir mein «geistlicher Leiter», daß ich während dieser Zeit nur im Fall einer «Schweren Sünde» – er dachte dabei wohl an eine Sünde auf dem Gebiet der Sexualität, an einen unerlaubten Blick etc. – beichten solle, da es in der Nähe unseres Urlaubsortes kein «Zentrum» des Opus Dei gab. Im Fall einer solchen Beichte bei einem Priester, der nicht dem Opus Dei angehört, solle ich dann nichts anderes als die «Todsünde» benennen, um den «Stand der Gnade» gegebenenfalls wiederzuerlangen und weiterhin täglich kommunizieren zu können, und jenem Priester keinerlei weitergehende Fragen beantworten.

Als A. G. mir nach anderthalbjähriger Mitgliedschaft kurz vor der sogenannten «Oblation»[156] zu meiner völligen Überraschung eröffnete, daß die Mitglieder des Opus Dei dazu vorher private Gelübde der Armut, der Ehelosigkeit und des Gehorsams ablegen müssen[157], erklärte er mir, daß

[156] siehe unten S. 239.

[157] Mit der Umwandlung des Opus Dei in eine Personalprälatur entfallen nun diese Gelübde. In der «Erklärung der Kongregation für die Bischöfe zur Errichtung des Opus Dei als Personalprälatur» heißt es (I c.): «Die Laien (...), die sich durch Übernahme *schwerer und qualifizierter Verpflichtungen* der Erreichung des Zwecks der Prälatur widmen, tun dies mittels einer *klar umschriebenen vertraglichen Bindung* und nicht kraft besonderer Gelübde.» (Hervorhebungen dort nicht). Im Opus Dei war bislang immer wieder gelehrt worden, daß die Vereinigung im Rahmen ihrer kirchenrechtlichen Anerkennung als Säkularinstitut auf die Ablegung privater Gelübde durch die Mitglieder vor der «Oblation» und

jemand, der unter Gelübden stehe, in der Beichte den Priester davon unterrichten müsse, falls er sich gegen sein Gelübde verfehlt habe. Auch deshalb sei es nicht gut, außerhalb des Opus Dei zu beichten: ein Numerarierpriester wisse ja um die Gelübde, ein Nichtmitglied würde dadurch von deren Existenz im Opus Dei erfahren.

Wenige Wochen vor meinem Austritt aus dem Opus Dei hatte mein Beichtvater den Eindruck, daß ich seltener als im Wochenrhythmus zu ihm käme. Sehr eindringlich erkundigte er sich, wo und bei wem ich denn sonst beichten würde.

Es entspricht dem Selbstverständnis und Selbstbewußtsein des Opus Dei, in welchem die Überzeugung vorherrscht, zu dem wenigen Intakten in der Kirche zu zählen und *die* Hoffnung und *das* Werkzeug für die «Rettung der Kirche» darzustellen[158], daß den Priestern in den Pfarrgemeinden als Beichtvätern mißtraut wird. Dort werde Sünde oftmals nicht mehr Sünde genannt. Auch deshalb besteht die Tendenz, Nichtmitglieder möglichst bald mit einem Priester des Opus Dei in Kontakt zu bringen und dafür Sorge zu tragen, daß sie sich einen solchen als Beichtvater

vor der «Fidelitas» gegen ihren Willen verpflichtet worden sei und daß man darauf drängen werde, daß dies bei der erforderlichen Wandlung der kirchenrechtlichen Gestalt des Opus Dei geändert werde. Nach außen hin war man bemüht, die Existenz von Gelübden im Opus Dei zu verheimlichen und zu verschleiern. Ganz auf dieser Linie liegt der schon zitierte Satz von Escrivá de Balaguer: «Im Opus Dei interessieren uns weder Gelübde noch Versprechen, von seinen Mitgliedern wird erwartet, daß sie sich bemühen, trotz aller menschlichen Unzulänglichkeiten und Fehler die natürlichen und christlichen Tugenden zu leben, weil sie sich als Kinder Gottes wissen.» (Gespräche 44) Dieser Satz ist doppeldeutig. Er kann zum einen bedeuten, daß es zwar Gelübde (und Versprechen) im Opus Dei gibt, es darauf aber nicht ankomme, zum anderen kann der Satz aber auch in der Weise verstanden werden, daß es im Opus Dei keine Gelübde gibt. So hatte ich diesen Ausspruch von Escrivá de Balaguer vor und während der ersten anderthalb Jahre meiner Mitgliedschaft auch verstanden und war von den Leitern im Opus Dei in diesem Verständnis bis zur Oblation zunächst bestärkt worden.

158 vgl. z.B. M.A. Moreno, El Opus Dei, Anexo a una historia, 61 f; C. Longley, D. van der Vat; 12. 1. 1981.

erwählen. Ich erinnere mich, wie ein Mitglied des Opus Dei während eines Beisammenseins einmal erzählte, daß sein «Freund» (der mit der Vereinigung in Kontakt stand und den Anwesenden gut bekannt war) einen Bischof als Beichtvater habe. Der Leiter des Hauses meinte daraufhin, daß es vielleicht nicht schlecht sei, ihn einige Zeit noch weiterhin bei dem Bischof beichten zu lassen, damit dieser einen Eindruck davon erhalte, welch positive Arbeit durch das Opus Dei geleistet werde. Dann aber müsse man sich darum bemühen, daß dieser «Freund» sich einen Priester der Vereinigung als Beichtvater erwähle.
Das Bußsakrament spielt im Leben der Mitglieder des Opus Dei eine große Rolle.

«Wenn du dich einmal von Ihm entfernst, dann kehre demütig um, und das heißt: beginnen und immer wieder beginnen, täglich oder sogar oftmals am Tag wie der verlorene Sohn zurückkommen und das reuige Herz in dem Wunder der Liebe Gottes – nichts anderes ist ja die Beichte – aufrichten. Durch dieses wunderbare Sakrament reinigt der Herr deine Seele und erfüllt dich mit Freude und Kraft, damit du im Kampf nicht müde wirst und immer wieder zu Gott heimkehrst, mag dir auch alles finster erscheinen.»[159]

Der häufige Empfang des Bußsakramentes entspringt dem Bemühen um eine größtmögliche Feinfühligkeit Gott gegenüber, die selbst kleine Fehler und Nachlässigkeiten als Lieblosigkeiten wahrnimmt. Zudem wird die Beichte als ein Mittel verstanden, Gnade und Kraft zu empfangen, um Sünden vermeiden und gegen seine Fehler angehen zu können.

«Christus ist unser Friede, weil Er gesiegt hat. Er siegte, weil Er gekämpft hat in einem unerbittlichen Kampf gegen alle Bosheit

[159] J. Escrivá de Balaguer, Die Hoffnung des Christen, 320 f.

in den Herzen der Menschen. Christus, unser Frieden, ist auch der Weg (Joh 14, 6). Wenn wir den Frieden wollen, müssen wir seinen Schritten folgen. Der Friede ist eine Folge des Krieges, des Kampfes, eines asketischen Kampfes, den jeder Christ in seinem Inneren ausfechten muß gegen alles, was in seinem Leben nicht von Gott ist: gegen den Hochmut, gegen Sinnlichkeit, Egoismus, Oberflächlichkeit und Engherzigkeit. Vergeblich ruft man nach äußerer Ruhe, wenn im Gewissen, im Grunde der Seele, die Ruhe fehlt, *denn aus dem Herzen kommen die bösen Gedanken, Mord, Ehebruch, Unzucht, Diebstahl, falsches Zeugnis, Gotteslästerung* (Mt 15, 19).»[160]

Das Bemühen um persönliche Heiligkeit, die «unbedingt notwendig» ist, «um den Seelen den wahren Frieden zu bringen, um die Welt umzugestalten»[161], und die das Opus Dei als Berufung aller Menschen erinnern will[162], hat nach der Lehre der Vereinigung eine doppelte, negative wie positive, Stoßrichtung: Zum einen Kampf *gegen* den «alten Menschen»[163], gegen die «Einflüsterungen des Feindes»[164], «gegen den Hochmut, gegen Sinnlichkeit, Egoismus, Oberflächlichkeit und Engherzigkeit.» Hier gilt: «Dein größter Feind bist du selbst.»[165] Zum anderen Kampf *um* größtmögliche menschliche wie übernatürliche Vollkommenheit in der Erfüllung der alltäglichen Pflichten, um ein ständiges Verbundensein mit Gott in jedem Augenblick[166], um ein Leben aus Liebe[167].

[160] ders., Der innere Kampf, Homilie, gehalten am 4. 4. 1971: ders., Christus Begegnen, 183; Hervorhebung dort.
[161] ders., Auf dem Weg zur Heiligkeit, Homilie, gehalten am 26. 11. 1967: ders., Freunde Gottes 421; vgl. auch Der Weg Nr. 301.
[162] vgl. z.B. Gespräche, 43 u. 61; P. Berglar: Deutsche Tagespost 29./30. 9. 1978, 13.
[163] Der Weg Nr. 707.
[164] ebd. Nr. 64.
[165] ebd. Nr. 225.
[166] J. Escrivá de Balaguer, Arbeit Gottes, Homilie, gehalten am 6. 2. 1960: ders., Freunde Gottes, 120.
[167] vgl. Der Weg Nr. 433.

Mittel für den Kampf um die Heiligkeit sind die sogenannten «Normen», die ein Mitglied des Opus Dei schon bald nach seinem Eintritt in die Vereinigung vollständig zu verrichten hat: täglich eine halbe Stunde Gebet am Morgen und eine halbe Stunde am Nachmittag, Gebet des Rosenkranzes, Gebet des «Angelus» bzw. des «Regina coeli» mittags um zwölf, ferner täglich Besuch der Eucharistiefeier mit Kommunionempfang, 15 Minuten «geistliche Lesung» (10 Min. davon in einer geistlichen Schrift und 5 Min. im Neuen Testament), Besuch beim Allerheiligsten, Gebet der «Preces» (das interne Gebet der Vereinigung), Gewissenserforschung; wöchentlich Empfang des Bußsakramentes; Gebet des «Salve Regina» bzw. «Regina coeli» und eine «körperliche Abtötung» am Samstag; monatlich ein Einkehrtag; jährlich fünftägige Besinnungstage; schließlich noch die sogenannten «Normen von immer» – Stoßgebete, Danksagungsakte, Sühneakte, Betrachtung der Gotteskindschaft, geistige Kommunionen[168], Abtötungen, Studium, Arbeit, Ordnung, Freude.[169]
Die «Normen» sollen den Mitgliedern dazu verhelfen «kontemplative Menschen inmitten der Welt» zu werden, in ihren alltäglichen Arbeiten und Beschäftigungen im Bewußtsein der Gegenwart Gottes zu leben. Die «Normen» sollen gleichsam über den Tag verteilte «Wegmarkierungen» sein, die helfen, das Ziel nicht aus den Augen zu verlieren.

[168] «Ich möchte Dich empfangen, Herr, mit jener Reinheit, Demut und Andacht, mit der Deine heiligste Mutter Dich empfing, mit dem Geist und der Inbrunst der Heiligen»; vgl. S. Bernal, Msgr. Josemaría Escrivá de Balaguer, 20.
[169] vgl. «Las constituciones del Opus Dei»: Jesús Ynfante, La prodigiosa aventura del Opus Dei, 427 f.

«Ich muß oft an die Wegmarkierungen denken, die ich als Kind in den Bergen meiner Heimat gesehen habe. Es waren lange Holzpflöcke, meistens rot angestrichen. Damals erklärte man mir, daß sie den Wanderern sichere Orientierungspunkte gäben, um nicht vom Weg abzukommen, wenn der hohe Schnee die Pfade und Felder (...), Felsen und Schluchten bedeckt. Auch im inneren Leben gibt es ähnliches: Frühling und Sommer, aber auch Winter, Tage ohne Schnee und mondlose Nächte. Wir dürfen nicht zulassen, daß unser Umgang mit dem Herrn von der augenblicklichen Laune oder von Gemütsschwankungen abhängig wird. Denn das wäre ein Zeichen von Egoismus und Bequemlichkeit, und selbstverständlich mit der Liebe nicht vereinbar. Deshalb werden also einige Frömmigkeitsübungen die – ohne Sentimentalität – in uns fest begründet, tief verwurzelt und der jeweiligen konkreten Situation angepaßt sind, bei Schnee und Sturm wie die rotgestrichenen Pflöcke unserem Weg die Richtung weisen, bis die Sonne wieder scheint, das Eis schmilzt und das Herz von neuem vibriert und brennt.»[170]

Unter den Normen soll im Leben der Mitglieder der Eucharistiefeier als «Zentrum und Wurzel des inneren Lebens»[171] eine zentrale Stellung zukommen. Der Gründer des Opus Dei pflegte den Tag in zwei Hälften zu teilen: in die Zeit vor der Messe als Zeit der Vorbereitung und in die Zeit danach als Zeit der Nachbereitung und Danksagung.
Zu den «Normen» kommen noch die sogenannten «Gewohnheiten des Werkes»: täglich eine Abtötung für den Generalpräsidenten des Opus Dei und eine weitere für die Kirche, vor der Nachtruhe Gebet von drei «Ave

[170] J. Escrivá de Balaguer, Umgang mit Gott, Homilie, gehalten am 5. 4. 1964: ders., Freunde Gottes, 233.

[171] vgl. S. Bernal a. a. O. 76: «Diese Texte haben viele Menschen in der ganzen Welt dazu gebracht, die göttliche Wirklichkeit auszukosten, daß die heilige Messe *der Mittelpunkt und die Wurzel des inneren Lebens ist,* wie Msgr. Escrivá de Balaguer es immer wieder ausgesprochen und wie das Zweite Vatikanische Konzil es viele Jahre später wörtlich übernommen hat.» (Hervorhebung dort).

Maria» für die «Reinheit», der «Evangelienkommentar» vor der abendlichen Gewissenserforschung, der «Sakramentale Segen» am Samstag, Gebet und Betrachtung des Psalm 2 am Dienstag, des «Adoro te devote» am Donnerstag, des «Symbolon Athanasianum» an jedem dritten Sonntag des Monats, «Weihen» an bestimmten Fest- und Feiertagen, um nur einiges zu nennen.

«Erfüllt mir die Normen und Gewohnheiten gut!», pflegte Escrivá de Balaguer immer und immer wieder zu sagen. «Ich bin mir der Heiligkeit desjenigen meiner Kinder sicher, das die Normen und Gewohnheiten treu erfüllt.» Dabei warnte der Gründer des Opus Dei vor einer «Erfüllungsmentalität», die in einem bloßen Verrichten der «Normen» und Gewohnheiten bestehe. Die «Erfüllung» (cumplimiento) der «Normen» dürfe nicht zu einem «Erfüllen und Lügen» (cumplo y miento) werden. Die «Normen» sollen über den ganzen Tag verteilt und genau zum geplanten Zeitpunkt verrichtet werden. «Du sagtest mir, sich einem Lebensplan, einem festgesetzten Tagesablauf zu unterwerfen, sei so eintönig! Ich antwortete: Ja, eintönig, weil die Liebe fehlt.»[172] Kann ein Mitglied einmal eine «Norm» nicht zur vorgesehenen Zeit erfüllen, so soll es sie vorausschauend vorverlegen, anstatt sie auf das Ende eines Tages hin zu verschieben.

Hat ein Numerariermitglied zum Zeitpunkt der abendlichen Gewissenserforschung, zu der sich die Bewohner eines «Zentrums» des Opus Dei in der Kapelle versammeln, eine oder gar mehrere «Normen» noch nicht verrichtet, so ist der Leiter des Zentrums davon in Kenntnis zu setzen. Dieser entscheidet dann, ob das betreffende Mitglied die «Norm» (bzw. «Normen») noch verrichten soll oder – für diesen Tag davon dispensiert – schon zu Bett

[172] Der Weg, Nr. 77.

gehen darf. Vom Gebet des Rosenkranzes darf normalerweise keine Dispenz erteilt werden.

«Wie soll ich aber ‹unsere Formung› erwerben, wie ‹unseren Geist› bewahren? – Erfülle die konkreten Normen, die dein Leiter dir gab und erklärte und ans Herz legte. Erfülle sie, und du bist Apostel.»[173]

Die Numerarier, die in einem Haus des Opus Dei zusammenwohnen, verrichten einige der Normen gemeinsam: das Morgengebet; die Eucharistiefeier, an die sich eine zehnminütige Danksagung anschließt, die durch den «Lobgesang der drei Jünglinge im Feuerofen» beschlossen wird; der Besuch beim Allerheiligsten; die Preces und die abendliche Gewissenserforschung. In den «Studienzentren» wird zusätzlich noch der Rosenkranz gemeinsam gebetet.

Gebet

Nicht selten hält ein Priester der Vereinigung während der Zeit des Morgengebetes eine «Betrachtung», oder es wird aus den «Meditaciones» (einer internen Sammlung von Betrachtungstexten für jeden Tag des Jahres) oder aus den Schriften von Escrivá de Balaguer vorgelesen. In den ersten drei Jahren meiner Mitgliedschaft, während derer ich noch bei meinen Eltern wohnte, hielt ich die Zeit des morgendlichen Gebetes in meinem Zimmer. Mein «geistlicher Leiter» gab mir Ratschläge, wie ich die täglichen Gebetszeiten halten sollte. Morgens betrachtete ich meist einige Punkte aus «Der Weg» oder einige Abschnitte aus den damals schon in deutscher Übersetzung vorliegenden Homilien von Escrivá de Balaguer oder aber aus dem Neuen Testa-

[173] ebd. Nr. 377.

ment. Nachmittags im Jugendclub konnte ich auch auf die internen Publikationen zurückgreifen, die im Zimmer des Leiters unter Verschluß waren. Es galt, während der Gebetszeiten nach den einzelnen Abschnitten jeweils mit der Lektüre eines Textes auszusetzen und die dort enthaltenen Anregungen und Gedanken zum Gegenstand einer persönlichen «Zwiesprache» mit Gott zu machen. Gegenstand des täglichen Gebetes sind aber auch die «Brüder» und die «Freunde» des Apostolates. Ihre Anliegen werden im Gebet zu Gott getragen; es wird überlegt, ob es diesen oder jenen «Bruder» in einer Angelegenheit zurechtzuweisen gilt, wie man dem einen oder anderen eine Freude bereiten könnte, und welche Ziele für seine «Freunde» man dem «geistlichen Leiter» in der Aussprache vorstellen und vorschlagen sollte. Gegenstand des Gebetes ist auch die alltägliche Situation, der Kontext, in dem man gerade steht.
«Du hast mir geschrieben: ‹Beten ist Sprechen mit Gott. Aber wovon?› – Wovon? Von Ihm und von dir, von Freude und Kummer, von Erfolgen und Mißerfolgen, von hohen Zielen und alltäglichen Sorgen ... Von deinen Schwächen! Danksagungen und Bitten. Lieben und Sühnen. Kurz, Ihn erkennen und dich erkennen: Beisammen sein.»[174] Der Schweizer Theologe Hans Urs von Balthasar kommentierte diesen Punkt: «Das heißt, daß dieses Gebet fast ausschließlich um das Ich kreist, das da groß und stark und mit heldischen Tugenden ausgestattet und napoleonisch werden soll. Was vor allem vermittelt werden müßte: die kontemplative Wurzelfassung des Wortes im ‹guten Erdreich› (Mt 18, 3), was das Gebet der Heiligen, der großen Gründer, das Gebet eines Foucauld auszeichnete, sucht man vergeblich!»[175]

[174] ebd. Nr. 91.
[175] H.U. von Balthasar: Wort und Wahrheit 18 (1963), 743.

Gebet wird als ein «Dialog» mit Gott verstanden, als ein Gespräch, in dem der Betende nicht nur gehört und erhört wird, sondern wo er auch Antwort erfährt.

«Wenn wir wirklich ganz offen und einfach unser Herz erleichtern wollen, holen wir uns Rat bei Menschen, die uns lieben und verstehen. Man spricht mit dem Vater, mit der Mutter, mit der Ehefrau, mit dem Ehemann, mit dem Bruder, mit dem Freund. Das ist schon ein Dialog, auch wenn man häufig nicht so sehr hören als sich selbst aussprechen, das Herz ausschütten möchte. Fangen wir an, es auch mit Gott so zu halten, *in der Gewißheit, daß er uns hört und uns antwortet.* Wir werden *auf sein Wort achten* und uns in einem demütigen, vertrauensvollen *Gespräch* öffnen, in dem alles Platz findet, was unseren Geist und unser Herz beschäftigt: freudige und traurige Erlebnisse, Hoffnungen und Enttäuschungen, Erfolge, Mißerfolge und selbst unbedeutende Alltagserfahrungen. Denn mittlerweile haben wir schon gemerkt, daß unser himmlischer Vater sich für alles interessiert, was uns betrifft.»[176]

Das Verständnis des Gebetes als «Dialog» führt die Auffassung mit sich, im Gebet zu «sehen». Escrivá de Balaguer «sah» am 2. Oktober 1928 das Opus Dei, die Leiter «sehen» im Gebet, was der Wille Gottes für einen anderen ist, sie «sehen» beispielsweise, ob einer «berufen» ist oder nicht, die Mitglieder der Vereinigung «sehen» im Gebet, was Gott von ihren «Freunden» erwartet. Das Ergebnis eines Erwägens von Fragen im Gebet wird schnell als eine Antwort Gottes verstanden, als Eingebung des Geistes in die Seele[177]. Wo die Auffassung herrscht, «Das Gebet des Christen ist niemals ein Monolog»[178], kann nur schwer die

[176] J. Escrivá de Balaguer, Leben aus dem Gebet, Homilie, gehalten am 4. 4. 1955: ders., Freunde Gottes, 364; Hervorhebungen dort nicht.
[177] vgl. ebd. 362.
[178] Der Weg, Nr. 114.

Möglichkeit von Irrtum, Selbsttäuschung und Autosuggestion in Betracht gezogen werden. Als ein wirkliches Problem, das als solches zumindest bedacht wäre, stellt sich diese Möglichkeit im Opus Dei nicht. Sie kommt allerdings immer dann in Betracht, sobald ein Mitglied im Gebet etwas anderes «sieht» als sein bzw. seine Leiter. Doch ist die dann bestehende Divergenz grundsätzlich von vorneherein zugunsten der Leiter entschieden. Ein Leiter hat eben «mehr Gnade, spezielle Gnade, Standesgnade»[179], er «weiß, was Gott will»[180]. Die Divergenz «löst» sich im Gehorsam.
Auch wenn Escrivá de Balaguer verschiedentlich betonte, «daß es unzählig viele Arten des Gebetes gibt»[181] und er «niemanden in ein Korsett zwängen» wolle[182], so gab er doch konkrete Empfehlungen, wie man beten könne. Eine dieser Empfehlungen war, man solle im Gebet versuchen, die Szenerie der Evangelienberichte so plastisch werden zu lassen und sich in sie so hineinzuversetzen, als wäre man eine «weitere Gestalt im Evangelium», ein weiterer Teilnehmer:

«Ich rate dir für dein Gebet, daß du dich in die Berichte des Evangeliums so hineinversetzt, als ob du ein weiterer Teilnehmer wärest. Zuerst stellst du dir das Geschehen vor, das du in Sammlung betrachten möchtest. Dann wird dein Geist tätig, und du bedenkst einen bestimmten Zug im Leben des Meisters: sein liebendes Herz, seine Demut, seine Reinheit, die Art, wie Er den Willen des Vaters erfüllt. Erzähle Ihm, wie es bei dir in solchen Fällen ist, was dich im Augenblick bewegt, was in dir vorgeht. *Bleib aufmerksam, denn vielleicht will er dich auf etwas hinweisen;*

179 ebd. Nr. 457.
180 ebd. Nr. 62.
181 J. Escrivá de Balaguer, Leben aus dem Gebet, 362.
182 ebd. 368 f.

und so regen sich *Eingebungen*, zeigen sich Entdeckungen, hörst du einen Tadel.»[183]

Ein Mitglied der Kommission, das für die Zeit eines «Jahreskurses» meine «Aussprache» entgegennahm, riet mir, ich solle mir im Gebet vorstellen, ich führe mit Jesus in einem Boot auf den See Gennesaret hinaus und unterhalte mich mit ihm. Ein anderer «geistlicher Leiter» erzählte mir, er halte samstags die Zeit seines Morgengebetes auf der Bank im Garten eines Studentenheimes und biete Maria den Platz neben sich an. Ein Ratschlag, wie man auf der Straße bewußter in der Gegenwart Gottes leben könne, war, man solle sich vorstellen, daß man mit Maria zusammen unterwegs wäre, und ihr bei Engpässen auf dem Weg den Vortritt lassen.

Wie man solche «Arten des Gebetes» im einzelnen bewerten mag, es kann wohl mit Recht gesagt werden, daß solche auf Phantasie und Imagination beruhenden Formen für Irrtümer und Selbsttäuschung besonders anfällig sind. Wie unterschiedlich die jeweiligen Weisen des Gebetes bei den einzelnen Mitgliedern auch sein mögen, was Escrivá de Balaguer zum Gebet sagte und was in den Ausbildungsvorträgen darüber gesagt wurde und wohl auch weiterhin wird, scheint alles in eine Richtung zu deuten: Beten besteht primär in einer Aktivität; der Betende ist ein vor und zu Gott Sprechender und nicht ein Schweigender. Nicht zufällig findet sich in «Der Weg» unter der Überschrift «Gebet» der Punkt: « ‹Schweigeminuten›. Die überläßt man besser den Menschen, deren Herz tot ist. Als Christen und Kinder sprechen wir mit unserem Vater, der im Himmel ist.»[184] Der Betende ist im Verständnis des Opus Dei gleichsam ein Gesprächspartner Gottes, Teilneh-

183 ebd. 373; Hervorhebungen dort nicht.
184 Der Weg, Nr. 115.

mer an einem für ihn richtungsweisenden Dialog. Die Erfahrung der alttestamentlichen Beter und selbst das Gebet Jesu scheinen in eine andere Richtung zu weisen. Zumindest scheint es hier nicht die Selbstverständlichkeit eines Gebetes als Dialog zu geben, sondern durchaus auch die schmerzliche Erfahrung des Gebetes als Monolog, in dem Gott als Schweigender erscheint. Der Betende erfährt sich hier zwar als monologisierend. Vertrauend und hoffend rechnet er aber damit, daß der schweigende Gott ihn doch hört, so daß der Monolog durchaus als von einem Selbstgespräch unterschieden verstanden werden kann. Daß Gott als schweigend erfahren wird, widerspricht freilich einem Glauben an die Möglichkeit eines Antwortens und einer Vernehmbarkeit Gottes nicht. Ein Betender, der hingegen Gebet nur als Dialog aufzufassen vermag und schnell einen im Gebet aufkommenden Gedanken mit der Autorität einer Eingebung Gottes auszustatten geneigt ist, steht in der Gefahr, daß sein «Sprechen» weder ein Dialog noch ein Monolog ist, sondern zu einem Selbstgespräch wird.
Die «Normen» nehmen in der Aussprache einen wichtigen Platz ein. Sie sind von jedem vollständig zu erfüllen, es werden keine Unterschiede gemacht. Unterschiede bestehen nicht hinsichtlich des «Daß» ihrer Verrichtung, sondern hinsichtlich des «Wie» ihrer Erfüllung, und auch hier ist die Bandbreite der Möglichkeiten eingeschränkt. Für die Gebetszeiten sind ein Einleitungs- und Schlußgebet vorgeschrieben, für jede einzelne «Norm» hat Escrivá de Balaguer eine Vielzahl von Hinweisen gegeben, die von den Mitgliedern – auf Anweisung der Leiter – beherzigt und verinnerlicht werden. Die Art und Weise, wie die Messe zu feiern ist, wurde durch den Gründer des Opus Dei genau vorgeschrieben. Alles ist bis in die Kleinigkeiten hinein genau festgelegt: wie die Tücher, die bei der Meßfeier verwendet werden, zu bügeln sind, jeder Schritt und

Handgriff des Priesters am Altar, wann die Mitglieder zu stehen, zu sitzen, zu knien haben, was der Meßdiener wann machen muß. Faltet dieser während der Messe nicht in einer bestimmten Weise die Hände, so haben ihn seine «Brüder» in der «brüderlichen Zurechtweisung» darauf aufmerksam zu machen. Den Priestern des Opus Dei ist nur der Gebrauch des «Canon Romanus» erlaubt. Die Messe soll nach Möglichkeit in lateinischer Sprache gelesen werden. Konzelebration ist den Priestern der Vereinigung untersagt. Den Mitgliedern des Opus Dei ist der Empfang der Eucharistie nur in der Weise der sogenannten «Mundkommunion» erlaubt; sie sollen dabei knien. Bei der «Handkommunion» würden unter Umständen kleine Partikel der konsekrierten Hostie, in denen Christus realpräsent ist, auf der Hand zurückbleiben.

«In der Lesung, schreibst du, sammle ich meinen Holzstapel. – Er nimmt sich wie eine nutzlose Anhäufung aus, doch von dorther bezieht das Gedächtnis oft unerwartet den Stoff, der mein Gebet lebendig macht und meine Danksagung nach der Kommunion entzündet.»[185]

Die Texte, die ein Mitglied während der Zeit der «geistlichen Lesung» liest, werden von dessen Leiter bestimmt. An erster Stelle stehen die Schriften und aufgezeichneten Äußerungen des Gründers und seines Nachfolgers und andere von Mitgliedern des Opus Dei verfaßte Schriften. Außerdem gibt es in jedem Haus der Vereinigung einen genau vorgeschriebenen Bestand an – meist älterer – geistlicher Literatur, die dem «Geist des Werkes» nahe kommen soll. «Unterlasse deine geistliche Lesung nicht. – Die Lesung hat viele zu Heiligen gemacht.»[186]

[185] ebd. Nr. 117.
[186] ebd. Nr. 116.

Die «Normen» haben für die Mitglieder das Wichtigste im Lauf ihres Tages zu sein, nichts darf sie verdrängen oder ersetzen, ausgenommen – so wird gesagt – die Pflicht, einem anderen in Lebensgefahr zu helfen.

«Diese Art des übernatürlichen Vorgehens ist echte Strategie. – Du führst den Krieg, die täglichen Gefechte deines inneren Lebens, in Stellungen, die weit vor den schweren Mauern deiner Festung liegen. Hier muß der Feind antreten, bei deiner kleinen Abtötung, deinem gewohnten Gebet, deiner normalen Arbeit, deinem Lebensplan. Dann fällt es ihm schwer, an die leicht erstürmbare Zitadelle deiner Festung heranzukommen. – Und wenn, dann erschöpft.»[187]

Jedes Mitglied soll sich bemühen, den Tag über im Bewußtsein der «Gegenwart Gottes» zu leben. Die Leiter empfehlen «Tricks», die stets von neuem Anstoß zu Stoßgebeten sein sollen, oder regen dazu an, sich selber solche «Wekker» auszudenken: die Armbanduhr am anderen Handgelenk als gewohnt getragen – Erinnerung, ein Stoßgebet zu beten, wenn man, um die Uhrzeit zu erfahren, wie bisher das nun falsche Handgelenk hebt; ein Taschenkreuz, das man sich auf seinen Schreibtisch legt; ein Geldstück im Schuh; der Rosenkranz, dessen Perlen man unterwegs durch seine Hand gleiten läßt, um bei jeder einen kurzen Gebetsanruf zu wiederholen etc. In jedem Zimmer eines Hauses des Opus Dei hängt ein Marienbild, und es ist eine «Gewohnheit des Werkes », es beim Betreten eines Zimmers jeweils zu «grüßen»; ebenfalls ist es eine «Gewohnheit», beim Betreten oder Verlassen eines Hauses des Opus Dei in der Kapelle zumindest eine Kniebeuge vorzunehmen.

[187] ebd. Nr. 307.

Abtötung

Mit seinem «geistlichen Leiter» legt ein Mitglied von Zeit zu Zeit eine neue Liste von Abtötungen fest, die es sich täglich zu verrichten vornimmt: (beispielsweise) morgens kalt zu duschen, sich keine Butter auf das Brot zu schmieren, Zucker in den Kaffee zu nehmen, wenn man ihn lieber ohne trinkt, bzw. umgekehrt etc.

«Gemeinsam lasen wir beide das heroisch gewöhnliche Leben jenes Gottesmannes. – Wir sahen ihn Monate und Jahre hindurch (welch exakte ‹Buchführung› in seinem Partikularexamen) kämpfen. Beim Frühstück: heute siegte er, morgen unterlag er. Er notierte: ‹Keine Butter genommen ... Butter genommen!› Wenn wir, du und ich, doch auch unser ... ‹Butterdrama› hätten.»[188]

Solche Abtötungen, die Escrivá de Balaguer auch das «Gebet der Sinne» genannt hat, sollen Akte der Buße und Wiedergutmachung für die eigenen und fremden Sünden sein.

«Die christliche Berufung ist Berufung zum Opfer, zur Buße, zur Sühne. Wir müssen sühnen für unsere eigenen Sünden – wie oft haben wir wohl das Gesicht abgewandt, um Gott nicht zu sehen! – und für alle Sünden der Menschen.»[189]

Durch die beharrliche Übung der Abtötung sollen die Mitglieder sich mit dem Leiden Christi vereinen.

«Wir müssen Christus aus der Nähe folgen: *An unserem Leibe tragen wir allezeit das Sterben,* die Entsagung Christi, seine Erniedrigung am Kreuz, *auf daß auch Jesu Leben an unserem Leibe sich*

[188] ebd. Nr. 205.
[189] J. Escrivá de Balaguer, Christliche Berufung, Homilie, gehalten am 2. 12. 1951: ders., Christus Begegnen, 41.

offenbare (2 Kor 4, 10). Unser Weg ist ein Weg der Aufopferung, und in dieser Selbstverleugnung finden wir das *gaudium cum pace*, die Freude und den Frieden.»[190]

Die Abtötungen sollen dem Gebet Nachdruck verleihen; sie werden meist für bestimmte Personen «aufgeopfert»: für den «Vater», für die Leiter, für die Mitbrüder, für den Papst, für die «Freunde» des Apostolates ... und mit einem konkreten Anliegen verbunden: daß jemand in seinem «inneren Leben» vorankommt, daß einer Mitglied des Opus Dei wird ...

«Immer unterliegst du. – Setze dir jedesmal die Rettung eines bestimmten Menschen zum Ziel, oder seine Heiligung, oder seine Berufung zum Apostolat ... – Dann bin ich deines Sieges gewiß.»[191]

Die selbstgewählte Abtötung wird auch «aktive Abtötung» genannt. Sie soll für die Annahme von «äußeren Widerwärtigkeiten», für die «passive Abtötung», auch «innere Abtötung» genannt, bereit machen und schulen.

«Die treffende Bemerkung und der Witz, die du dir verkneifst; das freundliche Lächeln für einen, der dich stört; das Schweigen gegenüber ungerechten Vorwürfen; wohlwollendes Verhalten gegenüber zudringlichen Menschen und solchen, die ungelegen kommen; Nachsicht mit den lästigen Angewohnheiten derjenigen, mit denen du täglich zu tun hast und die dir auf die Nerven fallen ..., das alles, mit Beharrlichkeit geübt, ist handfeste innere Abtötung.»[192] «Innere Abtötung. – Ich glaube nicht an deine innere Abtötung, wenn ich sehe, daß du die Abtötung der Sinne verachtest und beiseite läßt.»[193]

[190] ebd. 41 f; Hervorhebung dort
[191] Der Weg, Nr. 192.
[192] ebd. Nr. 173.
[193] ebd. Nr. 181.

Recht früh erfuhr ich von einer «körperlichen Abtötung» als «Gewohnheit» des Opus Dei, dem sog. «Sleeping»: ein Numerariermitglied schläft jede Woche eine Nacht auf dem Fußboden seines Schlafzimmers, sofern dieser nicht aus Stein ist. Dies gilt aber nur für diejenigen Numerarier, die in einem Haus des Opus Dei zusammenwohnen; wohnt ein Mitglied noch bei seinen Eltern, soll und darf es das «Sleeping» nicht vornehmen, da die Gefahr besteht, daß die Eltern jemanden dabei «ertappen» und sich wundern könnten.
Relativ spät hingegen, im Frühjahr 1977 während Besinnungstagen in Utrecht, erfuhr ich durch einen Priester des Opus Dei von dem Vorhandensein der «Gewohnheit», täglich einen «Bußgürtel» zu tragen und wöchentlich sich zu geißeln. Dr. X. fragte mich nämlich damals, ob ich denn auch regelmäßig den Bußgürtel und die Bußgeißel benutze. Ich war völlig überrascht und sagte ihm, daß ich davon noch nie etwas gehört habe und gar nicht wisse, was man sich unter einem «Bußgürtel» vorzustellen habe. Der Priester war seinerseits sehr erstaunt und meinte, mein Leiter habe mir das wohl zu erklären versäumt. Aus einem Schrank holte er ein kettenartiges, dreireihiges und vielgliedriges Metallband, das aus einem starken Draht gefertigt war und nach einer Seite hin, der «Innenseite» (wie ich dann erfuhr), zahlreiche Spitzen hatte. An einem Ende des Metallbandes war eine Schnur befestigt. Dr. X. erklärte mir, daß man den «Bußgürtel» mit den Spitzen nach innen um den Oberschenkel lege, die beiden Enden mittels der Schnur zusammenziehe, bis der Gürtel fest sitzt und dann verknote. Der «Bußgürtel» werde täglich zwei Stunden getragen, Sonn- und Feiertage ausgenommen. Die Geißel sei aus Schnüren mit Knoten gefertigt und werde einmal in der Woche benützt, indem man sich damit für die Dauer eines «Credo», eines «Salve Regina» oder eines anderen

Gebetes auf das blanke Hinterteil schlage. Dr. X. sagte mir, ich solle mich bei meinem Leiter beschweren, daß er mich dafür bislang noch nicht für «reif» genug befunden habe, und ihn um einen «Bußgürtel» und eine «Bußgeißel» bitten.

Meines Wissens ist es im Opus Dei vorgesehen, daß ein Numerariermitglied diese Instrumente schon recht bald nach seinem Eintritt in die Vereinigung benutzt. Erst nach dem Gespräch mit Dr. X. kamen mir Punkte aus «Der Weg» zu Bewußtsein, über die ich bislang hinweggelesen hatte:

«Wie hart kommt dich diese kleine Abtötung an! – Du kämpfst. – Sie scheinen dir zu sagen: Warum mußt du dem Lebensplan, der Uhr, so treu sein? – Hast du gesehen, wie leicht man die Kinder über etwas hinwegtäuschen kann? – Sie wollen die bittere Medizin nicht nehmen, aber man sagt ihnen: Komm! Dieses Löffelchen für den Papa, dieses für die Oma ... und so weiter, bis sie die ganze Dosis geschluckt haben. Genau so du: noch eine Viertelstunde *Bußgürtel* für die Seelen im Fegefeuer, noch fünf Minuten für deine Eltern, weitere fünf für deine Brüder im Apostolat ... Bis die Zeit erfüllt ist, die dein Stundenplan dir angibt. Wenn du deine Abtötung auf diese Weise machst, wie wertvoll ist sie dann!»[194] «Du überwindest dich nicht, du lebst die Abtötung nicht; denn du bist hochmütig. Wenn du sagst, daß du ein Leben in Buße führst, dann bedenke wohl, daß Hochmut und Buße nebeneinander leben können ... – Weiter: Ist dein Schmerz, wenn du gefallen bist oder wenn du gegen die Großzügigkeit gefehlt hast, echte Reue oder bloß Ärger, dich so kraftlos und klein zu sehen? – Du bist sehr weit von Jesus weg, wenn du nicht demütig bist ..., mögen auch deine *Bußgeißeln* täglich frische Blüten treiben!»[195]

[194] ebd. Nr. 899; Hervorhebung dort nicht.
[195] ebd. Nr. 200; Hervorhebung dort nicht.

Ich erinnerte mich auch an Erzählungen, daß Escrivá de Balaguer in den ersten Jahren nach der Gründung des Opus Dei eine besonders «harte» Geißel gebraucht habe, mit Metallstücken und Glasscherben daran. Es sei für die ersten Mitglieder, die mit ihm zusammenwohnten, schrecklich gewesen, zu hören, wie lang und wie fest er sich gegeißelt habe. Auch wenn er sich bemüht habe, anschliessend alle «Spuren» zu beseitigen, wären oftmals noch «Blutspritzer» im Bad des Hauses zu sehen gewesen.
Wieder nach Köln zurückgekehrt sprach ich G.H., der damals mein «geistlicher Leiter» war, auf die Bußinstrumente an. Wenig später bekam ich einen «Bußgürtel», eine überzählige Geißel war damals im Haus des Jugendclubs nicht vorhanden (ich erhielt sie einige Monate später von einem Mitglied der Kommission, das sie, wie es sagte, selber für mich geknüpft hatte). Mein «Bußgürtel» wurde in einem Schrank des Jugendclub Feuerstein aufbewahrt, von wo ich ihn mir jeweils holen sollte. Ich durfte ihn nicht außerhalb des Hauses des Opus Dei tragen, geschweige denn in das Haus meiner Eltern mitnehmen. Das Tragen des «Bußgürtels» ist äußerst schmerzhaft, vor allem beim Sitzen. Die Metallspitzen graben sich tief in die Haut ein und hinterlassen als Spuren kleine rote Punkte. Mehr noch schmerzt der Gebrauch der Bußgeißel, im Unterschied zu der des Gründers spritzt aber bei den aus Kordel geknüpften kein Blut. So schmerzhaft es auch war, sich selbst zu geißeln, als weitaus unangenehmer und qualvoller empfand ich es, das durchdringende Knallen zu hören, wenn ein anderer sich mit der Geißel schlug – was ich, als ich in Bonn im «Studienzentrum» der Vereinigung wohnte, häufig erleben mußte.
Die Priester und Leiter des Opus Dei sollen den «Bußgürtel» länger und häufiger als die anderen Mitglieder gebrauchen. Die Leiter sollen ihn tragen, wenn sie einen «Kreis»

oder andere Ausbildungsvorträge halten. Das Tragen des Bußgürtels ist zudem beim Entgegennehmen der «Aussprachen» üblich, jedoch nicht verpflichtend. Die Numerarier werden des öfteren aufgefordert, bei ihren Leitern nachzufragen, ob sie das «Bußband» länger als eigentlich vorgeschrieben tragen dürfen, vor allem in Zeiten besonderer apostolischer Initiativen oder wenn jemand «kurz davorsteht zu pfeifen». Vom jetzigen Generalsekretär des Opus Dei, Javier Echevarria, wurde verschiedentlich berichtet, er habe mit Bezug auf Deutschland, wo noch zu wenige «pfeifen» würden, öfters gesagt: ¡disciplinas! ¡disciplinas! – womit er die deutschen Mitglieder zum häufigeren Gebrauch der Bußgeißeln aufforderte.

Auch die Numerarierinnen der weiblichen Abteilung haben harte «körperliche Abtötungen» zu üben. Zu dem Gebrauch von «Bußgeißel» und «Bußgürtel» müssen sie jede Nacht statt auf einer Matratze auf einem Brett schlafen. In dem schon zitierten Bericht der ehemaligen Numerarierin Susanne I. (Name geändert) heißt es: «(...) Diese Arten der Abtötung befremdeten mich noch nicht, ich war jedoch sehr schockiert, als man mich zum ersten Mal mit dem Bußband und der Geißel konfrontierte. Diese ‹Abtötungswerkzeuge› wurden mir (ca. 9 Monate nach meinem Eintritt)[196] von meiner pers. Leiterin übergeben, mit der Auflage, das Bußband (eine stachelhalsbandartige Metallkette mit spitzen Dornen) von nun an täglich zwei Stunden am Oberschenkel zu tragen und zwar so, daß es weh tue. So wurde zum Beispiel empfohlen, die Schleife nach vorne zu binden, damit, wenn man sich hinsetzte, die Dornen tiefer ins Fleisch eindringen konnten. Der Gebrauch der Geißel wurde einmal wöchentlich vorgeschrieben. Dazu sollte man sich niederknien und für die

[196] Susanne I. war im Alter von 16 Jahren Mitglied des Opus Dei geworden.

Dauer eines Gebetes sich mit der Geißel auf den Rücken schlagen. Diese Praktiken haben mich anfangs sehr befremdet, ich war jedoch zu diesem Zeitpunkt bereits zu stark unter den Einfluß des Opus Dei geraten, als daß ich eine spontane Distanzierung hätte durchführen können. Ich erfuhr auch, daß alle weiblichen Numerarier bis zum 45. Lebensjahr nachts auf einem Brett schlafen. Von mir wurde dies jedoch noch nicht verlangt. (...)»

«Angst vor der Buße? ... Vor der Buße, die dir hilft, das ewige Leben zu gewinnen? – Um jedoch das armselige gegenwärtige Leben zu erhalten, unterwerfen sich die Menschen den tausend Qualen eines blutigen chirurgischen Eingriffs. Siehst du das nicht?», heißt es in «Der Weg»[197], der «innerhalb kurzer Zeit (...) zu einem Klassiker der geistlichen Literatur»[198] geworden und dessen «Art der Verkündigung» in den Jahren des ersten Erscheinens «revolutionär»[199] gewesen sei. Die nachstehend zitierten Punkte aus «Der Weg» scheinen jedoch vielmehr ganz auf dem Boden ältester manichäischer Traditionen und dualistischer Konzeptionen beheimatet: «Wenn du begriffen hast, daß der Leib dein Feind und Feind der Verherrlichung Gottes ist, weil er deine Heiligung bedroht, warum faßt du ihn dann so weich an?»[200] «Dem Körper muß man etwas weniger geben als notwendig. Sonst übt er Verrat.»[201]

Die Erfüllung der «Normen» nimmt einen beträchtlichen Teil des Tages in Anspruch. Die «Normen» sind unter allen Umständen zu erfüllen. Da jedes Numerariermitglied neben seinen studienmäßigen oder beruflichen Verpflichtungen eine Menge von Aufträgen zu erfüllen hat,

[197] Nr. 224.
[198] Der Weg, Vorwort des Herausgebers, X
[199] ebd. XV
[200] Der Weg, Nr. 227.
[201] ebd. Nr. 196.

entstehen nicht selten eine große innere Anspannung und ein großer innerer Druck. Ich habe dies oft an mir selbst erfahren und bei anderen erlebt. Fast täglich kam es vor, daß jemand nervös durch das Haus eilte, etwas wie «Ach, ich muß ja noch mein Gebet machen» sagte und zur Kapelle hastete. Selbstverständlich gilt es in der Vereinigung, den Betreffenden dann zurechtzuweisen, denn – so lautet eine stehende Redewendung im Opus Dei – «Hektik ist ein sicheres Zeichen dafür, daß jemand nicht in der Gegenwart Gottes lebt.» Bei allem, was sich im Lauf eines Tages ereignet, gilt: «Nie die Freude verlieren!» «Keine Freude? – Denke sofort: da ist ein Hindernis zwischen mir und Gott. – Fast immer ist es so.»[202] Die Freude zählt im Opus Dei zu den «Normen von immer», sie ist eine Pflicht. Vor allem Außenstehenden gegenüber gilt es zu zeigen, wie froh und glücklich man im Opus Dei ist. Stets von neuem wird dies von den Mitgliedern nach außen hin ausdrücklich betont und herauszustellen versucht. Lächeln! «Langes Gesicht ... schroffes Auftreten ..., lächerliches Äußere ..., unsympathisches Wesen: hoffst du auf diese Weise, andere zur Nachfolge Christi zu bewegen?»[203] Im Opus Dei wird meiner Erfahrung nach viel gelächelt, selten aber wirklich von Herzen gelacht. Verschiedentlich haben mir Nichtmitglieder erzählt, wie das Gesicht ihres «Freundes», der Mitglied des Opus Dei war, immer dann, wenn er sich unbeobachtet fühlte, das Lächeln verlor und einen abgespannten, traurigen Ausdruck annahm. Die ehemalige Numerarierin Petra H. schreibt: «Als ich noch im Opus Dei war, konnte meine Mutter das ewige Lächeln von mir und den anderen nicht mehr ausstehen. Wie Grimassen. Meine Großmutter sprach mit X., diese lächelte

[202] ebd. Nr. 662.
[203] ebd. Nr. 661.

strahlend. Als sie glaubte, meine Großmutter habe sich abgewendet, fiel das Lächeln wie eine Klappe herunter, das Gesicht war todernst. Meine Großmutter fand das so merkwürdig, denn normalerweise ändert man seine Züge gar nicht so schnell, besonders wenn man gelacht hat.»
Die Verpflichtung zur vollständigen, treuen und guten Erfüllung der «Normen» wird häufig zu einer starken psychischen Belastung. In den Aufzeichnungen der ehemaligen Numerarierin Petra H. heißt es: «Vorrangig war in unserem Lebensplan immer das Ausführen aller Normen. Das erzeugte Druck und zusätzlich die ständige Forderung, die Normen besser zu erfüllen, mehr Abtötungen zu suchen, mehr Apostolat zu machen etc. So habe ich bis vor kurzem (d.h. 4 Jahre lang) öfters geträumt, daß ich in einem Heim vom Opus leben würde, aber ohne die Normen zu erfüllen; dadurch war ich befreit und erheitert und wartete nur immer auf die böse Reaktion. Typisch ist, daß die Träume aufhörten, als ich mit der Reflexion begann. Außerdem hatte ich in wachem Zustand nach meinem Austritt kein schlechtes Gewissen, sondern nur ein ungewöhnliches Gefühl der Freiheit.»

4. Ausbildung

Unmittelbar nach dem Eintritt in die Vereinigung beginnt für das neue Mitglied eine nie endende, in den ersten Jahren der Mitgliedschaft aber besonders intensive Ausbildung. In den ersten anderthalb Jahren nach seinem Eintritt muß ein Mitglied eine Vielzahl von Vorträgen über die Vereinigung, deren Geschichte, Gewohnheiten und Gebräuche sowie über all das, was der «Geist des Werkes» genannt wird, hören. Die Themen der Vorträge sind genau vorgeschrieben, und es ist genau Buch darüber zu führen, welche Vorträge ein neues Mitglied schon gehört hat und welche noch ausstehen. Die Vorträge werden in der Regel von den Leitern des «Zentrums» oder anderen durch diese beauftragten Mitgliedern gehalten. Mit meinem damaligen «geistlichen Leiter» traf ich mich außer zur Aussprache noch zwei- bis dreimal in der Woche zu solchen Vorträgen, die er mir meist als einzigem Zuhörer hielt. Gehören zu einem «Zentrum» des Opus Dei aber Mitglieder mit annähernd gleichem Ausbildungsstand, so sollen diese die Vorträge zu vereinbarten Terminen möglichst gemeinsam hören.

Jedes Mitglied hat wöchentlich an einem «Kreis» teilzunehmen. Der «Kreis» für die Numerarier ist folgendermaßen aufgebaut: Nach einem Einleitungsgebet, zu dem sich alle Teilnehmer am «Kreis» hinknien, folgt ein kurzer Kommentar zum Tagesevangelium. Danach erheben sich die Teilnehmer, und der Leiter des «Kreises» verliest alle für die Mitglieder des Opus Dei vorgeschriebenen «Normen». Anschließend folgt ein Vortrag über eine dieser «Normen». Sind im Lauf der Wochen alle «Normen» in einer vorgeschriebenen Reihenfolge abgehandelt, wird wieder von vorne begonnen. Dem «Normenkommentar» folgt eine längere Gewissenserforschung, die aus ungefähr zwanzig vom Gründer des Opus Dei festgelegten Fragen besteht, die vom Leiter des «Kreises» gegebenenfalls kommentiert oder präzisiert werden. Beschlossen wird die Gewissenserforschung durch das gemeinsame Gebet eines «Confiteor». Danach knien sich meist einige der Kreisteilnehmer nacheinander hin und klagen sich vor den anderen eines Fehlers an, beispielsweise, daß man in der vergangenen Woche häufig unpünktlich war, daß man die «Brüderliche Zurechtweisung» oder die Abtötungen vernachlässigt habe. Der Leiter gibt eine kleine «Buße» auf, etwa einen Besuch beim Allerheiligsten, ein bestimmtes Gebet etc. Diejeni-

gen, die sich nach der Gewissenserforschung im «Kreis» vor den anderen eines Fehlers anklagen wollen, müssen dies dem Leiter vor Beginn des Kreises mitteilen. Dieser entscheidet dann, ob sie es vorbringen dürfen, und bisweilen, wie sie formulieren sollen. Die Mitglieder sind zu solcher Selbstanklage nicht verpflichtet; kommt es aber vor, daß mehrmals hintereinander keiner der Teilnehmer dies tut oder es zu wenige oder stets dieselben sind, die sich vor den anderen eines Fehlers anklagen, so werden die Mitglieder vom Leiter des «Zentrums» ausdrücklich auf diese «Gewohnheit des Werkes» hingewiesen und aufgefordert, sie nicht zu vernachlässigen. Der Gewissenserforschung folgt ein weiterer Vortrag, einen bestimmten Bereich des «Geistes des Werkes» betreffend. In einem kurzen Beisammensein berichten die Kreisteilnehmer von ihren Erlebnissen, apostolischen Bemühungen, oder es werden gemeinsame Initiativen besprochen. Beschlossen wird der «Kreis» durch das gemeinsame Gebet der «Preces», das interne Gebet der Vereinigung, welches, wenngleich größtenteils aus alten Gebeten der Kirche zusammengesetzt, doch sorgsam vor Nichtmitgliedern verborgen gehalten wird. Die Mitglieder knien sich zu den «Preces» auf den Boden und küssen diesen zu Beginn des Gebetes. Im Feuerstein hatte dabei immer einer die Türe zu bewachen und darauf zu achten, daß kein Nichtmitglied die Teilnehmer am Kreis beim Gebet der «Preces» ertappte. Die Dauer eines solchen Kreises betrug in der Regel eine gute Stunde.
Für die Numerariermitglieder findet jede Woche mindestens einmal eine «Betrachtung» statt, die vom Priester des jeweiligen Hauses der Vereinigung gehalten wird. Der Priester spricht eine halbe Stunde lang über ein bestimmtes Thema, und die Teilnehmer an der Betrachtung sollen versuchen, die Worte des Priesters in persönliches Gebet umzusetzen oder sich durch seine Gedanken zu eigenem

Gebet anregen zu lassen. Monatlich haben die Mitglieder an einem Einkehrtag teilzunehmen, an dem in der Regel mehrere Betrachtungen stattfinden, ein Vortrag gehalten wird, die Mitglieder anhand von vorgegebenen Betrachtungstexten gemeinsam eine Kreuzwegandacht halten, zusammen die Messe feiern, miteinander den Rosenkranz beten. Bei diesem wird vor jedem Geheimnis der entsprechende Abschnitt aus dem Büchlein von Escrivá de Balaguer «Der Rosenkranz» vorgelesen. In den Zwischenzeiten herrscht ein strenges Stillschweigen, während des Mittagessens wird aus einem religiösen Buch vorgelesen. Mit einem sakramentalen Segen wird ein Einkehrtag beschlossen.

Die jährlichen Besinnungstage dauern in der Regel fünf Tage, von denen jeder einzelne ähnlich wie ein Einkehrtag strukturiert ist. Zu den täglichen vier bis fünf Betrachtungen und dem Vortrag findet abends meist noch ein «Briefkommentar» statt, wo ein bestimmter Brief des Gründers des Opus Dei oder seines Nachfolgers an die Mitglieder der Vereinigung übersetzt und erläutert wird. Neben den internen Vorträgen, «Kreisen», Betrachtungen, Einkehr- und Besinnungstagen hat ein Mitglied noch an den für seine «Freunde» bestimmten Ausbildungsmitteln teilzunehmen, so daß ein Numerarier oftmals in der Woche an mehreren Kreisen, an zahlreichen Betrachtungen, im Monat an mehreren Einkehrtagen und im Jahr mehrmals an Besinnungstagen teilnimmt. Zudem hält ein Numerarier meist noch selber «Kreise» und Vorträge für die «Leute von St. Raphael bzw. St. Gabriel».

Für die neu hinzugekommenen Numerarier finden in den ersten anderthalb Jahren immer wieder auch noch sog. «Convivencias», Tagungen, statt, zu denen Mitglieder aus den verschiedenen Städten und «Zentren» eines Landes zusammenkommen. Auch hier gibt es wieder zahlreiche

Ausbildungsvorträge. Im ausgedehnten Beisammensein berichten langjährige Mitglieder über ihre Begegnungen mit Escrivá de Balaguer und mit del Portillo in Rom, über die ersten, schweren Jahre des Beginns des Opus Dei in einem Land. Häufig sind es immer die gleichen Erzählungen und Anekdoten aus der Geschichte der Vereinigung, die auf solchen Tagungen unermüdlich repetiert, meist die gleichen Fragen, die gestellt werden. Die Mitglieder berichten außerdem von der Arbeit in den einzelnen Städten, von neuen Initiativen und Begebenheiten. Es werden die Namen derjenigen, die demnächst «pfeifen» können, ausgetauscht. Während der Tagungen ist meist auch eine Zeit für Sport oder Spaziergänge vorgesehen.

Jedes Numerariermitglied nimmt einmal im Jahr an einem mehrwöchigen «Jahreskurs» teil. Die «Jahreskurse» sind Zeiten einer besonders intensiven Ausbildung, die zugleich die Ferien der Mitglieder darstellen. Fast täglich finden mehrere Unterrichtsstunden statt: vier Vorlesungsstunden über Philosophie oder Theologie, Latein- und Spanischunterricht, ein Vortrag bzw. ein Briefkommentar, eine Katechismusstunde. Die «Normen» werden in diesen Zeiten weitgehend gemeinsam verrichtet. Die Beisammensein dauern während der «Jahreskurse» länger als sonst. Nachmittags ist eine Zeit für sportliche Betätigung vorgesehen; einmal in der Woche wird ein Tagesausflug unternommen. Während der «Jahreskurse» werden jedesmal eine Reihe von Filmaufzeichnungen der großen Beisammensein mit Escrivá de Balaguer oder mit dessen Nachfolger del Portillo, aber auch der eine oder andere Spielfilm gezeigt. Zu den «Jahreskursen» kommen in der Regel Mitglieder sehr unterschiedlichen Alters aus verschiedenen Städten und «Zentren» zusammen, und oftmals nehmen auch einige Mitglieder aus anderen Ländern an einem «Jahreskurs» als Gäste teil. In der Regel finden in einem Land, in dem die

Vereinigung tätig ist, über das Jahr verteilt mehrere «Jahreskurse» statt; von der Kommission wird bestimmt, welche Mitglieder an welchem «Jahreskurs» teilnehmen.

Im Mittelpunkt der «Jahreskurse» stehen die Vorlesungen über Philosophie bzw. Theologie. Alle Numerariermitglieder (und nicht ganz so intensiv auch die Assoziierten und Supernumerarier) müssen intern zunächst Philosophie und dann Theologie studieren. Die Vorlesungen zu den einzelnen Fächern der beiden Disziplinen werden in der Regel von den Priestern der Vereinigung oder von solchen Laien gehalten, die das interne Philosophie- und Theologiestudium bereits einmal schon vollständig und erfolgreich durchlaufen haben. Die Fächer, zu denen ein Mitglied während eines «Jahreskurses» Vorlesungen hört, werden am Ende des Kurses geprüft. Besteht ein Mitglied solche Prüfungen nicht mit den Noten «sehr gut» oder «gut», so hat es die Prüfung zu einem späteren Zeitpunkt entweder zu wiederholen oder je nachdem Vorlesungen in dem nicht bestandenen Fach in einem der nächsten «Jahreskurse» erneut zu hören.

Zum Beginn der «internen Studien» hören die Numerariermitglieder ein ursprünglich «Apologetik», heute aber «Katholische Lehre» genanntes Fach; in den folgenden «Jahreskursen» hören sie dann nach und nach die Vorlesungen über die einzelnen philosophischen Fächer: Einführung in die Philosophie, Kosmologie, Psychologie, Metaphysik, Theodizee, Logik, Ethik, Philosophiegeschichte und elf sog. «Auxiliarfächer», von denen mindestens fünf «studiert» werden sollen. Hat ein Mitglied alle vorgeschriebenen Fächer absolviert, beginnt es mit den theologischen Fächern. Da in jedem «Jahreskurs» jeweils nur zwei bis drei Fächer der «internen Studien» absolviert werden können, braucht es in der Regel viele Jahre, bis ein Mitglied diese vollständig durchlaufen hat. Ein Numera-

rier, der die «internen Studien» abgeschlossen hat, kann, wenn die Vereinigung und er es wollen, sofort zum Priester für die Vereinigung geweiht werden. Zur Beschleunigung der «internen Studien» besuchen diejenigen Mitglieder des Opus Dei, die Priester werden sollen und wollen, aber auch solche, von denen die Vereinigung aus anderen Gründen es wünscht, in der Regel nach Abschluß ihrer «zivilen Berufsausbildung» – bisweilen[204] nach einer Zeit der Ausübung ihres «zivilen Berufes» – in Rom das «internationale Studienzentrum» des Opus Dei «Collegio Romano de la Santa Cruz», das als ein Ableger mit der theologischen Fakultät der Opus-Dei-Universität Pamplona zusammenhängt. Fast ungeachtet dessen, wieviele theologische Fächer sie in den «Jahreskursen» vorher schon gehört haben, schließen die Numerarier dort ihr «internes Theologiestudium» in normalerweise zwei, maximal aber drei Jahren ab. Nach ihrer Priesterweihe, sofern sie geweiht werden, ziehen sie dann in ein anderes «internationales Studienzentrum» des Opus Dei nach Pamplona um, wo sie nach dem theologischen Lizentiat in durchschnittlich einem Jahr einen theologischen Doktorgrad erwerben.
In Rom und Pamplona werden zu den einzelnen Fächern der «internen Studien» Leitfäden für die jeweiligen Vorlesungen erstellt, an die sich die internen «Dozenten» weitestgehend halten. Die philosophischen Vorlesungen stellen im wesentlichen eine neuscholastische Aufbereitung Thomas' von Aquin dar, der in der Vereinigung gleichsam wie eine bislang unübertroffene philosophische «Offenbarung» gelesen wird. Da in den «Jahreskursen» nur wenig Zeit zum Eigenstudium bleibt, besteht die «Erarbeitung» der einzelnen Fächer in der Regel in einer «Aneignung»

[204] jedoch erheblich seltener als die Vereinigung in ihren Pressemitteilungen zu den jährlichen Priesterweihen einiger ihrer Mitglieder den Anschein zu wecken versucht.

und Übernahme des in den Vorlesungen Dargereichten. Da so gut wie alle neuzeitlichen Philosophen den Mitgliedern des Opus Dei zu lesen verboten sind, kann sich ein «Studium» der Philosophiegeschichte und unterschiedlicher philosophischer Konzeptionen allenfalls auf das wenige stützen, was an Sekundärliteratur zu lesen gestattet ist. Vor allem bleibt es auf die internen Vorlesungen angewiesen, in denen die philosophischen Entwürfe nach Thomas von Aquin vornehmlich als Irrtümer hingestellt werden. Als Kriterium für eine solche Wertung dienen dabei bestimmte Aussagen einer bestimmten Thomasinterpretation, deren Wahrheitsgehalt wiederum an ihrer Übereinstimmung mit einer bestimmten theologischen Sichtweise bemessen wird. Diese ist wiederum an einem bestimmten Verständnis dessen orientiert, was für unverbrüchliche katholische Tradition gehalten wird. Bei einem solchen Verständnis, von dem dic Konzeption und Anlage der «internen Studien» (und nicht nur dieser) durchdrungen ist, legt sich dann eine Auffassung nahe, in der ein Studium der Philosophie und Theologie primär im Erwerb eines Wissens von gültigen «Lösungen» und «Antworten» auf «Fragen» und «Problemstellungen» besteht, die nie ernstlich zur Frage oder zum Problem wurden. Wahrheit ist nach einer solchen Auffassung ohne weiteres lernbar, von daher auch wie einfache Additionen oder das Kleine Einmaleins abfragbar und besitzbar.[205] Da man in den «internen Studien», in den Ausbildungsvorträgen und dem, was

[205] Etwas von dem Wahrheitsverständnis des Opus Dei, wie es sich auch in den «internen Studien» zeigt, klingt beispielsweise in «Der Weg» Nr. 395 an: «Jener kampfgewohnte Gottesmann argumentierte so: Ich sei unnachgiebig? Natürlich: denn ich bin von der Wahrheit meines Ideals überzeugt. Sie dagegen sind sehr nachgiebig ...: Glauben Sie, daß zwei und zwei dreieinhalb ist? – Nein? ... Nicht einmal aus Freundschaft geben Sie in dieser Sache nach? Das kommt, weil Sie diesmal überzeugt sind, recht zu haben. Damit sind Sie auf meine Seite übergegangen!»

die Leiter als Leiter sagen, die Wahrheit erfährt und dann weiß, ist man unnachgiebig und unerbittlich mit allem, was dem widersprechend als unwahr erscheint. «Die Nachgiebigkeit ist ein sicheres Zeichen, daß man nicht in der Wahrheit ist. – Wenn ein Mensch in Dingen der Ideale, der Ehre oder des Glaubens nachgibt, dann ist dieser Mensch ... ein Mensch ohne Ideale, ohne Ehre und ohne Glauben.»[206]

In den «internen Studien» soll ein Numerariermitglied des Opus Dei eine fundierte theologische Ausbildung erhalten, die seinem intellektuellen Niveau adäquat und seinen intellektuellen Fähigkeiten angemessen ist. Die Mitglieder des Opus Dei sollen fromm «wie die Kinder» sein, «aber nicht unwissend, denn jeder muß sich nach seinen Möglichkeiten um ein ernsthaftes, wissenschaftliches Studium des Glaubens bemühen; das alles ist Theologie. Folglich: die Frömmigkeit von Kindern und die sichere Lehre von Theologen. Das Verlangen, dieses theologische Wissen zu erwerben – die zuverlässige und feste *christliche Lehre* –, wird an erster Stelle geweckt durch den Wunsch, Gott näher kennenzulernen und zu lieben. Es ist aber gleichzeitig auch Folge des Dranges der gläubigen Seele nach tieferem Verständnis dieser Welt, die das Werk des Schöpfers ist.»[207] Die theologische Bildung soll die Mitglieder zu einem wirksamen und fundierten apostolischen Zeugnis in ihren gewöhnlichen Lebensumständen verhelfen und ihnen ermöglichen, den Glauben gegenüber Angriffen qualifiziert zu verteidigen.

«Früher waren die menschlichen Kenntnisse, die Wissenschaft, sehr begrenzt. Damals konnte es möglich erscheinen, daß ein einzelner Gelehrter unseren heiligen Glauben darstellen und

[206] Der Weg, Nr. 394.
[207] J. Escrivá de Balaguer, Christliche Berufung, 44; Hervorhebung dort.

verteidigen konnte. Bei der heutigen Ausdehnung und Spezialisierung der modernen Wissenschaft besteht die Notwendigkeit, daß die Apologeten sich die Arbeit teilen und die Kirche auf allen Gebieten wissenschaftlich verteidigen. Du ..., du darfst dich dieser Pflicht nicht entziehen.»[208]

Hat ein Numerariermitglied des Opus Dei, etwa um Religionslehrer zu werden, an einer öffentlichen Universität Theologie studiert, so muß es dennoch intern alle theologischen Fächer hören und darin Prüfungen ablegen. Nach den Worten von Escrivá de Balaguer haben die Mitglieder der Vereinigung den «internen Studien» mindestens soviel Aufmerksamkeit zu schenken und Bedeutung beizumessen wie ihrer «zivilen» Berufsausbildung. Hat ein Mitglied den vorgeschriebenen Fächerkanon der internen Studien einmal ganz durchlaufen und die jeweiligen Prüfungen bestanden, so muß es in der Folgezeit die einzelnen Fächer stets von neuem wiederholen und sich auch immer wieder Prüfungen darüber unterziehen.

Zu Beginn ihres («zivilen») Studiums, jedoch nicht vor Ablegung der «Oblation», ziehen die Numerarier in der Regel für zwei Jahre in das sogenannte «Studienzentrum» der Vereinigung in einem Land, wo für sie – nach der intensiven Ausbildung in den ersten anderthalb Jahren ihrer Mitgliedschaft – nochmals eine besonders intensive Zeit der Ausbildung und Formung beginnt. Im «Studienzentrum» sollen die Numerarier die erforderliche Ausbildung erhalten, um gegebenenfalls Leitungsfunktionen innerhalb der Vereinigung übernehmen zu können. Während der beiden Jahre im «Studienzentrum» haben die Numerarier zu den beiden Vorträgen im «Kreis» wöchentlich zusätzlich noch drei Vorträge über die genauen Vorschriften zu bestimmten Aspekten des «Geistes des Wer-

[208] Der Weg, Nr. 338.

kes» zu hören, zu Leben und Ausbildung der Numerarier, Assoziierten und Supernumerarier, zum «Umgang» mit der Verwaltung, zu Fragen des Apostolates, der Leitung «korporativer Tätigkeiten» der Vereinigung etc. Fast täglich hören die Mitglieder des «Studienzentrums» eine Betrachtung, der tägliche Rosenkranz wird gemeinsam gebetet. Die Mitglieder eines «Studienzentrums» müssen neben der wöchentlichen Aussprache mit ihrem «geistlichen Leiter» zweiwöchentlich mit dem «Priester des Studienzentrums» sprechen. Die Jahreskurse für die Mitglieder eines «Studienzentrums» dauern mit zwei Monaten mehr als doppelt so lang wie sonst üblich. Zu diesen langen Jahreskursen,die in den Semesterferien im Sommer stattfinden, haben sie außerdem jeweils in den Ferien nach dem Wintersemester ein «internes Semester» zu absolvieren, das in der Regel vier Wochen dauert. Ziel ist, daß die Mitglieder nach der Zeit im «Studienzentrum» alle für die «internen Studien» vorgeschriebenen philosophischen Fächer absolviert haben.
Sehr bald nach meinem Eintritt in das Opus Dei lernte ich, daß die Ausbildung der Mitglieder, wenngleich in den ersten Jahren der Mitgliedschaft besonders intensiv, nie abgeschlossen ist. Während anfangs ein neues Mitglied durch Vorträge, Betrachtungen und Briefkommentare zunächst viel (für es oft überraschend) Neues über die Vereinigung, der es beigetreten ist, erfährt, stellt sich nach einer gewissen Zeit der Punkt ein, wo das Vorgetragene mehr oder weniger längst bekannt, der Reiz des Neuen und oftmals Fremdartigen verflogen ist und das Anhören des schon hundertfach Gehörten schwerfällt und bis hin zur Unerträglichkeit zu einer harten Geduldsübung wird. Das enorme, nie abreißende Ausbildungsprogramm des Opus Dei lebt von stets erneuerten Einschärfungen und Wiederholungen bis in die Formulierungen hinein.

5. Familienleben, Brüderlichkeit

Als eines der ersten Dinge lernte ich in der Vereinigung – auch vorher hatte ich das schon gehört –, daß das Opus Dei eine übernatürliche Familie sei und nun meine eigentliche Familie wäre. Mit meiner Entscheidung für eine Mitgliedschaft als Numerarier im Opus Dei hätte ich einen Schritt getan, der in seiner Tragweite und in seinen Konsequenzen einer Heirat vergleichbar sei. So wie Eheleute einander mehr lieben würden, als sie ihre Eltern liebten, und die von ihnen gegründete Familie ihnen mehr bedeute als ihre Blutsfamilie, habe ein Numerariermitglied der übernatürlichen Familie des Opus Dei mehr Liebe zu schenken und mehr Bedeutung beizumessen als seinen Eltern, Geschwistern und Verwandten. Mit dem Zeitpunkt meiner Mitgliedschaft im Opus Dei sei ich erwachsen – was ich im Alter von fünfzehn Jahren gerne anzunehmen bereit war – und trage, wie Escrivá de Balaguer häufig zu sagen pflegte, für die Familie des Opus Dei «die Verantwortung eines Vaters einer armen und kinderreichen Familie.»

Und was tut der Vater einer armen und kinderreichen Familie? Er ordnet alles in seinem Leben, seinen Beruf, sein berufliches Fortkommen, seine persönlichen Interessen und Angelegenheiten den Interessen und Belangen seiner Familie unter. Diese hat für ihn in allem die völlige Priorität. Da er seine «arme und kinderreiche Familie» auch ernähren muß, wird er alles Erdenkliche daran setzen, um Geld für seine Familie herbeizuschaffen. Oben wurde schon gesagt, daß ein Numerariermitglied (ebenso wie ein Assoziierter) alles Geld, das es besitzt, und all seine Einnahmen beim Sekretär des «Zentrums», zu dem es gehört, abgeben muß. Von den Geldern eines jeden Mitgliedes wird monatlich – je nach den Einkommensverhältnissen – ein bestimmter Betrag an die Kommission eines

Landes weitergegeben, als Mindestbetrag 30 bis 40 DM. Meine «Einnahmen» als Schüler waren das Taschengeld, das ich von meinen Eltern bekam, hin und wieder auch etwas Geld, das mir meine Großmutter zusteckte. Bald schon wurde mir gesagt, daß dies zu wenig sei; so werde ich meiner Verantwortung als «Vater einer armen und kinderreichen Familie» nicht gerecht. Ich solle meinen Eltern klar machen, daß ich mit dem Geld, das sie mir gaben, nicht auskomme. In der Vereinigung gilt es als eine Selbstverständlichkeit und «Sache der Klugheit», von den Eltern und möglichen anderen soviel Geld wie irgendmöglich zu erhalten zu suchen. Da monatlich vom Sekretär des Hauses unter meinem Namen an die Kommission mehr Geld überwiesen wurde, als ich einbrachte, wuchsen meine Schulden. Ich begann, gegen den Willen meiner Eltern und ohne ihr Wissen, Nachhilfestunden zu geben; auch hier sind die Mitglieder angewiesen, möglichst viel zu verlangen.

Einen wichtigen Platz nimmt für die Mitglieder das sogenannte «Familienleben» ein. Täglich finden in den «Zentren» des Opus Dei zwei in der Regel halbstündige «Beisammensein» jener «Brüder» statt, die demselben «Zentrum» angehören. Die Gesprächsthemen während der Beisammensein sind (zumindest der Möglichkeit nach) vielfältig: an erster Stelle die Vereinigung selbst, Neuigkeiten aus Rom, von der Kommission, aus anderen Städten, Erzählungen und Anekdoten aus der Geschichte des Opus Dei. Hält sich ein Mitglied des Generalrates zeitweilig in einem Land auf, so wird es von den einzelnen «Zentren» nach Möglichkeit zum Beisammensein eingeladen, wobei dem «Studienzentrum» (bzw. den «Studienzentren») in einem Land ein Vorrecht zukommt. Häufig eingeladen werden auch der Consiliarius eines Landes oder ein anderes Mitglied der Kommission oder ein Mitglied, das sich aus irgendwelchen Gründen in Rom aufgehalten hat und dort ein Beisammensein mit dem Generalpräsidenten hatte. Gerne eingeladen werden auch die «älteren Mitglieder», welche die Anfänge der Vereinigung in einem Land miterlebt und an ihnen mitgewirkt haben. Ein in den Beisammensein ganz zentrales Gesprächsthema stellt auch das Apostolat der Mitglieder dar, die vom Wachstum des «inneren Lebens» ihrer «Freunde» und apostolischen Bemühungen berichten sollen. Besondere Beachtung gilt dabei denjenigen «Freunden», von denen man der Ansicht ist, daß sie in nächster Zeit Mitglieder werden können. Weitere Themen sind: die Arbeit in den Jugendclubs und Studentenheimen, sonstige Initiativen und Unternehmungen. Erlebnisse in Schule, Universität oder Beruf. Ein Referat, das jemand gerade schreibt, ein Buch, das einer liest oder gelesen hat, aktuelle tagespolitische Ereignisse etc.

Meinungen können ausgetauscht werden, es darf sich dabei aber keine Diskussion ergeben. Im Opus Dei wird nicht oder, vorsichtiger formuliert, höchst selten um Auffassungen gerungen. Kommt eine Diskussion auf, so hat der Leiter in der Regel einzuschreiten und gegebenenfalls dafür zu sorgen, daß das Thema gewechselt wird. Nicht zulässig ist auch Kritik an der Vereinigung, an einer Initiative, welche die Leiter beschlossen haben. Ebenfalls unzulässig ist es, ureigensten persönlichen Empfindungen und Schwierigkeiten Ausdruck zu geben, etwa daß man traurig ist, mit irgendwelchen die Vereinigung betreffenden Dingen sich schwer tut oder sie für nicht richtig und nicht verantwortbar hält. So etwas gehört nicht ins Beisammensein, sondern allenfalls in die «Aussprache» unter vier Augen. Man darf im Beisammensein keine «negative Stimmung» verbreiten. Traurigkeit? Unglücklichsein? « ‹Et regni eius non erit finis›. Seines Reiches wird kein Ende sein! Freut es dich

nicht, für ein solches Königreich zu arbeiten?»[209] Nach der Lehre der Vereinigung stellt die «Berufung» zum Opus Dei für die Mitglieder das größte Geschenk Gottes dar, das ihnen zuteilwerden konnte, das größte Glück. Unglücklichsein wird deshalb – wie oben schon angesprochen – als ein Mangel an Entsprechung, an Treue in der «Berufung» verstanden, als ein alarmierendes Signal. Ich denke, es ist zutreffend formuliert, daß es in den Beisammensein einander unter anderem zu demonstrieren gilt, wie froh und glücklich der einzelne in der Vereinigung doch ist. Alles, was in eine gegenteilige Richtung deuten könnte, ist nicht zugelassen und wird von den Leitern hart angegangen.
Kritik – an der Vereinigung, an dem, was die Leiter sagen und vorschreiben? Alles, was Escrivá de Balaguer bis in die Einzelheiten hinein bezüglich des Opus Dei festgesetzt hat, hat er von Gott als dessen Willen empfangen. Alles geht auf göttliche Anordnung und den Willen Gottes zurück, dessen treues Werkzeug der Gründer war, heißt es. Kritik am Opus Dei ist daher gleichbedeutend mit Kritik an Gottes Willen und seiner Kirche, die alles als von Gott kommend gutgeheißen und approbiert habe. «Was fünf Päpste und zahllose Bischöfe gutheißen, kann unmöglich schlecht sein», heißt es. Die Frage, ob den Päpsten und Bischöfen je ein Blick hinter die Kulissen des Opus Dei möglich war, ist in der Vereinigung selbstverständlich ebenso zu bejahen, wie sie zu stellen für die Mitglieder unzulässig ist. Kritik an der Vereinigung und dem, was deren Leiter als Leiter tun und verfügen, gilt als ein Mangel an Demut und als Zeichen für Egoismus und Stolz.

«Zugegeben, diese Lust am Kritisieren ist keine böswillige Nörgelei. Aber du darfst sie nicht in den Umgang mit deinen Brüdern

[209] Der Weg, Nr. 906.

und in euer Apostolat hineintragen. – Verzeih, wenn ich dir sage, daß solche Kritiklust ein schweres Hindernis für euer übernatürliches Werk darstellt. Denn wenn du ohne Befugnis die Leistung der anderen überprüfst, – in lauterer Absicht, zugegeben – dann lieferst du keinerlei positive Arbeit und hinderst mit dem Beispiel deiner Passivität noch die anderen auf ihrem Wege. Beunruhigt fragst du: ‹Was dann mit diesem kritischen Geist, der so tief in meinem Wesen steckt...?› Ich kann dich beruhigen. Nimm etwas zu schreiben, und lege einfach und vertrauensvoll – und kurz, bitte! – nieder, was dich bedrückt. Gib den Zettel deinem Vorgesetzten und denke nicht mehr daran. Er ist der zuständige Mann, *er hat die Standesgnade.* Er wird den Zettel aufheben... oder in den Papierkorb werfen. – Da dein kritischer Geist für dich ja keine böswillige Nörgelei ist und du die Kritik in lauterer Absicht übst, bleibt sich das gleich.»[210]

Zu Anfang meiner Mitgliedschaft, während ich noch bei meinen Eltern wohnte und meist nur an den mittäglichen Beisammensein teilnehmen konnte, nahm ich gerne am Beisammensein teil und freute mich in der Regel darauf. Die anderen Teilnehmer waren meist älter, und ich fühlte mich von ihnen akzeptiert. Es war nicht nur der Reiz des Neuen, sondern ein Gefühl von Geborgenheit und Wärme in der Gemeinschaft mit denen, die das Gleiche wollten, was mich gern an den Beisammensein teilnehmen ließ. Während daheim meine Eltern mir allmählich Vorhaltungen machten, unter anderem deshalb, weil ich mich fast ständig im Jugendclub Feuerstein aufhielt und nicht so recht Auskunft gab (geben durfte), was ich dort eigentlich tat, empfand ich das Beisammensein mit den «Brüdern» als eine Oase: hier war die Welt in Ordnung, hier wußte man Bescheid, hatte die «rechte Lehre» und hatte auf alles eine Antwort. Es verband uns – ausgesprochen wie unaus-

[210] ebd. Nr. 53, Hervorhebung dort nicht.

gesprochen – ein Überlegenheitsgefühl, «der Überlegenheitskomplex des Christen», wie es in der Vereinigung heißt, der zutreffender aber wohl als ‹Überlegenheitskomplex, Mitglied des Opus Dei zu sein› bezeichnet werden muß; das Bewußtsein, auf dem richtigen Weg zu sein.
Solches Bewußtsein wich bei mir nach ungefähr zwei Jahren immer stärker werdenden, wenn auch stets wieder zum Schweigen gebrachten Zweifeln. Das Leben der Mitglieder im Opus Dei begann mir als ein Leben in einem Elfenbeinturm zu erscheinen. Die überhebliche und nicht selten abschätzige Weise, wie in der Vereinigung gerade während der Beisammensein über Nichtmitglieder und die Arbeit in den Pfarrgemeinden gesprochen wird, stieß mich mehr und mehr ab, wirkte auf mich arrogant, unangemessen und unchristlich. Vor allem seit ich von 1977 an im Bonner «Studienzentrum» ständig in einem Haus des Opus Dei wohnte, erlebte ich die Atmosphäre zunehmend als künstlich. Dort konnten die Teilnehmer meist nicht sagen, was sie wirklich dachten und was sie zutiefst bewegte. Wir, die wir uns doch «Brüder» nannten, kannten uns im Grunde kaum und wußten voneinander nicht, was uns wirklich freute und sorgte.
Jedes Mitglied ist zur sogenannten «Brüderlichen Zurechtweisung» verpflichtet. Fällt jemandem bei seinem «Bruder» ein Verstoß gegen den «Geist des Werkes», ein Fehler, eine schlechte oder auch nur störende Angewohnheit auf, so soll er den zuständigen Leiter, d.h. in der Regel den Leiter des Hauses, aufsuchen und fragen, ob man den Betreffenden in der jeweiligen Angelegenheit zurechtweisen darf bzw. soll. Wenn der Leiter weiß, daß dem Betreffenden an dem Tag schon eine Mehrzahl von «Brüderlichen Zurechtweisungen» zuteil werden oder ein anderer ihn bereits in der Angelegenheit zurechtweist, wird er die Frage verneinen. Hat der Leiter den Eindruck, daß es sich

bei einer Angelegenheit in einer weniger wichtigen Sache um einen einmaligen Fehler handelt, so wird er den Fragesteller bitten, darauf zu achten, ob sich der Fehler bei dem Betreffenden wiederholt, und gegebenenfalls dann noch einmal nachzufragen. Manchmal wird der Leiter vielleicht der Meinung sein, daß es sich um eine Angelegenheit handelt, die gar keiner Zurechtweisung bedarf, oder sich bei einer ihm äußerst gewichtig erscheinenden Angelegenheit vorbehalten, mit dem Betreffenden selbst zu sprechen. In der Regel aber wird der Fragesteller die Zurechtweisung auch ausführen sollen. Nach einer bejahenden Antwort des Leiters ist die Zurechtweisung eine Sache des Gehorsams; ist sie erfolgt, muß der Leiter darüber nochmals informiert werden.

Das Feld möglicher Zurechtweisungen ist weit: der Eindruck, ein anderer mache die Kniebeuge in der Kapelle nachlässig und gedankenlos, sei häufiger unpünktlich, sage während des Beisammenseins zuviel oder zu wenig, treibe zu wenig Sport, vernachlässige das Apostolat, vergeude Zeit, tue etwas Unerlaubtes, trage altmodische oder zerschlissene Kleidung, achte zuviel auf sein Äußeres, etc.

«Weise nicht zurecht, solange du noch die Empörung über einen begangenen Fehler empfindest. – Warte den nächsten Tag ab, vielleicht noch länger. – Aber sobald du dich beruhigt und deine Absicht geläutert hast, weise auf jeden Fall zurecht. – Mit einem einzigen liebevollen Wort erreichst du mehr als mit drei Stunden Streit. – Zügle dein Temperament.»[211]

Die Haltung, aus der zurechtgewiesen werden soll, hat die der Liebe und Sorge um die Mitbrüder zu sein. Die «Brüderliche Zurechtweisung» darf niemals aus Zorn geübt werden. Derjenige, der eine Zurechtweisung empfängt,

[211] ebd. Nr. 10.

soll sie dankbar entgegennehmen und beherzigen. Jeder soll möglichst viele «Brüderliche Zurechtweisungen» vornehmen. Den Mitgliedern wird oftmals empfohlen, eine bestimmte Zeit des Gebetes den «Brüdern» zu widmen, die demselben «Zentrum» angehören. Man soll die einzelnen «Brüder» im Gebet immer wieder «durchgehen» und nach Gegenständen möglicher Zurechtweisungen *suchen.* Ist jemandem an einem Tag einmal nichts aufgefallen, was Anlaß zu einer «Brüderlichen Zurechtweisung» sein könnte, soll er unter Umständen den Leiter des Hauses fragen, ob ihm nicht etwas aufgefallen sei, worin man einen «Bruder» zurechtweisen kann. Kam der Gründer des Opus Dei in ein Haus der Vereinigung, so pflegte er sich als erstes beim Leiter des «Zentrums» zu erkundigen, wieviele Zurechtweisungen dort täglich geübt würden. Die Zurechtweisungen seien ein Gradmesser für die Brüderlichkeit und das «innere Leben» der Mitglieder.

Die «Brüderliche Zurechtweisung» trägt neben der Aussprache und anderem, wovon im folgenden noch die Rede sein wird, zu einem permanenten Kontrolliertsein der Mitglieder des Opus Dei und einer sofortigen Ahndung kleinster Abweichungen bei. Diese Feststellung scheint mir für das Verständnis der Wirklichkeit des Lebens der Mitglieder von großer Wichtigkeit zu sein. Sie sollte jedoch nicht übersehen lassen, daß «Brüderlichkeit» in der Vereinigung ein hohes Ideal darstellt und die Mitglieder sich meist mit großem Einsatz und unter manchen Opfern um sie mühen. Es wird viel füreinander gebetet, man ist bemüht, sich für die Belange des anderen zu interessieren, interessiert sich zuweilen auch wirklich dafür und versucht, den anderen das Leben «zu Hause» möglichst angenehm zu machen; es wird überlegt, wie man den anderen eine Freude bereiten kann.

Zum «Familienleben» gehört das Begehen von Sonn- und

Feiertagen. Feiertage sind alle Hochfeste der katholischen Kirche, alle Marienfeste, alle Apostelfeste und Feste der Schutzpatrone des Opus Dei (die Erzengel Michael, Gabriel und Raphael, Nikolaus v. Myra, Katharina von Siena, Thomas Morus, Johannes Vianney, Pius X.) [212] sowie die besonderen «Familienfeste» (Gründungstag des Opus Dei, Gründungstag der weiblichen Abteilung und Priestergesellschaft vom Hl. Kreuz, Geburtstag des Gründers, Geburtstag von Alvaro del Portillo, dessen Namenstag, Tag seiner Erstkommunion, Tag seiner Wahl zum Generalpräsidenten, Tag der endgültigen Approbation des Opus Dei). An Feiertagen wird vor dem Mittagessen ein Aperitif gereicht, das Essen ist üppiger, zum Beisammensein gibt es Kaffee und Süßigkeiten, an höheren Feiertagen auch Cognac und Likör. Hohe Feiertage wie Ostern, Weihnachten, der Gründungstag des Opus Dei oder das Fest des hl. Josef werden mit einer feierlichen Mitternachtsmesse begonnen, an die sich ein festliches Beisammensein anschließt.

Vor dem Weihnachtsfest soll jedes Numerariermitglied einen «Brief an das Christkind» schreiben, in dem es sich ein bis zwei Kleinigkeiten wünscht und den es dem Leiter des Hauses abgibt. Dieser beauftragt ein oder zwei Mitglieder, «Christkind zu spielen» und in Zusammenarbeit mit dem Sekretär des Hauses das von den Mitgliedern Gewünschte zu besorgen. Können Mitglieder des Werkes sich zum Weihnachtsfest etwas von ihren Eltern wünschen, so haben sie vorher den Sekretär des Hauses zu fragen, was sie sich wünschen sollen. Dieser nennt ihnen einige Dinge, die andere Mitglieder sich «vom Christkind» gewünscht haben oder die für das Haus des Opus Dei nützlich wären. Die übrigen «Wünsche an das Christ-

[212] weitere Schutzpatrone sind der hl. Josef und die Apostel Petrus, Paulus und Johannes.

kind», die nicht durch Eltern oder Verwandte der Mitglieder abgedeckt werden können, werden eingekauft. Am Heiligen Abend [213] findet dann die Bescherung statt, bei der die Mitglieder, die sonst jegliche Geschenke, die sie erhalten, beim Leiter des Hauses abgeben müssen, die einzigen Geschenke bekommen, die sie behalten dürfen.

Feiert ein Numerarier Geburts- oder Namenstag, so darf er sich sein Lieblingsgericht zum Essen wünschen. Im Beisammensein wird der Betreffende von seinen Mitbrüdern gefeiert. Da die Mitglieder sich untereinander keinerlei Geschenke machen dürfen, versuchen sie, ein solches Beisammensein durch selbstverfaßte Gedichte, einstudierte Sketche und Lieder zu gestalten. In jedem «Zentrum» der Vereinigung ist ein Mitglied speziell damit beauftragt, seine «Mitbrüder» an die jeweiligen Geburts- bzw. Namenstagstermine eines anderen zu erinnern, dafür zu sorgen, daß genügend Mitglieder sich etwas für das festliche Beisammensein einfallen lassen, und die einzelnen Beiträge zu koordinieren. Ganz besonders und herausgehoben wird der vierzigste Geburtstag eines Numerariermitgliedes gefeiert. Der Gründer des Opus Dei wollte dies, da ein Mitglied in Zusammenhang mit der sogenannten «midlife crisis» in diesem Alter in der Gefahr stehe, seinen bisherigen Lebensentwurf in Frage zu stellen und in solcher Krise besonders die Liebe seiner Mitbrüder und die Wärme des Familienlebens erfahren soll.

Die Mitglieder des Opus Dei grüßen einander mit einem internen Gruß. Treffen sich zwei (oder mehrere) Mitglieder und sind sie unter sich, so grüßt der eine mit «Pax», worauf der andere bzw. die anderen mit «In aeternum» antworten. Dieser interne Gruß wird in der Vereinigung Nichtmitgliedern gegenüber geheimgehalten. Jedes Nume-

[213] oder am 6. Januar, je nachdem wie es in einem Land Brauch ist.

rariermitglied hat an einem Tag in der Woche seinen sogenannten «Wachetag», an dem es zu besonderer Anstrengung im Umgang mit seinen «Brüdern», in besonderer Weise zur Übung der «Brüderlichen Zurechtweisung» verpflichtet ist und an dem es sich bemühen soll, besonders intensiv für seine «Mitbrüder» zu beten und sich abzutöten. Der Wachetag wird durch das schon erwähnte «Sleeping» eingeleitet. Ein vom Leiter bestimmtes Numerariermitglied hat den Auftrag, die «Wachetage» seiner «Mitbrüder» so zu koordinieren, daß sie gleichmäßig über die einzelnen Wochentage verteilt sind, und die betreffenden Mitglieder jeweils am Tag vor dem «Wachetag» an diesen zu erinnern.

Besonderes Augenmerk und besondere Sorge gilt in der Vereinigung den Kranken. Sie sind nach den Worten von Escrivá de Balaguer «der Schatz des Opus Dei». Die Bewohner eines «Zentrums» haben für einen kranken Mitbruder so zu sorgen, daß dieser keinesfalls sehnsuchtsvoll an die liebevolle Fürsorge seiner Mutter zurückdenkt. Ist jemand erkrankt, so wird er von den anderen in seinem Zimmer häufig besucht; man ist bemüht, die «Normen» mit ihm möglichst gemeinsam zu verrichten. Täglich wird ihm, soweit seine Krankheit es zuläßt, vom Priester des Hauses die Kommunion gebracht. Die Mitbrüder des Erkrankten erkundigen sich nach besonderen Wünschen, die es, wenn irgend möglich, zu erfüllen gilt. In den Ausbildungsvorträgen wurde verschiedentlich als beispielhafte Anekdote erzählt, daß ein Mitglied des Opus Dei einmal einen ganzen Vormittag durch eine Stadt gelaufen sei, um eine bestimmte Pralinensorte zu bekommen, die ein erkrankter Mitbruder besonders gerne aß.

Kann ein Numerarier einmal nicht zur rechten Zeit zu einer gemeinsamen Mahlzeit kommen, so wird in der Regel für ihn das Essen aufbewahrt. Der Leiter beauftragt dann einen anderen, den «Bruder», wenn er kommt, «beim Essen zu begleiten», damit er beim Essen nicht alleine ist. (Allerdings wird er auch dann nicht alleine essen können, wenn er es einmal wollte.) Ist ein Numerarier zur Zeit des gemeinsamen Zu-Bett-Gehens noch nicht zu Hause, beauftragt der Leiter jemanden, auf den Betreffenden zu warten. Dies ist schon deshalb erforderlich, da die Bewohner eines «Zentrums» – die Leiter ausgenommen – normalerweise keinen Schlüssel für die Eingangstür besitzen dürfen.

Die Numerarier teilen in den ersten Jahren ihrer Mitgliedschaft ihre Zimmer in der Regel zu mehreren. Im Bonner «Studienzentrum» schliefen wir zu drei bis fünf Mann in einem Zimmer. Die Zimmer der Numerarier sind vor allem und beinahe ausschließlich als Schlafzimmer gedacht. Tagsüber soll man sich möglichst nicht in ihnen aufhalten. In den Jugendclubs und Studentenheimen sind die Numerarier gehalten, nicht für sich alleine in einem Zimmer zu studieren, sondern den gemeinsamen Studienraum zu benutzen. In den Häusern des Opus Dei besteht für die Numerarier eigentlich niemals oder kaum die Möglichkeit, sich einmal zurückzuziehen und für sich zu sein. Nicht erlaubt ist es einem Mitglied, sich tagsüber für einige Minuten auf sein Bett zu legen, um auszuspannen und einfach einmal etwas zu faulenzen.

«Es scheint, hast du mir gesagt, daß alle Sünden auf den ersten müßigen Augenblick warten. Der Müßiggang selbst müsse schon eine Sünde sein. Wer sich der Arbeit für Christus verschrieben hat, darf keinen freien Augenblick haben, denn Erholung heißt nicht etwa Nichtstun: sie ist vielmehr ein Sich-Entspannen bei weniger anstrengenden Tätigkeiten.»[214]

[214] Der Weg, Nr. 357.

Bei allem Einsatz, allem Bemühen und aller Ernsthaftigkeit sind der «Brüderlichkeit» Grenzen gesetzt, durch welche sie als Ganze in Frage gestellt ist.

«Also: welches Unrecht geschieht dir, weil dieser oder jener mehr Vertrauen zu bestimmten Personen hat, die er länger kennt oder zu denen er sich aus Gründen der Sympathie, des Berufes, des Charakters mehr hingezogen fühlt? – Trotzdem solltest du bei den Deinen den auch nur leisesten Anschein einer besonderen Freundschaft vermeiden.»[215] «Du, auserwählter Sohn Gottes, sollst die Brüderlichkeit fühlen und leben, aber frei von Vertraulichkeiten.»[216]

Durch das Verbot von «Vertraulichkeiten», wie es heißt, bleibt die «Liebe zu den Brüdern», die über der zu seinen «Freunden» stehen soll, weit hinter der Qualität einer wirklichen Freundschaft zurück. Was schon im Zusammenhang mit den Beisammensein herauszustellen versucht wurde, gilt für den gesamten «Umgang mit den Brüdern». Wirklich Persönliches, ureigenste Schwierigkeiten und Probleme dürfen miteinander nicht besprochen werden. Es ist letztlich nicht erlaubt, einem «Bruder», die Leiter ausgenommen, sein Herz auszuschütten. Man darf einander nicht zeigen, wenn man traurig und unglücklich ist. Sehr persönlichen Empfindungen und Gefühlen darf selbst in der vertrauten Umgebung nicht Ausdruck verliehen werden. Die «Liebe zu den Brüdern» hat eine «übernatürliche Liebe» zu sein. Die Brüderlichkeit besteht in der Vereinigung vor allem in einer enormen Anstrengung, in dem Bemühen, sich für die Belange des anderen zu interessieren, Anteil zu nehmen, in dem Bemühen, einem anderen eine Freude zu bereiten, in dem stets erneuerten und nicht

[215] ebd. Nr. 366.
[216] ebd. Nr. 948.

selten eingelösten Vorsatz, diesem oder jenem in einer Angelegenheit zu helfen, sich etwas für das Beisammensein einfallen zu lassen, in einer permanenten gegenseitigen Kontrolle, die als Sorge füreinander verstanden wird. Brüderlichkeit hat im Opus Dei viel mit Planung zu tun. Sie wird geübt und ist einübbar. Doch kommt sie wirklich von Herzen? Hat sie etwas mit Spontaneität, Natürlichkeit und Ungezwungenheit zu tun? Brüderlichkeit ist im Opus Dei eher ein «Überbau», eine Ideologie. Man weiß voneinander weniger als gute Freunde über sich wissen; von vielen Äußerlichkeiten und Oberflächlichem einmal abgesehen, kennt man sich im Grunde kaum. Die bange Ahnung mancher, daß die «Brüderlichkeit» im Opus Dei eher eine Fiktion als eine Realität darstellt, daß sie meist etwas Aufgesetztes, ein gutgemeintes Getue ist, erfährt ihre schreckliche Bestätigung für die, welche die Vereinigung verlassen – oder gelangt dann erst zu Bewußtsein. Diejenigen, die mit einem Mitglied, das die Vereinigung verlassen hat, oft jahrelang zusammengewohnt und zusammengearbeitet haben, kennen es meist nicht mehr, übersehen es bewußt auf der Straße, vermeiden die Begegnung mit ihm. Davon soll an anderer Stelle noch ausführlicher die Rede sein.

«Scheinbar vereinte, sich innig liebende, ineinander aufgehende Personen; und in Wirklichkeit ... ungeheuer getrennte, einander fremde und sogar voreinander ängstliche», charakterisiert Maria Angustias Moreno die Mitglieder des Opus Dei in ihrem Miteinander.[217] Natürlich gibt es Ausnahmen, sie bestätigen aber nur, was die Regel ist.

[217] a.a.O. 151: «Personas aparentemente unidas, entrañables, compenetradas; y realmente ... enormemente distantes, ajenas y hasta temerosas unas de otras.»

Der Intensität der Ausbildung, dem Verbot von Kritik und Diskussion auf der einen Seite entspricht auf der anderen ein unerbittliches, uneingeschränktes Fernhalten aller vermeindlich feindlichen Fremdeinflüsse. Schon bald erfuhr ich davon, daß es im Opus Dei einen internen Bücherindex gibt. Will ein Mitglied der Vereinigung ein Buch lesen, so ist (Mathematikbücher ausgenommen) vorher der Leiter um Erlaubnis zu fragen. Dieser schaut dann in einer bereits mehrere tausend Buchtitel umfassenden Bücherkartei nach, die in jedem «Zentrum» der Vereinigung vorhanden ist und die zentral ständig fortgeführt wird. Die durch «ältere Mitglieder» zensierten Bücher, die dort aufgenommen sind, werden in fünf Kategorien eingeteilt: 1. empfehlenswert, 2. bietet keine Hinderungsgründe, 3. nur mit solider doktrinärer Vorbildung, 4. fällt unter das interne Verbot, 5. fällt unter das allgemeine moralische Verbot. Darüber hinaus gibt es noch Klassifizierungen wie «nur für Fachleute» (etwa manches medizinische Fachbuch, beispielsweise aus dem Gebiet der Gynäkologie) oder «für Fachleute empfehlenswert». Um einige Beispiele zu nennen: Solschenizyns «Der Archipel Gulag» oder «Der erste Kreis der Hölle», der «Gottesstaat» von Augustinus oder Platons «Politeia», Gerhard Hauptmanns «Bahnwärter Thiel» oder die «Antigone» des Sophokles dürfen nur von solchen gelesen werden, denen eine «solide doktrinäre Vorbildung» zuerkannt wird. Brecht ist wie alle sozialistische oder marxistische und vielfältige andere Literatur streng verboten. Verbotene Autoren und Bücher dürfen nur dann gelesen werden, wenn es für jemanden dringend erforderlich ist und er dafür die Erlaubnis des Generalpräsidenten der Vereinigung erhält. Eine solche Leseerlaubnis ist dann in der Regel zeitlich genau begrenzt und mit der

Verpflichtung verbunden, die verbotene Literatur nicht offen in dem Haus, in welchem man wohnt, herumstehen zu lassen und nach bzw. während des Lesens eine Rezension über die betreffende Schrift zu verfassen.

Als unsere Deutschlehrerin im Unterricht Bertold Brechts «Mutter Courage und ihre Kinder» behandeln wollte, teilten ein Klassenkamerad, der ebenfalls Numerariermitglied des Opus Dei war, und ich dies dem stellvertretenden Leiter des Feuersteins – wir hatten damals denselben «geistlichen Leiter» – mit. Dieser legte uns nahe, unsere Deutschlehrerin zu bitten, von ihrem Vorhaben abzulassen, mit unserer Klasse Brecht zu lesen. Nach der nächsten Deutschstunde faßten wir uns ein Herz und gingen zu unserer Lehrerin. Wir appellierten an ihr christliches Gewissen; Brecht sei ein marxistischer Autor und stelle von daher eine Gefährdung für den Glauben dar. Sie schaute uns mit einem fast mitleidigen Blick an, und das erste, was sie sagte, war: «Natürlich! Feuerstein!» Sie hatte ähnliches wohl schon in anderen Klassen mit Mitgliedern des Opus Dei erlebt. Einmütig bestritten wir, daß dies irgendetwas mit dem Jugendclub Feuerstein zu tun habe; es sei unsere eigene, von niemandem beeinflußte Erkenntnis und Überzeugung, zu der wir gelangt seien. Als wir am Nachmittag dem «geistlichen Leiter» unsere Antwort berichteten, lobte er uns, wenngleich die Antwort nicht der Wahrheit entsprochen hatte. Beide hatten wir bis dahin noch nie etwas von Brecht gelesen, und beide hatten wir im Alter von 15 Jahren ohnehin erst vage Vorstellungen von dem, was der Marxismus beinhaltet. Beide hatten wir aber schon verinnerlicht, uns die Weisungen des Leiters zu eigen zu machen.

Die Deutschlehrerin ließ sich durch uns verständlicherweise nicht davon abbringen, Brechts «Mutter Courage» im Unterricht zu besprechen. Mein Klassenkamerad und ich lasen das Theaterstück zunächst nicht, weil uns die Lektüre von unserem «geistlichen Leiter» nicht erlaubt worden war und von ihm, da streng verboten, auch nicht erlaubt werden konnte. Inzwischen war beim Generalpräsidenten in Rom angefragt worden, ob wir die Erlaubnis erhielten, dieses Werk von Brecht zu lesen. Da es normalerweise wohl recht lange dauert, bis auf solche Anfragen aus Rom eine Antwort erfolgt, und es unaufhaltsam auf eine Klassenarbeit zuging, erhielten wir ausnahmsweise von der Kommission die Erlaubnis, die «Mutter Courage» zu lesen, allerdings mit der Auflage, uns immer wieder mit dem Priester des Jugendclub Feuerstein darüber zu unterhalten und nach der Lektüre eine Rezension zu erstellen. Die Leseerlaubnis war zeitlich befristet.

Die ehemalige Numerarierin Susanne I. berichtet: «Während des Besuchs der Klasse 12 nahmen wir im Deutschunterricht die ‹Ansichten eines Clowns› von Böll durch. Da dieser Autor natürlich auf dem internen Index zu finden ist, war es mir verboten, diese Lektüre zu lesen. Ich mußte also einen Priester des Opus Dei um Rat fragen. Dieser Priester bestätigte mir das Verbot. Damit ich jedoch im Unterricht mitarbeiten konnte, las er für mich dieses Buch und übergab mir anschließend eine 2 DIN-A4-Seiten ‹umfassende› Zusammenfassung dieses Buches, die natürlich sehr stark zensiert worden war. Mit diesen ‹Unterlagen› mußte ich nun im Deutschunterricht arbeiten.»

Die Bücherzensur wird im Opus Dei sehr streng gehandhabt. Ist ein Buch noch nicht in der internen Kartei erfaßt, so wird es, falls jemand es aus irgendwelchen Gründen lesen will bzw. muß, dem Priester des Hauses gegeben, der dann die Aufgabe hat, festzustellen, ob es von dem Betreffenden gelesen werden darf. Kommt der Priester beim Lesen eines Buches an eine Stelle, von der er meint, daß das dort Angeführte in Widerspruch mit der Glaubens-

oder Sittenlehre der katholischen Kirche steht, so hat er die Lektüre abzubrechen und darf selber nicht mehr weiterlesen. Die neuen Schulbücher zu Beginn eines Schuljahres werden zunächst beim Leiter abgegeben, der dann feststellt, welche Bücher benutzt bzw. nicht benutzt werden dürfen. Unser Lesebuch für den Deutschunterricht war streng verboten, im Biologiebuch durften bestimmte Seiten, auf denen es um Evolutionstheorien ging, nicht gelesen werden. Bestimmte Quellentexte, die das Geschichtsbuch enthielt, waren zu lesen nicht erlaubt.

Von unserem «geistlichen Leiter» wurden wir dazu angehalten, uns im Unterricht dafür einzusetzen, daß keine glaubensgefährdende Lektüre gewählt würde, falls darüber abgestimmt werde, welche Literatur Behandlung finden soll. Da wir in unserer Klasse aber nur zwei Mitglieder des Opus Dei waren, war unser Bemühen in dieser Hinsicht nur selten erfolgreich. Anders ist die Erfahrung einer ehemaligen Schülerin aus der Schweiz, in deren Klasse es wohl eine Mehrheit von solchen gab, die entweder Mitglieder der Vereinigung waren oder doch zumindest mit dieser in engstem Kontakt standen: «Die Sprachlehrer ließen uns im allgemeinen über den Stoff der Klassenlektüre abstimmen. Das bedeutete in unserer Klasse, daß es praktisch unmöglich war, Autoren wie Brecht oder Sartre im Unterricht zu lesen. Die Mitglieder des Opus Dei waren sich einig, daß solche Bücher schädlich und verwerflich seien, obwohl sie die Autoren gar nicht näher kannten.»[218]

In einem Brief an seine «Söhne und Töchter», der meines Wissens vom 14.2.1974 datierte, ging der Gründer des Opus Dei sehr eindringlich auf die Notwendigkeit eines vorsichtigen Umgangs mit Büchern ein. Escrivá de Bala-

[218] S. Schuppli, Leserbrief: Neue Zürcher Zeitung, 10.2.1979, Fernausgabe Nr. 33, 9.

guer schrieb dort, jemand, der nicht bereit sei, sich an das von ihm hinsichtlich des Lesens von Büchern Festgesetzte zu halten, solle das Opus Dei besser verlassen. Die Tragweite und das Gewicht einer solchen Äußerung für ein Mitglied der Vereinigung läßt sich nur dann ermessen, wenn man sich vergegenwärtigt, daß es für ein Mitglied des Opus Dei nach der Lehre der Vereinigung nichts Schlimmeres geben kann, als seine «gottgewollte» Mitgliedschaft im Opus Dei, das «göttliche Geschenk seiner Berufung» aufzugeben, nicht treu zu sein – dies wird einem Mitglied des Opus Dei fast täglich eingeschärft.

War die strenge Handhabung der Bücherzensur für mich während meiner Schulzeit bisweilen ziemlich aufreibend – oft konnte ich Hausaufgaben nicht erstellen, da ich einen zu bearbeitenden Text nicht lesen durfte – und zeitraubend, so stellte sie beim Studium ein echtes Problem dar. Zum Wintersemester 1977/78 begann ich, in Bonn Philosophie und Klassische Philologie zu studieren. Das Philosophiestudium gestaltete sich für mich sehr schwierig, da es kaum einen Philosophen gibt, der nach Auffassung des Opus Dei nicht irgendwelche Hinderungsgründe zur Lektüre bietet. Während der Zeit meiner Mitgliedschaft im Opus Dei habe ich niemals auch nur eine einzige Seite eines nennenswerten neuzeitlichen Philosophen lesen dürfen.

Die interne Zensur erstreckt sich nicht nur auf Bücher und Aufsätze. Als ich nach meinem Abitur in das «Studienzentrum» nach Bonn zog, konnte ich miterleben, wie der Leiter des Hauses allmorgendlich die vom «Zentrum» abonnierten Tageszeitungen, vor allem die «Frankfurter Allgemeine Zeitung», durchsah. Die Artikel bestimmter Journalisten, beispielsweise des Spanienkorrespondenten Walter Haubrich, der schon häufig Kritisches über die Vereinigung geschrieben hat, oder des Romkorresponden-

ten Heinz-Joachim Fischer, wurden vom Leiter dann in der Regel durchgestrichen und durften nicht gelesen werden; bisweilen wurde eine Zeitungsseite auch vollständig herausgerissen.
Immer wieder wurde gesagt, daß ein kirchliches «Imprimatur» heutzutage leider nichts mehr bedeute. Eine Reihe von Büchern, deren Inhalt der Lehre der Kirche und dem Glauben zuwiderlaufe, habe dennoch ein «Imprimatur» erhalten. Besondere Vorsicht sei bei Bibelübersetzungen geboten, die nach dem II. Vatikanischen Konzil erschienen sind. Für die geistliche Lesung und für das Gebet dürfen nur bestimmte, vom Opus Dei erlaubte Bibelübersetzungen benutzt werden.
Auch bei Fernsehfilmen war größte Vorsicht geboten. Will ein Mitglied des Opus Dei sich einen Film anschauen, so ist der Leiter zuvor um Erlaubnis zu fragen. In der Regel dürfen Fernsehfilme, besonders solche, die nach 1966 gedreht worden sind, nur zu zweit angesehen werden. Kommt darin eine «unsittliche Szene» vor, wird sofort um- oder ausgeschaltet. Spielfilme, die im Rahmen des Programms eines Jugendclubs oder Studentenheims vorgeführt werden sollen, werden, falls sie nicht schon bekannt sind, vorher vom Priester des Hauses und einem anderen Mitglied, meist einem der Leiter, angesehen. Gegebenenfalls werden bestimmte Szenen vor der allgemeinen Aufführung herausgeschnitten, nicht selten kommt ein Film, da er als glaubens- oder sittengefährdend eingestuft wird, gar nicht erst zur Aufführung.
Solch streng gehandhabte Bücher-, Zeitungs-, Zeitschriften- und Filmzensur geht von der Auffassung aus, daß ein wahlloses Konsumieren von Literatur und Filmen gegebenenfalls den Glauben in Gefahr bringen oder in anderer Weise schädigen könne. So wie man Gift für den Körper, Arzneimittel oder ähnliches nicht einfach wahllos zu sich

nehmen würde, gebe es auch Gift für Geist und Seele, demgegenüber gleiche oder ähnliche Vorsichtsmaßnahmen zu treffen seien, lautet ein in der Vereinigung vielfach angeführter Vergleich. «Du solltest Bücher nicht ohne den Rat kluger und erfahrener Christen anschaffen. Man kauft so leicht etwas Nutzloses oder Schädliches ein. Oft glauben Menschen, sie trügen unter dem Arm ein Buch ... und tragen eine Ladung Schmutz!»[219]
Vorsicht ist auch bei Vorträgen außerhalb der Vereinigung, bei Vorlesungen und Seminaren an der Universität geboten. Ebenso wie es nicht erlaubt ist, einen «verbotenen» Autor zu lesen, dürfen auch Vorträge von ihm nicht gehört werden. Über neuere geistige Strömungen oder theologische Lehrmeinungen werden die Mitglieder bisweilen in sogenannten «Aktualitätenvorträgen» unterrichtet, in welchen Gegenargumente sogleich an die Hand gegeben werden, ohne daß beurteilt werden könnte, ob zuvor richtig informiert wurde und eine Auseinandersetzung mit einer indizierten Auffassung möglich wäre. So erinnere ich mich beispielsweise noch an einen Vortrag über Ansätze einer «autonomen Moral» in der Moraltheologie, der auf eine gänzliche Verurteilung dieser Konzepte hinauslief. Es war uns nicht erlaubt, die Explikation und Begründung «autonomer Moral» einmal bei einem Moraltheologen nachzulesen oder an der Universität eine entsprechende Vorlesungsreihe zu hören.

«Von seinen Mitgliedern verlangt das Opus Dei nichts anderes, als daß sie sich als Christen verhalten und sich bemühen, ihr Leben nach dem Vorbild des Evangeliums auszurichten. In keiner Weise mischt sich das Opus Dei in die rein zeitlichen Belange ein. Wenn jemand dies nicht versteht, dann vielleicht deshalb,

[219] Der Weg, Nr. 339.

weil er die persönliche Freiheit nicht begreift, oder weil es ihm an Unterscheidungsvermögen fehlt, um die rein geistlichen Ziele, um derentwillen sich die Mitglieder des Opus Dei zusammenschließen, und das weite Feld menschlicher Betätigung – Wirtschaft, Politik, Kultur, Kunst, Philosophie – auseinanderzuhalten. In diesen Bereichen genießen die Mitglieder des Opus Dei völlige Freiheit und arbeiten in eigener Verantwortung.»[220]

7. Apostolat

«Die christliche Berufung, der an uns ergehende Ruf des Herrn, führt dazu, daß wir uns mit ihm vereinen. Aber wir dürfen nicht vergessen, daß Er auf die Welt gekommen ist, um die ganze Welt zu erlösen: Er will, daß alle Menschen gerettet werden (1 Tim 2,4). Es gibt keine Seele, die Christus gleichgültig wäre; für jede einzelne hat Er den Preis seines Blutes bezahlt.»[221] Das Bemühen der Mitglieder des Opus Dei, Gott im Alltäglichen zu entdecken, «Kontemplative inmitten der Welt» zu werden, schließt die «Verpflichtung zum Apostolat» ein.

«Halte dir gegenwärtig, mein Sohn, daß du nicht nur ein Mensch bist, der sich mit anderen Menschen zusammentut, um eine gute Sache zu vollbringen. Das ist viel – aber es ist noch zu wenig. – Du bist Apostel, der einen gebieterischen Befehl Christi ausführt.»[222]

Die «Berufung» zum Opus Dei wird als ein «göttliches Geschenk» verstanden, als «unverdiente Gnade», Gnade, die allerdings verpflichtet. Die Mitglieder der Vereinigung

[220] Gespräche, 49.
[221] J. Escriva de Balaguer, Damit alle gerettet werden, Homilie, gehalten am 16.4.1954: ders., Freunde Gottes, 379.
[222] Der Weg, Nr. 942.

sollen ihren Glauben vor den Menschen, mit denen sie zu tun haben, bezeugen, sie für diesen Glauben zu gewinnen suchen und unter ihnen ein «Apostolat der Freundschaft und des Vertrauens» üben. Es ist der Hauptzweck jeder Einrichtung des Opus Dei, sei es nun ein Jugendclub, ein Studentenheim, ein Zentrum für Erwachsenenbildung, eine Schule oder eine Universität: mit anderen in Kontakt zu kommen, ihnen die christliche Botschaft weiterzugeben und vor allem viele als Mitarbeiter und Mitglieder für die Vereinigung zu gewinnen. Diese Einrichtungen sind im Verständnis der Vereinigung in erster Hinsicht «apostolische Aufhänger» und «Hilfen für das Apostolat».

Das «persönliche Apostolat»

Jedes Numerariermitglied soll mindestens fünfzehn «Freunde» haben, mit denen es regelmäßig – es wird dabei an einen Zeitraum von vierzehn Tagen gedacht, – über Gott spricht. Von diesen fünfzehn «Freunden» sollen fünf zur engeren Wahl gehören, zu denen der Kontakt besonders intensiv sein soll, die Mitglieder des Opus Dei werden können. Jedes Mitglied soll der Vereinigung jährlich möglichst zwei neue Mitglieder zuführen.

Ist es nicht beinahe schon ein Widerspruch in sich – fünfzehn Freunde? Eine Richtzahl für die Freundschaft? Welches Verständnis von Freundschaft liegt hier zugrunde? Wer könnte von sich behaupten, wirklich fünfzehn Freunde zu haben und fünfzehn Menschen ein wirklicher Freund zu sein? Nicht nähere oder gute Bekannte, nicht Kameraden und Kameradinnen, mit denen man sich gut versteht, – Freunde! «Apostolat der Freundschaft und des Vertrauens», heißt es im Opus Dei. Freundschaft soll dabei kein Vorwand oder Mittel zum Zweck des Apostolates sein, so wird gesagt, das Apostolat sei vielmehr die logische Konsequenz der Freundschaft: Wie könnte man vor einem Freund das verheimlichen, was einem am meisten bedeutet – Gott? Wie nicht mit ihm darüber sprechen, was für einen höchstes Ziel und Lebensinhalt darstellt? Wie zulassen, daß ein Freund im Stand der Todsünde lebt, ins Verderben, «in die Hölle geht»?

«Wir finden allgemeinen Beifall, wenn wir jemand *gewaltsam* daran hindern, sein irdisches Leben durch Selbstmord zu beenden. Sollen wir nicht *in gleicher Weise* ungestüm drängen – mit heiligem Zwang –, um das übernatürliche Leben derjenigen zu retten, die unbedingt unsinnigen Selbstmord an ihrer Seele begehen wollen?»[223]

Es ist berechtigt, hinsichtlich des Apostolates beim Opus Dei von einer *Ideologie der Freundschaft* zu sprechen, die gleichwohl weder in der Theorie, geschweige denn in der Praxis durchgehalten wird. Dies wird schon daran deutlich, daß die Leiter mit denen, die keine fünfzehn «Freunde» haben, in der Aussprache durchsprechen, wie und wo sie neue «Freunde» gewinnen können. Es wird gefragt, wer von den Klassenkameraden, Kommilitonen oder Berufskollegen die besten Leistungen erbringe; denn «uns interessieren die Besten». Der Befragte nennt einige Namen. Es wird überlegt, wie er mit diesen in näheren Kontakt kommen könne, wie sich eine «Freundschaft» mit ihnen schließen lasse: eine Freundschaft mit dem Ziel des Apostolates. Vorwände werden überlegt, wie man ein Gespräch beginnen kann – vielleicht kann man jemanden zu einem Film einladen, der in einem Haus der Vereinigung gezeigt wird, vielleicht zu einem Vortrag oder Arbeitskreis oder zu einer Clubstunde, vielleicht zu einem Skilager, das von einem

[223] ebd. Nr. 399; Hervorhebungen dort nicht.

Studentenheim der Vereinigung veranstaltet, oder zu einer interessanten Fahrt, die von einem der Jugendclubs durchgeführt wird. Unter Umständen wird man jemanden bitten, einem etwas aus dem Unterricht oder der Vorlesung genauer zu erklären, auch wenn man es längst verstanden hat, nur um mit ihm in Kontakt zu kommen. Manchmal wird sogar eigens ein neuer Arbeitskreis eingerichtet, von dem man annimmt, daß jemand, mit dem eine Freundschaft geschlossen werden soll, daran Interesse haben könnte. Auch wenn nicht in Abrede gestellt werden soll, daß es in der Vereinigung vereinzelt wirkliche Freundschaften zwischen Mitgliedern des Opus Dei und anderen gibt, die nicht so gezielt zustandekamen oder noch aus der Zeit vor der Mitgliedschaft stammen, so hat «Freundschaft» im Opus Dei, wenngleich es in den Ausbildungsvorträgen anders behauptet wird, den Charakter des *Machbaren* und etwas *eindeutig Zweckgerichtetes* an sich.
Zunächst gilt es, mit den unterschiedlichsten Methoden Kontakte herzustellen, dann diese Kontakte zu pflegen und auszubauen; alles Mögliche zu unternehmen, sich häufiger zu treffen und Vertrauen zu gewinnen. Jeder einzelne Schritt muß mit dem «geistlichen Leiter» abgesprochen werden: Apostolat ist im Opus Dei immer «geleitetes Apostolat», Freundschaft dementsprechend – wenngleich das in der Vereinigung nie so gesagt wird – *geleitete «Freundschaft»*.

«Initiativen. – Du sollst sie in deinem Apostolat *innerhalb der Grenzen* des dir Aufgetragenen entwicklen. Wenn sie über diese Grenzen hinausgehen oder du im Zweifel bist, dann frage deinen Vorgesetzten, ohne deine Gedanken einem anderen mitzuteilen. Behalte stets im Auge, *daß du nur Ausführender bist.*»[224]

[224] ebd. Nr. 619; Hervorhebungen dort nicht.

Das «persönliche Apostolat» ist Thema einer jeden Aussprache. Mit dem «geistlichen Leiter» werden die «Freunde» durchgesprochen und die Ziele für die jeweils nächste Woche genau festgelegt: bei dem einen noch intensiver den Kontakt aufbauen und pflegen, bei dem anderen ist der Kontakt mittlerweile schon soweit hergestellt, daß er nun auf sein «inneres Leben», auf seinen Glauben, auf sein Verhältnis zu Gott angesprochen werden kann. Ein Aufhänger könnte eine Einladung zu einer Betrachtung sein. Bei wiederum einem anderen soll zu erreichen versucht werden, daß er beichtet, möglichst bei einem Priester der Vereinigung, etc. Das Bemühen, die in der Aussprache vereinbarten Ziele zu verwirklichen und sich dabei sehr genau an das zu halten, was der Leiter gesagt hat, ist Sache des Gehorsams, der gerade hier keine Abweichung gestattet. «Bei der Arbeit im Apostolat gibt es keinen Ungehorsam, der geringfügig wäre.»[225]

Über alles, was der «Freund» einem vertrauensvoll von sich berichtet, und sei es noch so persönlich, gilt es, dem «geistlichen Leiter» Bericht zu erstatten. Natürlich weiß der betreffende «Freund» nichts davon, daß immer noch ein anderer von dem erfährt, was er einem Mitglied des Opus Dei von sich erzählt. Ebensowenig weiß er (mindestens am Anfang), daß er es mit einem Mitglied der Vereinigung zu tun hat. Normalerweise besteht stets eine Unverhältnismäßigkeit der gegenseitigen Öffnung. Es wird im Apostolat zu erreichen versucht, daß ein anderer möglichst viel von sich erzählt, ohne daß man Entsprechendes von sich zu berichten gewillt ist. Man darf es auch nur sehr begrenzt, da das Opus Dei eine «Familie» sei, deren Intimsphäre und Gepflogenheiten niemand anderen etwas angingen. Der Grad der eigenen Öffnung steht in der Regel in

[225] ebd. Nr. 614.

einem genauen Verhältnis zu dem Ziel, das angestrebt ist. Will man jemanden zur Beichte bewegen, wird man ihm erzählen, daß man selber öfters zur Beichte geht, daß man die Beichte für sich als große Hilfe empfindet, wie gute Erfahrungen man mit diesem oder jenem Priester gemacht habe. Dabei entspricht das, was man bei den apostolischen Gesprächen von sich erzählt, oftmals nicht einmal der Wahrheit. Ich erinnere mich daran, wie sich während einer Romfahrt einer der Teilnehmer bei mir über die Art und Weise, wie diese Fahrt durchgeführt wurde, beklagte. Ich antwortete ihm, daß ich früher genau wie er empfunden habe, in der Zwischenzeit hätte ich aber eingesehen, daß es so das Beste sei. Er unterbrach mich und sagte: «Das ist bei euch immer die gleiche Masche zu antworten. Früher hattet ihr genau die gleichen Schwierigkeiten, aber jetzt ...» Ich bestritt ihm gegenüber, daß es sich hier um eine Masche oder Methode handelte, wußte aber, wie sehr er recht hatte.

Im «apostolischen Gespräch» vertrauend Anvertrautes wird meist nicht nur dem «geistlichen Leiter» berichtet, sondern auch im Kreis der «Brüder» im Beisammensein erzählt, wo das Apostolat der Mitglieder eines der wichtigsten Themen darstellt. Häufig wird jemand im Beisammensein vom Leiter ausdrücklich dazu aufgefordert, von dem Verlauf eines Gespräches mit einem «Freund» zu erzählen. Es wird untereinander ausgetauscht, wer bei einem Priester des Werkes gebeichtet hat, es wird berichtet, wer sich noch schwertut, diesen Schritt zu tun. Man tauscht die Namen der «Freunde» aus, um sie gegenseitig im Gebet zu empfehlen. Der Priester berichtet bisweilen, daß dieser oder jener mit ihm gesprochen habe; er sei schon recht weit. Immer wieder habe ich mich daran gestoßen, daß und wie Persönlichstes der «Freunde» im Beisammensein erzählt und preisgegeben wurde. Man gab mir von seiten der Leiter bisweilen recht und erzählte als Anekdote, daß der Gründer des Opus Dei einmal, als jemand in seiner Gegenwart sehr Persönliches von einem seiner Freunde erzählte, diesen unterbrochen und gefragt habe, ob er dies auch erzählen würde, wenn sein Freund jetzt anwesend wäre. Der Betreffende sei rot geworden und verstummt. Auf der anderen Seite ist in der Vereinigung ausdrücklich festgelegt und geht somit auf Escrivá de Balaguer zurück, daß das Apostolat der Mitglieder ein wichtiges Thema während der Beisammensein sein muß. Der Leiter hat dafür Sorge zu tragen, daß es immer wieder zur Sprache kommt. Erzählt ein Mitglied über längere Zeit im Beisammensein nicht von seinem Apostolat, so wird es in der Regel zurechtgewiesen.

Das Apostolat ist einseitig. Als Mitglied des Opus Dei – so wird es in der Vereinigung gelehrt – hat man das Glück, Bescheid zu wissen und nicht von der «allgemeinen Verwirrung» in der Kirche angesteckt zu sein. Man weiß den rechten Weg und ist verpflichtet, dieses Wissen nicht für sich zu behalten, sondern es anderen weiterzugeben. Man ist derjenige, der weiß, helfen kann und helfen muß. Der andere ist dementsprechend nach solchem Verständnis jemand, der noch nicht weiß, dem zu helfen ist. Die apostolische «Freundschaft» ist von daher in aller Regel durch ein – von der Vereinigung gewecktes und wachgehaltenes – Überlegenheitsgefühl von seiten der Mitglieder des Opus Dei gekennzeichnet und durch das Bestreben und den Anspruch, bei dem anderen so etwas wie die Rolle eines «geistlichen Leiters» zu übernehmen.

«Dutzendmensch werden? Du ... zum großen Haufen gehören, der du zur Führung geboren bist?! Bei uns haben Laue keinen Platz. Sei demütig, und Christus wird aufs neue in dir die Glut seiner Liebe entfachen.»[226] «Wenn du die Regung verspürst, andere zu leiten, dann muß dein Bestreben sein: bei deinen Brüdern der letzte, sonst der erste.»[227]

Gerade dieses vorgängige und einseitige Sich-überlegen-Fühlen, welches das Mitglied zum Helfenden, Lehrenden und Führenden macht und den anderen zu einem, dem geholfen, der belehrt und geführt werden soll und muß, die Zweckgerichtetheit mit und aus der eine «Freundschaft» meist herbeizuführen gesucht wird, das Ungleichgewicht und die Unverhältnismäßigkeit wechselseitigen Vertrauens, der ständig praktizierte Mißbrauch von vertrauend Anvertrautem, indem es an andere weitergetragen wird, stellt das sogenannte «Apostolat der Freundschaft» radikal, d.h. von der Wurzel her, in Frage. Von daher erscheint es fast angemessener, statt von «Freunden» von *apostolischen Objekten* zu sprechen. Es legt darüber hinaus die Vermutung nahe, daß die Mitglieder anstelle der angestrebten Zahl von mindestens fünfzehn Freunden oftmals überhaupt keinen Freund haben und niemandem ein wirklicher Freund sind. Freundschaft dürfte durch die Art und Weise, wie Apostolat in der Vereinigung zu erfolgen hat, nahezu verunmöglicht sein und nur da eine Möglichkeit in der Vereinigung haben, wo Vorgeschriebenes durchbrochen wird. Dies hat um so größeres Gewicht, da schon der Begriff, das Verständnis und die Wirklichkeit von «Brüderlichkeit» im Opus Dei fraglich erscheinen mußte und festgestellt wurde, daß «Brüderlichkeit» in der Vereinigung weit hinter der Qualität einer Freundschaft zurückbleibt.

«Die Ebene jener Heiligkeit, die der Herr von uns erwartet, ist durch diese drei Punkte zu bestimmen: heilige Unnachgiebigkeit,

226 ebd. Nr. 16.
227 ebd. Nr. 365.

heiliger Zwang und heilige Unverschämtheit.»[228] «Sei unnachgiebig in der Lehre und in deiner Lebensführung. – Aber sei konziliant in der Form. – Eine mächtige stählerne Keule in einem gepolsterten Futteral. Sei unnachgiebig, aber nicht halsstarrig.»[229]

Die Verpflichtung zum Apostolat, wie sie in der Vereinigung gesehen wird, führt die Mitglieder dazu, sich für die persönlichsten Belange eines anderen zu interessieren, von den intimsten Bereichen einer Person Kenntnis zu gewinnen zu suchen, sich in das Leben anderer einzumischen. Mehr oder weniger direkt wird ein anderer gefragt, ob und wie er bete, ob er zu den Sakramenten gehe, wie er über Fragen des sexuellen Verhaltens denkt, ob er sich selbstbefriedigt, ob er vor- oder außerehelichen Geschlechtsverkehr übt, etc. – Mit welcher Berechtigung? Die Antwort ist im Opus Dei schnell zur Hand: Gott hat sich, ohne uns zu fragen, in unser Leben eingemischt. Also – so die «Schlußfolgerung» – dürfen wir uns auch in das Leben anderer einmischen; unnachgiebig gilt es, den anderen zu bedrängen – mit «heiligem Zwang» und «heiliger Unnachgiebigkeit» – und zu fordern sowie «in seinem inneren Leben weiterzubringen».
Es wurde schon angesprochen, daß die apostolischen Einrichtungen des Opus Dei Hilfen und «Aufhänger» für das Apostolat sein sollen. Gruppenstunden, Fahrten, Arbeitskreise oder Vorträge werden als Mittel verstanden, andere mit dem Opus Dei in Kontakt zu bringen; Betrachtungen fungieren mithin als Anknüpfungsmöglichkeit für ein apostolisches Gespräch. Hat man jemanden zur Betrachtung eingeladen, kann man ihn anschließend fragen, wie es ihm gefallen habe, ob er etwas damit anzufangen wußte. Davon ausgehend kann dann ein Gespräch über die Notwendig-

[228] ebd. Nr. 387.
[229] ebd. Nr. 397.

keit und Bedeutung des Gebetes beginnen. Schließlich kann man dem Betreffenden vielleicht vorschlagen, sich von Zeit zu Zeit zu gemeinsamem Gebet zu treffen.

Hilfsmittel für das Apostolat sind auch die Einkehr- und Besinnungstage, die regelmäßig für Nichtmitglieder angeboten werden. Die Besinnungstage finden normalerweise nicht in dem «Zentrum», mit dem ein Nichtmitglied in Kontakt steht, sondern in einem anderen Haus der Vereinigung statt. Einem Zentrum steht dann eine bestimmte Anzahl von Plätzen zur Verfügung, die es nach Möglichkeit zu besetzen gilt. Hierzu werden oftmals große Anstrengungen unternommen. Die Leiter überlegen mit den Mitgliedern, wer außer denjenigen, die sich zu solchen Besinnungstagen schon angemeldet haben, noch darauf angesprochen und dazu eingeladen werden kann. Es werden Strategien entworfen; solche, die bislang nicht zu den Besinnungstagen fahren wollten, werden erneut darauf angesprochen; in oft stundenlangen Gesprächen sucht ein Mitglied dann nicht selten, auf einen anderen einzudringen und ihn doch noch zur Teilnahme zu bewegen.

«Proselytismus»

Oberstes Ziel des Apostolates und der Arbeit des Opus Dei ist die Gewinnung neuer Mitglieder für die Vereinigung, der «Proselytismus». Zwar heißt es, «von hundert Seelen interessieren uns hundert», aber es wird, wie schon erwähnt, stets hinzugefügt, daß es eine «Sache der Klugheit» ist, sich zunächst und in erster Linie an diejenigen zu wenden, von denen zu erwarten steht, daß sie in ihrem «inneren Leben» schnell «vorankommen», das Werk schnell verstehen und möglicherweise eine «Berufung zum Opus Dei empfangen» können. Es gilt, eine Auswahl zu treffen und Prioritäten zu setzen, was ein Einschätzen, Taxieren und Werten eines anderen mit sich bringt. Die Gespräche in den Beisammensein über Personen, die mit Mitgliedern der Vereinigung in Kontakt stehen, sind von solchem Einschätzen und Werten geprägt, und nicht selten wird über jemanden abschätzig gesprochen. Da wird festgestellt, daß jemand zu behäbig und «lahm» sei, zu «kleinkariert» oder «klerikal» denke, zu sehr noch mit sich selbst und seiner Arbeit beschäftigt oder zu faul und «nicht gut genug» in Schule, Studium oder Beruf sei. Es wird darüber spekuliert, wer in absehbarer Zeit «so weit» sein könnte, daß er «pfeift». Ist ein Mitglied der Kommission anwesend, wird meist ausdrücklich danach gefragt. Es werden Ziele gesteckt, wieviele bis zu welchem Zeitpunkt «pfeifen» können und sollen.

Es ist eine Gewohnheit im Opus Dei, am Vorabend des Festes des hl. Josef (19. März) eine sogenannte «Josefsliste» zu erstellen. Nach gemeinsamer Anrufung des Heiligen Geistes soll jedes der Mitglieder eines «Zentrums» zwei «Freunde» seines Apostolates benennen, von denen es überzeugt ist, daß sie im Lauf eines Jahres Mitglieder der Vereinigung werden können. Die vorgeschlagenen Namen werden bisweilen «diskutiert»; es wird bestritten, daß jemand es so schnell oder überhaupt «schaffen könne», Mitglied des Opus Dei zu werden. Derjenige, der einen Vorschlag gemacht hat, versucht, diesen zu verteidigen, führt Argumente für seinen Vorschlag an, erzählt, was ihn bei einer bestimmten Person hoffen läßt, daß sie «eine Berufung hat» und ihr entspricht. Gegebenenfalls wird der Priester um seine Meinung gebeten. Die Liste wird am Ende in einem Umschlag verschlossen und von dem Leiter des Hauses aufbewahrt, um dann im folgenden Jahr unmittelbar vor Erstellung der neuen «Josefsliste» wieder geöffnet und verlesen zu werden. Großer Jubel und Applaus für diejenigen, die tatsächlich Mitglieder geworden sind, «gepfiffen» haben; Nachfragen zu denen, die diesen Schritt nicht bzw. noch nicht gegangen sind. Die Mehrzahl der Anwesenden beim Erstellen der «Liste vom hl. Josef» notieren sich die Namen, die «auf die Liste gesetzt» werden auch in ihrem Notizbuch, so daß die betreffenden Personen auch während des Jahres Gegenstand der Beisammensein sind. Für die Mitglieder stellen eine solche «Josefsliste» und die anderen Listen von «Pfeifkandidaten», die im Lauf eines Jahres sonst noch aufgestellt werden, einen gewaltigen Ansporn für ihre apostolischen Bemühungen dar.

Zwar besteht das Ziel, daß jedes Mitglied der Vereinigung jährlich zwei neue Mitglieder zuführen soll, wozu es, wie es heißt, nötig ist, im Jahr mehrere «Freunde» des Apostolates vor die Frage ihrer Berufung zu stellen. Doch in der Zeit, als ich der Vereinigung angehörte, waren es zumindest in Deutschland bedeutend weniger, die jährlich hinzukamen. Immer wieder war von seiten der Kommission oder aus Rom zu hören, daß es zu wenige seien, die sich dem Opus Dei anschlössen. Daß es darum gehen müsse, Gott und (nach seinem Tod) «unseren Vater» mehr um Berufungen zu bestürmen, mehr zu beten, großzügiger in der Abtötung und apostolischer zu sein. Die wiederholten Aufforderungen durch den Generalsekretär der Vereinigung, Javier Echevarria, zum häufigeren Gebrauch der Bußgeißel wurden schon angesprochen. Zu Lebzeiten des Gründers habe ich oft miterlebt, wie in den Beisammensein darüber spekuliert wurde, wann denn der «Vater» einmal wieder Deutschland besuchen würde. Die Mitglieder der Kommission pflegten darauf zu antworten: «Wenn mehr Leute pfeifen.» Mitglieder des Generalrates, die in Deutschland zu Besuch waren und darauf angesprochen wurden, wiederholten dies. Die wirksamste Weise, den

«Vater» zu einem Besuch zu bewegen, sei, wenn viele «pfeifen» würden. 1976 traf ich während der Osterromfahrt im Generalhaus der Vereinigung mit zwei anderen zufällig auf den Generalpräsidenten des Opus Dei, Alvaro del Portillo. Er fragte uns, woher wir kämen. Als wir antworteten, daß wir aus Deutschland seien, sagte er in deutsch: «Ich erwarte sehr viel von Deutschland.» Solche Begegnungen und Aussprüche werden in der Vereinigung weitererzählt und tradiert. Sie stellen für die Mitglieder stets erneut einen Ansporn zum «Proselytismus» dar, um Menschen für die Vereinigung zu gewinnen.

Diejenigen, die mit der Vereinigung in näheren Kontakt gekommen sind und von denen man den Eindruck hat, daß sie den «Geist des Werkes» verstehen und in ihrem «inneren Leben» Fortschritte machen, werden in aller Regel zu einem der «Kreise» eingeladen, die für Nichtmitglieder wöchentlich abgehalten werden. Sie nehmen dann an der sogenannten «Arbeit von St.Raphael» (bzw. von «St. Gabriel», wenn sie bereits verheiratet oder berufstätig sind) teil und werden, wie bereits erwähnt, dem engsten Freundeskreis des Opus Dei zugerechnet.[230]

Die Intensität der Bearbeitung derer, die Mitglieder des Opus Dei werden sollen, wurde ebenfalls schon ausgeführt. Zu den Mitteln der «Arbeit von St.Raphael» gehören auch die sogenannten «Armenbesuche». Diese zu organisieren und dafür Sorge zu tragen, daß sie regelmäßig von den Mitgliedern, die dem gleichen «Zentrum» wie ich angehörten, durchgeführt werden, war einer meiner ersten Aufträge kurz nach meinem Eintritt in das Opus Dei. Unter «Armenbesuchen» werden Besuche bei meist älteren, einsamen Menschen verstanden, die von einem Mitglied der Vereinigung zusammen mit einem «Freund» sei-

[230] vgl. S. 72.

nes Apostolates von Zeit zu Zeit durchgeführt werden sollen. Die älteren Menschen, die besucht werden, wohnen meist in einem Altenheim, mit dessen Leitung vorher Rücksprache genommen wurde. Bisweilen erhält man auch über eine Pfarrei oder einen Bekannten eine Privatadresse. Es ist ein Besuch, zu welchem dem Betreffenden eine Kleinigkeit mitgebracht wird, ein Blumenstrauß, Zigarren oder ähnliches, und der im wesentlichen darin besteht, ein wenig Gesellschaft zu leisten und sich mit dem älteren Menschen zu unterhalten. Das Anliegen, das bei solchen «Armenbesuchen» verfolgt wird, ist im Grunde nur vordergründig sozial oder caritativ. Als ich den Auftrag bekam, die Armenbesuche zu organisieren, wurde mir ausdrücklich gesagt, daß ich dafür Sorge zu tragen hätte, daß jemand in der Regel nur einmal besucht würde und sich daraus kein regelmäßiger Besuchstermin ergebe oder irgendeine Verpflichtung für Mitglieder der Vereinigung erwüchse. «Wir sind kein Sozialverein», wurde mir in diesem und in anderem Zusammenhang gesagt. Der alte Mensch, der da besucht wird, ist letztlich auch nur Mittel zum Zweck; um ihn geht es nur sekundär. Primäres Ziel solcher «Armenbesuche» ist es, die «Betroffenheit» des «Freundes», die ihm aus einem solchen «Armenbesuch» erwächst, zu nutzen und seinen Gesichtskreis von sich und seinen eigenen Belangen weg auf anderes hin zu öffnen. Die Anweisungen der Leiter während der anderthalb Jahre, in denen ich den Auftrag hatte, sowie alle späteren Äußerungen zu diesem Thema legen diesen Schluß nahe.
Die «Armenbesuche» sind Mittel zum Zweck des Apostolates mit dem jeweiligen Freund und werden deshalb auch zu den «Ausbildungsmitteln» gerechnet.
Das Apostolat soll nach den Worten von Escrivá de Balaguer immer ein «Apostolat des Nichtgebens» sein.

«Es ist Art der Menschen, gering zu achten, was wenig kostet. – Das ist der Grund, weshalb ich dir das ‹Apostolat des Nichtgebens› anrate. Unterlasse es nie, den angemessenen und vernünftigen Lohn für die Ausübung deines Berufes zu fordern, wenn dein Beruf Instrument deines Apostolates ist.»[231]

In einem Brief der ehemaligen Numerarierin Petra H. heißt es: «Mit 16 versorgte ich in den Ferienmonaten eine 3-köpfige Kinderschar, so daß die Eltern verreisen konnten. Noch als ich zum Opus Dei kam, fuhr ich öfters nach S., um der Mutter einen Einkaufsnachmittag zu ermöglichen, außerdem war eine nette Freundschaft entstanden, für die Kinder war ich schon eine integrierte Tante. Als Entgelt bekam ich kleinere Geschenke. Im Opus wurde mir jedoch nahegelegt, daß diese *unbezahlte* Zeit nicht lohne und ich meine Kräfte ganz dem Opus widmen solle. Daß ich mit der jungen religiösen Mutter auch Apostolat machte, war zwar gut, aber ihr die Arbeit abnehmen konnte ich nicht mehr. Ich war damals dieser Familie gegenüber beschämt, weil ich nicht mehr, wie bisher, spontan helfen konnte. So verlor ich auch den Kontakt. Dies ist ein typisches Beispiel, wie ‹egoistisch› das Apostolat des Opus Dei ist. Für ein entsprechend hohes Honorar hätte ich vielleicht weiter arbeiten dürfen. Da dies aber nicht möglich war, wurde die Familie fallengelassen. Von einfacher Nächstenliebe kann da wohl kaum noch die Rede sein.» An anderer Stelle schrieb sie dazu: «keine Freiheit: (...) umsonst für jemanden zu arbeiten (ich durfte nicht in einer kinderreichen Familie mit geringem Entgelt, aber auf der ‹ANUGA› -Messe [Allgemeine Nahrungs- und Genußmittelausstellung, K.S.] arbeiten).»
Im Opus Dei gibt es letztlich nichts umsonst. Die Eltern eines Kindes, das einen Jugendclub besucht, werden in

[231] Der Weg, Nr. 979.

aller Regel sehr bald aufgesucht und um einen möglichst hohen Dauerauftrag als Spende gebeten. Das Geld für die Geschenke bei den «Armenbesuchen» wird am Ende eines «Kreises» eingesammelt. Dazu wird ein kleiner Stoffbeutel herumgereicht, in den jeder etwas hineinlegen soll. Die Mitglieder der Vereinigung, die ihrer «Freunde» wegen an einem «Kreis von St. Raphael» teilnehmen, sind angewiesen, möglichst offensichtlich einen recht hohen Geldbetrag in den Beutel zu geben, um den anderen Vorbild zu sein und sie zu motivieren, es ihnen nachzutun. Nach dem «Kreis» wenden sich die Mitglieder an dessen Leiter, sagen ihm, wieviel sie gegeben haben, und erhalten das Geld, das ihnen, die ja alles abgeben müssen, ohnehin nur für notwendige Ausgaben von der Vereinigung zur Verfügung gestellt ist, wieder zurück. Nach dem Einsammeln des Geldes wird der Beutel nicht selten vom Leiter des «Kreises» vor den Teilnehmern ausgeschüttet und gezählt. Die Teilnehmer an einem «Kreis» sollen so zur Großzügigkeit auch in finanziellen Angelegenheiten angeregt werden. Werden Gelder für den Um- oder Neubau eines Hauses der Vereinigung benötigt, so versucht man, die «Jungen von St. Raphael» und die Mitarbeiter dazu anzuhalten, sich an der Spendensuche zu beteiligen.
Das Apostolat mit Gleichaltrigen und Älteren stößt nicht selten auf Schwierigkeiten, da viele nicht bereit sind, sich von ihrem «Freund» in ihrem «inneren Leben» leiten zu lassen. Es wird deshalb versucht, sie auch mit Älteren in Kontakt zu bringen; gelegentliche Gespräche der «Freunde» mit dem Leiter des Hauses und regelmäßiger mit dem Priester sind angestrebt. Vor einem solchen Gespräch oder einer Beichte informieren die Mitglieder den Priester meist über ihre «Freunde» und erzählen, wo Schwierigkeiten bestehen, auf welche Bereiche er eingehen und besonderen Nachdruck legen soll. Nach dem Treffen seines «Freun-

des» mit einem Priester des Opus Dei nimmt ein Mitglied nicht selten mit dem Priester Rücksprache. Dieser gibt dann häufig einige Hinweise, deutet unter Umständen die Bereiche an, auf die in Zukunft der Akzent gelegt werden sollte. Da die «Freunde» oftmals nicht nur mit dem Priester sprechen, sondern auch bei ihm beichten, steht der Priester bei solchen Auskünften immer in der Gefahr, Grenzen zu verwischen. Petra H. schreibt: «Ich habe sehr viel mit den beiden Priestern, Dr. X. und später Dr. Y, über die einzelnen Mädchen nach meiner eigenen Beichte gesprochen. Oder z.B. bevor die Mädchen beichteten, ging ich in den Beichtstuhl, ‹mimte› Beichte, sprach aber in Wirklichkeit nur mit dem Priester. So zum Beispiel: ‹Gleich will Z. bei ihnen beichten. Ich habe sie schon ‹angesprochen›, aber sie hat noch die und die Bedenken, etc.› Priester und Numerarierin arbeiten da eng zusammen. Der Priester verrät natürlich keine Beichtgeheimnisse, aber gibt Tips.»

Ich erinnere mich noch, wie ich mit einem Priester des Jugendclub Feuerstein über einen meiner «Freunde» sprach und der Priester mir sagte, daß er mir wohl nichts Neues verrate, daß dessen Hauptschwierigkeiten auf einem bestimmten Gebiet, das er benannte, lägen. Das war mir bis dahin völlig unbekannt, und ich erschrak sehr, da ich den Eindruck hatte, daß hier etwas zur Sprache gekommen war, was dieser Priester von dem anderen nicht nur aus Gesprächen, sondern auch aus den Beichten wußte. Selbst für den Fall, daß das preisgegebene Wissen «nur» aus einem Gespräch des Priesters mit meinem «Freund» stammen sollte, hatte ich den Eindruck, daß hier Vertrauen massiv verletzt worden war. Um den Priester nicht in Schwierigkeiten oder Gewissensnöte zu bringen, beschloß ich, so zu tun, als sei mir das, was er mir gesagt hatte, längst bekannt gewesen. Ich beschloß außerdem, künftig niemals mehr bei einem «Priester» Auskünfte über «Freunde» einzuholen. Als mich einer meiner späteren «geistlichen Leiter» fragte, ob ich mich schon beim Priester über «Freunde» erkundigt hätte, nachdem sie mit ihm gesprochen oder bei ihm gebeichtet hatten, verneinte ich dies. Ich sagte dem Leiter, daß ich das auch nicht tun wolle, da die Betreffenden ein Recht hätten, darauf vertrauen zu können, daß nichts von dem, was sie einem Priester sagen, an einen anderen weitergetragen werde, und sei es auch nur andeutungsweise. Außerdem stehe eine Auskunft unter Umständen in der Gefahr, das Beichtgeheimnis zu verletzen, da die Betreffenden mit dem Priester nicht nur sprechen, sondern auch bei ihm beichten würden. Der «geistliche Leiter» war über meine Antwort ziemlich überrascht. In Spanien habe er es immer so gehalten, wie er es mir vorgeschlagen hatte, und die Hinweise des Priesters als eine Hilfe für das Apostolat empfunden. Vor allem habe er nie den Eindruck gewonnen, daß das Beichtgeheimnis verletzt worden sei, da es natürlich selbstverständlich sei, daß der Priester nichts von dem, was er aus einer Beichte weiß, erzählt. Einige Tage später kam mein «geistlicher Leiter» nochmals auf unser Gespräch zurück. Ich habe recht gehabt, Erkundigungen beim Priester über bestimmte Personen seien allein den Mitgliedern des «Örtlichen Rates» vorbehalten, und der Priester dürfe natürlich nur dann Auskünfte geben, wenn er nicht durch das Beichtgeheimnis gebunden sei.

Um keinen falschen Eindruck entstehen zu lassen, sei hier ausdrücklich betont, daß keinesfalls behauptet werden soll, daß im Opus Dei das Beichtgeheimnis verletzt wird. Ich habe während meiner Mitgliedschaft auch verschiedentlich miterlebt, wie ein Priester eine Auskunft über jemanden abgelehnt hat. Wohl aber soll mit Nachdruck gesagt werden, daß die Art der Zusammenarbeit mit dem Priester

in der Gefahr steht, Grenzen zu verwischen, und von beiden Seiten – von seiten des Mitgliedes durch Vorinformation des Priesters und von seiten des Priesters durch allgemein gehaltene Hinweise, wenn die Kenntnis dafür auch «nur» aus einem Gespräch stammt – Vertrauen mißbraucht wird. Daran ändert sich auch dadurch nichts, daß dies in unbestreitbar guter Absicht und um eines für gut erachteten Zieles willen geschieht. Wegen seiner, wie mir scheint, besonderen Heikelkeit sei ausdrücklich darauf hingewiesen, daß das hier Gesagte von anderen bezeugt werden kann.
Neben dem «persönlichen Apostolat», das sich vor allem auf Gleichaltrige oder Ältere beziehen soll, niemals auf Personen anderen Geschlechts oder auf Ordensleute, hat jedes Numerariermitglied noch sogenannte «apostolische Aufträge». Bei Schülern oder Studenten beziehen sie sich in der Regel auf Aufgaben in den Jugendclubs oder Studentenheimen: das Abhalten von Clubstunden und Arbeitskreisen, von Katechesen und Bildungkreisen, die Planung oder Durchführung von Fahrten, Wochenenden etc.

Trägervereine apostolischer Einrichtungen

Die Einrichtungen der Vereinigung wie etwa Studentenheime oder Jugendclubs verfolgen primär apostolische Zielsetzungen, deren höchste – obwohl dies von der Vereinigung nach außen hin bestritten wird – die Gewinnung neuer Mitglieder ist. Diese Zielsetzungen sind aus den häufig sehr attraktiven Schuljahrs- oder Semesterprogrammen nicht ersichtlich. Regelmäßige Veranstaltungen wie Katechesen, «Kreise», Betrachtungen, Einkehr- oder Besinnungstage sind dort nicht aufgeführt. Auf den ausführlicheren Programmen findet sich zwar auf der letzten Seite der kleingedruckte Satz, daß die geistliche Leitung oder die Leitung eines Jugendclubs oder Studentenheimes dem «Opus Dei anvertraut» wurde, als Rechtsträger aber ist beispielsweise für den Jugendclub Feuerstein, für das Studentenheim Schweidt (beide in Köln) und das Studentenheim Althaus in Bonn die «Studentische Kulturgemeinschaft e.V.» angegeben; für das Studentinnenheim Müngersdorf in Köln beispielsweise der «Deutsch-Internationale Kulturverein e.V.».

Die «Studentische Kulturgemeinschaft» geht auf eine Initiative von Mitgliedern des Opus Dei zurück. Dem Vorstand der auf ihre Initiative hin gegründeten Kulturgemeinschaft gehören bei einer Mehrheit von Opus-Dei-Mitgliedern auch Nichtmitglieder an, aus deren Reihen auch der Vorsitzende stammt. Nach außen hin wird die «Studentische Kulturgemeinschaft» als ein vom Opus Dei unabhängiger Verein deklariert; der Zusammenhang bestehe lediglich darin, daß die «Studentische Kulturgemeinschaft» die «geistliche Betreuung» oder die Leitung der von ihr unterhaltenen Einrichtungen dem Opus Dei anvertraut. Die Zugehörigkeit von Mitgliedern des Opus Dei in der «Studentischen Kulturgemeinschaft» entspringe ihrer privaten Initiative und sei ihre persönliche Angelegenheit, nicht die der Vereinigung, für welche ja nach den Worten von Escrivá de Balaguer «die *persönliche apostolische Spontaneität* und die freie und verantwortliche, vom Wirken des Heiligen Geistes geleitete Initiative von grundlegender und erstrangiger Bedeutung» seien.[232]

In den von der «Studentischen Kulturgemeinschaft» getragenen Einrichtungen geschieht alles nach den Vorstellungen und dem Willen des Opus Dei. Die Leiter der Jugendclubs und Studentenheime werden von der Kommission

[232] Gespräche, 34; Hervorhebung dort.

ernannt. Kein Programm einer Einrichtung der «Studentischen Kulturgemeinschaft» darf gedruckt werden, ohne daß es vorher von der Kommission gebilligt worden wäre. Da in den Jugendclubs beispielsweise nur Mitglieder des Opus Dei wohnen dürfen, da sie gleichzeitig «Zentren» des Opus Dei sind, geschieht in den Einrichtungen der «Studentischen Kulturgemeinschaft» nichts, was nicht den Plänen, Vorstellungen und Zielen des Opus Dei entspricht oder auf dieses zurückgeht. Die Mitglieder müssen Initiativen und Ideen, die solche Einrichtungen betreffen, vorher mit den Leitern absprechen und von diesen billigen lassen. Kein Nichtmitglied darf ohne Genehmigung der Leiter irgendeine verantwortliche Aufgabe, wie beispielsweise das Abhalten eines Arbeitskreises oder das Mitleiten einer Gruppenstunde, übernehmen. Während meiner Mitgliedschaft im Opus Dei war meines Wissens der für die finanziellen Belange zuständige Sekretär der «Studentischen Kulturgemeinschaft» ein Mitglied der Kommission, das in dieser das Amt des Regionaladministrators innehatte. Die Bewohner eines «Zentrums» des Opus Dei, das von der «Studentischen Kulturgemeinschaft» getragen wird, zahlen an diese monatlich eine (recht hohe) Miete. An die «Studentische Kulturgemeinschaft» gehen auch die Spenden, um die sich die Mitglieder für die von dieser getragenen Einrichtungen bemühen. Die Bescheinigungen für die Spenden, die abzugsfähig sind, werden meist von einem durch den Leiter eines «Zentrums» des Opus Dei beauftragten Mitglied ausgestellt. Die «Studentische Kulturgemeinschaft» oder ein anderer dieser vergleichbarer Verein kaufen oder mieten nur dann ein neues Haus, wenn die Kommission es für erforderlich hält; es gibt keine Einrichtung, deren rechtlicher Träger beispielsweise die «Studentische Kulturgemeinschaft» ist, die nicht auf Wunsch der Landesleitung des Opus Dei in Deutschland entstanden

wäre. Es ist also keineswegs so, wie der Eindruck geweckt wird, daß (beispielsweise) die «Studentische Kulturgemeinschaft» bestimmte Einrichtungen projektiert, um deren Betreuung dann das Opus Dei gebeten würde, sondern umgekehrt: die Kommission des Opus Dei plant ein neues «Zentrum» und beauftragt mit dessen Einrichtung etwa die «Studentische Kulturgemeinschaft». Die Trennung zwischen rechtlicher Trägerschaft durch Vereine mit gleichsam «neutral» klingenden Namen und tatsächlicher Leitung durch das Opus Dei bei den Einrichtungen der Vereinigung erlaubt es dem Opus Dei, im Hintergrund zu bleiben und nach außen hin nur begrenzt in Erscheinung zu treten. Es ermöglicht dem Opus Dei zudem, von sich behaupten zu können, nichts zu besitzen, zeichnet es doch nicht als Eigentümer der Häuser, die beispielsweise die «Studentische Kulturgemeinschaft» besitzt, die jedoch «Zentren» der Vereinigung sind, von den Mitgliedern des Opus Dei bewohnt werden und in denen die Vereinigung arbeitet.
Die dem Vorstand der «Studentischen Kulturgemeinschaft» angehörenden Nichtmitglieder scheinen über die Arbeit des Opus Dei in den vom Verein getragenen Einrichtungen von seiten der Leitung des Opus Dei nur sehr vordergründig informiert zu werden. Dabei stütze ich mich auf folgendes Erlebnis, zu dessen Verständnis etwas weiter ausgeholt werden muß.

Das *«Studentenheim Althaus»* in Bonn war seit einigen Jahren kein Studentenheim mehr, das wie früher männlichen Studierenden, die nicht dem Opus Dei angehören, offenstand. Gleichwohl wurde es im Bonner Telefonbuch und im Vorlesungsverzeichnis weiterhin unter den privaten Studentenheimen aufgeführt. Man versuchte so, nach außen hin den Schein zu wahren, daß alles beim alten geblieben sei. Seit Anfang der siebziger Jahre bis Ende 1982 war das von der Vereinigung initiierte «Studentenheim Althaus» jedoch das «Studienzentrum» des Opus Dei in Deutschland.[233] Das eigentliche Haus des «Studienzentrums», das sogenannte «Althaus II», war dabei ein von dem ehemaligen «Studentenheim Althaus» (Althaus I) aus nicht zu sehendes, aber durch einen Hintergarten erreichbares Haus, das von Nichtmitgliedern in der Regel nicht betreten werden durfte. Hier wohnten die Mitglieder des «Studienzentrums». Im einstigen Studentenheim, Althaus I, wohnten nur wenige Mitglieder der Vereinigung [234], Nichtmitglieder durften im «Althaus I» lediglich vorübergehend während Tagungen, die von den verschiedenen «Zentren» des Opus Dei in Deutschland dort vornehmlich an Wochenenden durchgeführt werden, wohnen. Im «Althaus I» wurde auch die Arbeit mit Studenten durchgeführt, fanden Arbeitskreise, Vorträge und Konzertabende ebenso statt wie Betrachtungen, Einkehr- und Besinnungstage, Bildungskreise usw. Im Keller des «Studentenheim Althaus» ist ein Jugendclub mit Namen «Linie 15» beherbergt. Die Betreuung der Studentenarbeit und der Arbeit des Jugendclubs zählte in der Regel zu den «apostolischen Aufträgen» der jeweiligen Mitglieder des «Studienzentrums» und wurde hauptsächlich von diesen wahrgenommen. Außerdem halfen auch die vornehmlich aus der Arbeit des Jugendclubs, gelegentlich aber auch aus der Arbeit mit Studenten hervorgegangenen Mitglieder, die noch nicht in einem «Zentrum» der Vereinigung wohnten, mit.

Da das «Studentenheim Althaus» im Telefonbuch und im Vorlesungsverzeichnis weiterhin aufgeführt war, kam es häufig vor, daß Studenten anfragten, ob sie dort ein Zimmer bekommen könnten. Ihnen wurde gesagt, daß dies nicht möglich sei, da es eine lange Warteliste gäbe und für die nächsten drei Jahre schon alles ausgebucht sei. Einmal kam beispielsweise ein Student, der sagte, er habe sich vor drei Jahren auf die Warteliste setzen lassen

[233] Ende 1982 wurde das deutsche «Studienzentrum» von Bonn nach Köln verlegt.

[234] Während meiner Zeit im «Studienzentrum» wohnten im «Althaus I» zwei Priester der Vereinigung, ein berufstätiges Mitglied und die beiden stellvertretenden Leiter des «Studienzentrums».

und möchte nun zum nächsten Semester im «Althaus» ein Zimmer beziehen. Der Numerarier, der gerade Türdienst und ihm geöffnet hatte, fragte ihn, ob er die schriftliche Bescheinigung, daß er auf der Warteliste stehe, bei sich habe. Der Zimmersuchende verneinte erstaunt, eine solche Bescheinigung habe er nie erhalten (sie wurde auch niemals ausgestellt). Mit der Bemerkung, daß er dann auch leider nicht auf der Warteliste stände, wurde er unverrichteter Dinge weggeschickt. Die Mitglieder erzählten sich solche und ähnliche Begebenheiten; man lachte darüber.

Daß das ehemalige «Studentenheim Althaus» seit Jahren Nichtmitgliedern nicht mehr als Wohnheim offenstand, schien dem Vorsitzenden der «Studentischen Kulturgemeinschaft» nicht bekannt zu sein. 1979 bemühte sich ein in Bonn studierender naher Verwandter des Vorsitzenden um einen Platz im «Studentenheim Althaus». Er wurde mit den üblichen Methoden abgewiesen. Wenig später rief der Vorsitzende beim damaligen Leiter des «Studienzentrums» an, um nachzufragen, ob da denn wirklich nichts möglich sei. Auch dieser Vorgang gereichte denjenigen Mitgliedern, die davon wußten, zur Erheiterung.

Das apostolische Wirken des Opus Dei in der Diskussion (an den Beispielen Jülich und Zürich)

Jülich

Vielfach wurde die Vermutung geäußert, daß es sich bei der «Fördergemeinschaft für Schulen in freier Trägerschaft e. V.», die 1971 die Trägerschaft des bis dahin von Franziskanerinnen geleiteten Jülicher Mädchengymnasiums St.-Josefs-Schule übernahm, um einen letztlich vom Opus Dei geführten Verein handele. Das Opus Dei wie die «Fördergemeinschaft» bestreiten dies. In einem Interview mit der Jülicher Volkszeitung betonte eine der Leiterinnen des 1979 in Jülich eingerichteten, vom «Deutsch-Internationalen Kulturverein» getragenen «Forum für Bildung und Kultur», dessen geistliche Bildungsarbeit dem Opus Dei anvertraut ist, Maria-Theresia Schieren, die hauptberuflich als Lehrerin am Jülicher Mädchengymnasium St.-Josefs-Schule tätig ist: es treffe nicht zu, daß die St.-Josefs-Schule vom Opus Dei geleitet werde. «So gehören weder die Direktorin noch irgendeiner der Studiendirektoren dem ‹Opus Dei› an. Verantwortlich für die Orientierung des Gymnasiums ist die Leitung der Schule zusammen mit dem Träger, also hier mit der Fördergemeinschaft für Schulen in freier Trägerschaft.» Die Fördergemeinschaft sei «durch die Initiative von Eltern und Pädagogen entstanden, die den Wunsch hatten, ein Erziehungsmodell zu entwickeln, in dem die Verantwortung der Eltern die erste Stelle einnimmt. Der Kern der Initiatoren bestand aus Mitgliedern und Freunden des ‹Opus Dei›. Die Leitung des Vereins aber hängt von Vorstand und Mitgliederversammlung ab; Vorsitzender ist der Aachener Oberbürgermeister Malangré, Geschäftsführer Studienrat Hennert.»[235] Beide sind Mitglieder des Opus Dei, letzterer bekleidet seit vielen Jahren verantwortliche Ämter in der Kommission des Opus Dei in Deutschland. Zu dem Interview, aus dem hier nur ein kleiner Teil zitiert wurde, schrieben Bernd und Ingrid Stauch in einem Leserbrief: «(...) Die Behauptung, das Jülicher Mädchengymnasium werde nicht vom ‹Opus Dei› geleitet, erscheint uns fadenscheinig. Wenn Initiatoren des ‹Vereins zur Förderung von Schulen in freier Trägerschaft› Mitglieder und Freunde des ‹Opus Dei› sind und der Vorsitzende dieses Vereins das ‹Opus Dei›-Mitglied M.d.e.P. Malangré ist, steht die Schule zumindest unter einem gewissen Einfluß des ‹Opus Dei›.(...)»[236] Auf diesen Leserbrief antwortete der Opus-Dei-Priester Jürgen Eberle in einem Leserbrief: «(...) Einfluß und Engagement von Freunden und Mitgliedern des Opus Dei unter anderem in der Fördergemeinschaft für Schulen in freier Trägerschaft e.V. sind hinreichend bekannt und im Interview dargelegt worden. Die Objektivität und gerechte Wertung leidet jedoch, wenn positiver Einsatz und Bereitschaft von einzelnen Christen zum Engagement in diesen oder anderen Bereichen der Unlauterkeit verdächtigt und so insgeheim ‹madig›

[235] W. Prell: Jülicher Volkszeitung, 14. 11. 1980.
[236] B. u. I. Stauch, Leserbrief: Jülicher Volkszeitung, 19. 11. 1980.

gemacht werden sollen. Es gibt viele erzieherische Initiativen in allen Teilen der Welt, deren Bildungsarbeit vom Opus Dei geleitet wird, genauso wie es im Jülicher Forum für Bildung und Kultur der Fall ist; aber dies ist beim Mädchengymnasium nun einmal nicht der Fall, da die Schulleitung nicht Mitgliedern des Opus Dei untersteht. (...)»[237]

Zu einem am 10. 2. 1981 in den Jülicher Nachrichten erschienenen Artikel, der sich mit der St.-Josefs-Schule befaßte, «Beruflicher Abschluß und Abitur zur gleichen Zeit? Aufnahme von Jungen kommt nicht in Frage», schrieb Marianne Kemmerling in einem Leserbrief: «Was in diesem Artikel gesagt wird, hat doch nichts mit dem Erziehungsauftrag am christlichen Menschenbild und der katholischen Glaubens- und Sittenlehre zu tun. Es sind vielmehr Vorstellungen und Vorschriften von Opus Dei. Warum aber bleibt das unerwähnt? Die Fördergemeinschaft des Jülicher Mädchengymnasiums steht Opus Dei nahe. Auch die St.-Josefs-Schule Jülich wird im Sinne dieser Laienorganisation geführt. Die religiöse Unterrichtung erfolgt durch drei Opus-Dei-Priester. Der Nachwuchs ist also stets zur Hand. Sollte allerdings der Bericht der ‹Times› vom 12. Januar 1981 (‹The Times Profile of Opus Dei›) den Tatsachen entsprechen, erübrigt sich meine oben angeführte Frage. In diesem Tatsachenbericht ist unter anderem die Rede von Gelöbnissen und Selbstkasteiungen, ferner von der Anordnung, sich nur einem Mitglied von Opus Dei anzuvertrauen. Damit würde eindeutig die Beziehung zur Familie, zu Freunden und den Priestern der Heimatpfarre unterbunden. Das Aufnahmealter für das Opus Dei beträgt übrigens 14 Jahre. (...)»[238]

Auf diesen Leserbrief antwortete Peter Nieveler, Studiendirektor am Mädchengymnasium Jülich: «Was macht man mit jemandem, der das kleine Einmaleins nicht kennt, es auch nicht lernen will, aber dennoch behauptet, 5 × 5 sei 26? – Um der Sachlichkeit willen muß man wohl immer neu versuchen, der Wahrheit zu ihrem Recht zu verhelfen. Diese Gedanken kamen mir, als ich

[237] J. Eberle, Leserbrief: Jülicher Volkszeitung, 13. 12. 1980.
[238] M. Kemmerling, Leserbrief: Jülicher Nachrichten, 12. 2. 1981.

den Leserbrief von Frau M. Kemmerling zu den Verhältnissen am Jülicher Mädchengymnasium (...) las. Seit nunmehr zehn Jahren bemüht sich die Schule, alle scheinbaren Unklarheiten über ihre Beziehungen zum ‹Opus dei› auszuräumen. Durch Veröffentlichungen in den Jülicher Tageszeitungen, im Schulprospekt, im Jahrbuch des Kreises Düren und zuletzt noch in ‹aktuell›, einem für die Eltern der Schülerinnen von Lehrern, Schülerinnen und Eltern redigierten Blatt, wurden und werden Wesen und Ziele des ‹Opus dei› wie auch sein Einfluß auf die Schule ausführlich dargestellt. Schulöffentliche Gespräche mit Lehrern, Eltern und Schülerinnen in einzelnen Klassen und in der Schulgemeinde finden laufend auch zum Thema ‹Opus dei› statt. Und da sagt jemand, man lasse das Thema unerwähnt.» Dem von der Verfasserin des Leserbriefes beanstandeten Artikel sei ein Pressegespräch vorausgegangen, in dem auch das Thema «Opus Dei» keineswegs ausgespart worden sei. Daß der verantwortliche Redakteur es nicht erwähnt habe, liege wohl daran, daß ihm «schon lange alles klar» gewesen sei. Frau Kemmerling habe in ihrem Leserbrief unterschwellig behauptet, «das ‹Opus dei› sei keine katholische Institution! Nur haben es alle Päpste seit Pius XII. immer wieder anerkannt und ihm seine Hochachtung ausgesprochen. Man könne mit 14 Jahren eintreten, sagt Frau Kemmerling, wohl in der Annahme, durch laute Behauptung werde Unwahres wahr: Man kann erst mit 21 Jahren eintreten, keinen Tag früher! (...)»[239] Am gleichen Tag erschien in den Jülicher Nachrichten ein von Jutta Rehmke, Helene Jörres und Angela Nieveler, Schülerinnen des Jülicher Mädchengymnasiums, gemeinsam verfaßter Leserbrief: «(...) Richtig ist, daß der katholische Religionsunterricht von Geistlichen des ‹Opus dei› erteilt wird und auch sonst einige wenige Lehrkräfte dieser Laienorganisation angehören. Wir wehren uns allerdings entschieden gegen die in der Jülicher Öffentlichkeit verbreitete Meinung, die Erziehung sei ausschließlich dem ‹Opus dei› anvertraut und von dessen Grundsätzen geprägt. In fast neunjähriger Schulzeit fühlten wir

[239] P. Nieveler, Leserbrief: Jülicher Nachrichten, 14. 2. 1981.
[240] J. Rehmke, H. Jörres, A. Nieveler, Leserbrief: Jülicher Nachrichten, 14. 2. 1981.

uns zu keinem Zeitpunkt in irgendeiner Form von Mitgliedern dieser Organisation ‹bedrängt›. (...)»[240]

Die Mutter einer ehemaligen Schülerin des Mädchengymnasiums schrieb: «Mit Interesse verfolgte ich die Leserbriefe zu ‹Opus Dei› am Jülicher Mädchengymnasium. Wenn ich auch zu den derzeitigen Verhältnissen keine Stellung nehmen kann, so doch zu den vergangenen. Meine Tochter kam als evangelische Schülerin mit den katholischen Schwestern gut zurecht. Als dann die Schule in ‹Freie Trägerschaft› übernommen wurde, ja selbst, als drei tüchtige und sehr beliebte Lehrerinnen, die in ihrer Klasse unterrichteten, abgehen mußten, ahnte ich nichts vom Wechsel der geistigen Haltung des Gymnasiums. Entgegen jetziger Behauptungen wurden zumindest damals die Eltern nicht davon in Kenntnis gesetzt, daß hinter dieser ‹Freien Trägerschaft› das ‹Opus Dei› – eine katholische Vereinigung steht ‹mit dem Ziel, ihre Mitglieder zu christlicher Vollkommenheit inmitten der Welt zu führen. Sie kommen zum Opus Dei in der Absicht, sich religiös bilden zu lassen und die notwendigen asketischen Mittel anzuwenden, um so in ihrer Tätigkeit eine Gelegenheit und ein Mittel der Heiligung zu finden› (John F. Coverdale). Und dieses Gedankengut beherrscht seit zehn Jahren die St.-Josefs-Schule. Es nimmt sich – zumindest in seiner Handhabung – gegenüber der modernen Erziehung der Salesianer (Gymnasium Haus Overbach, das einer meiner Söhne von Quinta bis zum Abitur besuchte) direkt sektiererisch und pharisäisch aus. Dazu muß man bedenken, daß Kinder in der Pubertät zum Beispiel oft schwankendem Rohr im Winde gleichen und in dieser modernen Welt ohnehin viel zu viel zu verdauen haben. (...) So gehen oft gerade junge Menschen mit wertvollen Anlagen der menschlichen Gemeinschaft verloren, weil man ihre Entfaltung manipuliert oder beeinträchtigt hat. Und diese menschliche Entfaltung war zumindest in den ersten fünf Jahren des Wirkens von Opus Dei an der St.-Josefs-Schule nicht gegeben. Entgegen aller gedruckten Thesen und mündlichen Beteuerungen gewann ich den Eindruck, daß die oft zitierte Menschenliebe nur den Anhängern vorbehalten war, die sich den Zielen von Opus Dei geneigt zeigten. Ansonsten stellte ich fest, daß der Begriff der Toleranz eine äußerst untergeordnete Rolle spielte, da auf die anderen – zumindest psychologisch – negativer Einfluß auf die Leistungen ausgeübt wurde. (...)»[241]

Auf den oben zitierten Leserbrief von Peter Nieveler antwortete Ingrid Stauch: «Der (...) Leserbrief von Herrn Dr. Nieveler bestärkt mich in meiner Meinung über die Beziehungen der St.-Josefs-Schule zum Opus Dei. Probleme werden nicht kleiner, wenn man sie nicht sehen will oder vor ihnen die Augen verschließt! Stimmt es etwa nicht,

- daß Schülerinnen durch die Tätigkeit von Opus-Dei-Lehrpersonen am St.-Josef-Mädchengymnasium zum Besuch des ‹Forums für Bildung und Kultur› animiert werden?
- daß diese Mädchen im ‹Forum für Bildung und Kultur› systematisch bearbeitet werden, um sie dann dem Opus Dei in die Arme zu treiben?
- daß bereits 14- bis 15jährige Mädchen, die davon überzeugt werden, dem Opus Dei beizutreten, einen Brief an den Generalpräsidenten des Opus Dei in Rom schreiben, in welchem sie sich verpflichten, ein Leben als Numerarierin (ehelos) zu leben?
- daß minderjährige ‹Novizinnen› des Opus Dei (wenn Dr. Nieveler diese Bezeichnung erlaubt, – das endgültige Gelöbnis [Fidelitas] wird mit 21 Jahren gesprochen) mit theologischen Problemen belastet werden, die sie nicht verarbeiten können?
- daß viele mündige Christen und auch Theologen den Aktivitäten des Opus Dei äußerst kritisch gegenüberstehen?
- daß die Selbstdarstellungen und Informationen des Opus Dei mehr verschleiern und umschreiben als aufklären?

Vielleicht ist Herr Dr. Nieveler in der Lage, mir eine Familie in Jülich zu nennen, die glücklich über die Mitgliedschaft ihres Kindes im Opus Dei ist? – Ich kann ihm mehr als ein Gegenbeispiel bringen. (...)»[242]Die Leserbriefdiskussion setzte sich noch über Wochen fort.[243]

[241] R. Schenk, Leserbrief: Jülicher Nachrichten, 17. 2. 1981.

[242] I. Stauch, Leserbrief: Jülicher Nachrichten, 18. 2. 1981.

[243] vgl. G. Jülicher, Leserbrief: ebd. 19. 2. 1981; H. Jordans, Leserbrief: ebd. 20. 2. 1981; N. Schiffer, Leserbrief: ebd. 21. 2. 1981; W. Faul, Leserbrief: ebd. 23. 2. 1981; G. Baumsteiger, Leserbrief: ebd. 24. 2. 1981; P. Nieveler, Leserbrief: ebd. 24. 2. 1981; L. Böhme, Leserbrief: ebd. 24. 2. 1981; M.Dürbaum, Leserbrief: ebd. 25. 2. 1981; I. Stauch, M. Kemmerling, E. Drehsen, Leserbrief: ebd. 26. 2.

Die ehemalige Numerarierin Susanne I. schreibt zu den institutionellen Verflechtungen in Zusammenhang mit dem Opus Dei in Jülich: «Parallel zur Tätigkeit am Jülicher Mädchengymnasium baute das Opus Dei in Jülich auch eine Organisation auf, die zunächst mit dem Mädchenclub ‹Omnibus› begann. Später erwarb der ‹Jülicher Verein für Volksbildung›, dem auch die Schulleitung des Mädchengymnasiums angehört, das Gebäude der ehemaligen Landeszentralbank Jülich, in welchem sich heute das ‹Forum für Bildung und Kultur› befindet. Verantwortlich für das ‹Forum› ist der ‹Deutsch-Internationale Kulturverein›.» Die «Fördergemeinschaft für Schulen in freier Trägerschaft e. V.» ist seit einigen Jahren um die Einrichtung eines von ihr getragenen Jungengymnasiums im Raum Düsseldorf bemüht.

Zürich

Das «diskrete Apostolat» von Mitgliedern des Opus Dei wurde 1979 in Zürich zum Gegenstand scharfer Kritik an der Vereinigung und heftiger Diskussionen, die vor allem durch einen im Januar des Jahres erschienenen Artikel in der «Neuen Zürcher Zeitung» öffentlich wurde[244]. Im Zentrum der Kritik und Diskussion stand die Unterrichtstätigkeit von vier Religionslehrern – Mitglieder des Opus Dei, darunter zwei Priester der Vereinigung – an verschiedenen kantonalen Mittelschulen. Das apostolische Wirken dieser Religionslehrer gereiche – so die «Neue Zürcher Zeitung» – «keineswegs zur Erbauung ihrer nicht gleichgesinnten katholischen Kollegen, von denen einer die vorab an den Kantonsschulen Oerlikon, Wiedikon und dem Mathematisch-naturwissenschaftlichen Gymnasium Rämibühl geübten Methoden rundweg als ‹psychischen Terror› bezeichnet. Der Religions-

1981; M. Bischoff, I. Classen, A. DeCauwer, Leserbrief: ebd. 26. 2. 1981; D. Weiler, T. Schmidt, Leserbrief: ebd. 26. 2. 1981; K. Grohmann, Leserbrief: Jülicher Volkszeitung, 27. 2. 1981; M. Kemmerling, I. Stauch, E. Drehsen, Leserbrief: ebd. 27. 2. 1981; E. Drehsen, N.-M. Gläser, Leserbrief: Jülicher Nachrichten, 10. 3. 1981; M. Weiss, Leserbrief: ebd. 11. 3. 1981; G. Baumsteiger, Leserbrief: ebd. 11. 3. 1981; R. Zimmermann, Leserbrief: ebd. 14. 3. 1981; M. Fiedler, P. Nieveler, B. Schopen, Leserbrief: ebd. 19. 3. 1981; D. Simons, Leserbrief: ebd. 21. 3. 1981.

244 Das Wirken des Opus Dei in Zürich: Neue Zürcher Zeitung, 13. / 14. 1. 1979, 25.

unterricht auf der unteren Gymnasialstufe werde von Opus-Dei-Mitgliedern benützt, um den Kindern schwere Sünden- und Schuldkomplexe zu schaffen, um Druck auszuüben, damit diese Kinder – zum Teil während der Religionsstunden – bei ihren Lehrern Beichte ablegen, und schließlich, um für die Opus-Dei-Häuser mit freigiebig verteiltem Prospektmaterial Propaganda zu machen; so lautet die *Kritik* eines katholischen Zürcher Religionslehrers. Die *Zusammenarbeit* im Koordinationsorgan der Religionslehrerkonferenz werde seit Jahren durch das Nichterscheinen der Opus-Dei-Mitglieder verunmöglicht. Vollends unzulässig ist nach Ansicht dieses Gewährsmanns die Durchführung von ‹Studientechniktreffen› in Opus-Dei-Häusern, für die mit Prospekten und in Briefen an die Eltern geworben wird. Dabei fehlt nicht nur der Hinweis auf das Opus Dei als Veranstalter und Träger dieses Foyers – die Kurse werden in der Regel von schulfremden, mit der spezifischen Mittelschulmethodik nicht vertrauten Personen erteilt. Diese Einmischung in die Belange der Lernmethodik der Kantonsschulen, die zudem als ‹Deckmantel für eine vehemente religiöse Beeinflussung› diene, stieß denn auch auf *Widerstand:* Für seine Eigenwerbung darf das Opus Dei nicht mehr die Schülerkarteien der Rektorate benützen und sich nicht mehr auf deren Einverständnis berufen. Inzwischen soll aber, wie ein Geistlicher erklärte, die ‹Werbestufe nach unten verlegt› worden sein: Opus-Dei-Mitglieder erhalten nun die Adressen aller katholischen Sechstklassprimarschüler von den Pfarreien und werben bereits unter diesen für ihre zahlreichen Treffen und Lager im In- und Ausland.»[245] Eingangs war in dem zitierten Artikel das Wesen und Wirken des Opus Dei und seiner Mitglieder als «undurchsichtig» bezeichnet worden: «Im Zürcher Telefonbuch beispielsweise existiert das Opus Dei nicht, obwohl es in einer Villa an der Restelbergstraße, wo einige seiner Angehörigen wohnen, über ein ‹Informationsbüro› verfügt. Das Studentenheim an der Ackermannstraße, das Studentinnenheim Sonnegg und der Jugendklub Goldbrunnen sind hingegen unter der Bezeichnung ‹Kulturgemeinschaft Arbor› zu finden, der Jugend-

[245] ebd.; Hervorhebungen dort.

klub Allenmoos in der Nähe der Kantonsschule Oerlikon sogar nur unter dem Namen seines Leiters, Dr. Peter Kopa. Zu den ‹Werken› des Opus Dei auf dem Platz Zürich ist ferner die Limmat-Stiftung zu zählen, die unter anderem pädagogische Projekte im In- und Ausland fördert und in deren 1975 erworbenen Hotel Tschudiwies in Flims [Flums, K. S.] zahlreiche Lager und Veranstaltungen des Opus Dei für Mittelschüler stattfinden. Ende 1974 betrug das Stiftungsvermögen rund neun Millionen Franken.»[246] Zur Tätigkeit der Opus-Dei-Religionslehrer an Zürcher Mittelschulen gab das «Generalvikariat für den Kanton Zürich» in einer in der «Neuen Zürcher Zeitung» veröffentlichten Stellungnahme zu bedenken, daß «der Vorwurf der Manipulation der Schüler durch die Mitglieder des Opus Dei (...) nicht unbestritten» sei und einer «genaueren Abklärung bedürfe». «Es sind die Stimmen jener Eltern ebenso ernst zu nehmen, welche diesen Vorwurf erheben, wie derjenigen, die ihn auf Grund der Erfahrungen mit ihren Kindern bestreiten.» Bislang seien als Reaktion auf den Artikel der «Neuen Zürcher Zeitung» beim Generalvikariat für den Kanton Zürich nur solche «schriftlichen Meinungsäußerungen eingegangen, die sich positiv zur Arbeit des Opus Dei stellen». Was die katholische Mittelschulseelsorge anbelangt, so werde sie durch «verschiedene haupt- und nebenamtliche Theologen, Priester des Bistums Chur und aus dem Dominikanerorden, Pastoralassistenten (also voll ausgebildete Theologen ohne Priesterweihe) und Mitglieder des Opus Dei» wahrgenommen. «Wie im übrigen kirchlichen Leben» dürfe auch in der Seelsorge an den Mittelschulen «ein gesunder Pluralismus zum Tragen kommen. Die kirchlichen Behörden respektieren bewußt die Freiheit der Unterrichtenden in der Methodenwahl, wie es der Tradition der Mittelschulen entspricht. Alle Möglichkeiten, welche dem Schüler zu erfahrbarem Glauben und erlebter Gemeinschaft hinführen, finden Platz in diesem Konzept. Es wird vorausgesetzt, daß die Erkenntnisse der neueren Religionspädagogik ernst genommen werden, und es wäre

[246] ebd.; zur «Kulturgemeinschaft Arbor» und zur «Limmat-Stiftung» vgl. auch U. Haldimann, Opus Dei – die heilige Mafia: J. Fischknecht u. a., Die unheimlichen Patrioten, 346–349; 351–353.

ein großer Verlust, wenn der Pluralismus in diesem Sektor der Seelsorge verlorengehen müßte.»[247] An gleicher Stelle erschien auch eine Stellungnahme von drei Religionslehrern, in der sie die Übereinstimmung des in dem Artikel «Wirken des Opus Dei in Zürich» Ausgesagten mit ihren eigenen Erfahrungen betonten, zugleich aber zu bedenken gaben, daß die «Vertreter des Opus Dei in der katholischen Mittelschulseelsorge» eine Minderheit darstellten, so daß das «Wirken des Opus Dei im Bereich der Mittelschulen» von daher nicht zu hoch bewertet werden dürfe. Dieses sei zwar «seit langer Zeit Gegenstand heftiger Auseinandersetzungen in der Religionslehrerkonferenz», stelle aber keineswegs «das einzige Problem in der Mittelschulseelsorge dar».[248] Am 10. Februar 1979 veröffentlichte die «Neue Zürcher Zeitung» eine «Entgegnung eines Opus-Dei-Religionslehrers», eine «Stellungnahme der Katholischen Religionslehrerkonferenz» sowie ausgewählte «Zuschriften von Eltern und ehemaligen Schülern». Der Opus-Dei-Religionslehrer Hansruedi Freitag, der sich als den «in erster Linie angesprochenen Religionslehrer» bezeichnete, hob in seiner Stellungnahme hervor, daß er im Lauf seiner nunmehr fünfzehn Jahre währenden Tätigkeit als Religionslehrer an verschiedenen Mittelschulen niemals «Probleme mit irgendeinem der Rektorate» gehabt habe. «Ich hatte auch nie Probleme mit den Jugendlichen, sehr selten mit Eltern.» Er sei sich bewußt, daß auch er Fehler mache, und dankbar, «wenn man mir sie auf christliche Art sagt.» Auftragsgemäß habe er «im Religionsunterricht die Lehre der katholischen Kirche erklärt, nicht mehr und nicht weniger. Wenn ich irgendetwas anderes vorgetragen habe, soll man es mir beweisen. Wenn aber der Verfasser des Artikels diese Lehre (z.B. über die Notwendigkeit des Buß-Sakramentes) als psychischen Terror bezeichnet, soll ihm bewußt sein, was er tut. Was im Artikel letztlich angegriffen wird, ist die Lehre der katholischen Kirche, wenn auch am Beispiel einer Institution (des Opus Dei), die dieser Lehre treu sein will.»[249]

[247] Diskussion um einen «NZZ»-Artikel: Neue Züricher Zeitung, 21./22.1.1979, 23

[248] R. Bezjak, T. Brühlmann, V. Hofstetter, ebd.

[249] Auseinandersetzung um den katholischen Religionsunterricht an Mittelschulen: Neue Zürcher Zeitung, 10. 2. 1979, 9.

Die Religionslehrerkonferenz sprach in ihrer Stellungnahme ihr Bedauern aus, «daß dieser Konflikt nun in der Öffentlichkeit ausgetragen wird.» Die Konferenz betonte, daß sie Wert darauf lege, «festzuhalten, daß der zur Diskussion stehende Konflikt weit größere Auswirkungen haben könnte, als dies Außenstehenden scheinen mag.» Die «in jahrelanger Kleinarbeit aufgebaute katholische Mittelschulseelsorge», das an vielen Schulen erreichte «gute Einvernehmen» und die «positive Zusammenarbeit mit den Schulleitungen» sei nun bedroht. Das «Wirken des Opus Dei» störe «dieses Einvernehmen empfindlich.» Die Konferenz führt dazu in ihrer Stellungnahme aus, daß Schwierigkeiten in erster Linie an jenen Schulen entstanden seien, «an denen Mitglieder des Opus Dei unterrichteten. So mußte z.B. an der Kantonsschule Wiedikon das Rektorat eingreifen, nachdem Eltern sich empört gegen die versteckte religiöse Beeinflussung ihrer Kinder gewehrt und sich bei der Schulleitung beschwert hatten. Im Lehrkörper der Kantonsschule Oerlikon haben der Unterricht und die dort praktizierten Methoden der Opus-Dei-Mitglieder zu heftigen Unruhen und Auseinandersetzungen Anlaß gegeben. Ist es ein Zufall, daß sich zwei der vom ‹Werk› geführten Jugendhäuser in der Nähe dieser Schulen befinden? An einer anderen Schule mußten Mitarbeiter des Opus Dei mit einem scharfen Verweis des Rektors darauf aufmerksam gemacht werden, daß sie sich mit angebotenen Lerntrainingskursen, versehen mit vorgetäuschter Einstimmung des Rektorates in ihnen nicht zustehende Bereiche der Schule einmischen.»[250]

In einer Elternzuschrift heißt es: «Was mich an den kritisierten Religionslehrern stört, ist die *mangelnde Wahrhaftigkeit.* Ich kann nur bestätigen, daß die Durchführung von Studientechniktreffen nicht nur die kameradschaftliche Hilfe in schulischen Belangen bezweckt, sondern der Gewinnung für das Gedankengut der Opus-Dei-Bewegung dient.»[251] Ein ehemaliger Schüler schrieb: «Bereits in der ersten Gymnasialklasse wurden wir in die Studentenheime des Opus Dei eingeladen; angeblich sollte uns bei

[250] Stellungnahme der katholischen Religionslehrerkonferenz, a.a.O.
[251] Leserbrief von tr., a.a.O.; Hervorhebung dort.

Schularbeiten und arbeitstechnischen Problemen geholfen werden. Aber von dieser Hilfe spürten wir sehr wenig; vielmehr bekamen wir alle einen Studenten zugeteilt, der unsere Lebensziele aufstellen sollte und über unsere Moral wachte. Im Religionsunterricht, an Weekends und in Lagern, die von diesen Studentenhäusern organisiert wurden, entstand schließlich eine Art Abhängigkeit: man hatte uns überzeugt, daß wir arme Sünder auf dem Holzweg seien. Die einzige Rettung für uns bestehe darin, die ganze Opus-Dei-Weltanschauung zu übernehmen und sie zu befolgen. (...) Es fällt auf, daß das Opus Dei, ähnlich wie politisch extreme Gruppierungen, selten als geschlossene Organisation auftritt. Es arbeitet immer nur im Untergrund und unterstützt hintendurch Religionslehrer und Studentenheime, die Lager und Ausflüge organisieren. So erfahren Eltern und Schüler nie, wer genau hinter solchen Veranstaltungen steckt, außer sie haben schon selbst die Erfahrung gemacht.»[252]

In einem anderen Leserbrief, aus dem schon in Zusammenhang mit der internen Zensur zitiert wurde, schrieb eine ehemalige Schülerin: «In meiner ehemaligen Klasse in der Mittelschule waren rund die Hälfte der Schülerinnen bei der Organisation des Opus Dei aktiv tätig. Sobald eine Schülerin dort dazugehörte, hörte der Kontakt zu den anderen Mitschülerinnen auf, missionarische Tätigkeit ausgenommen. Diese Absonderung geschah durchaus nicht immer aus innerer Überzeugung und freiem Willen, auf den sich das Opus Dei so gerne beruft, sondern auf Anweisung der Organisation. Im Falle der Schülerin W., die in einem Wohnheim des Opus Dei lebte, war der Organisation sogar der Kontakt zur leiblichen Schwester unerwünscht und wurde verboten. Die beiden mußten sich im geheimen treffen. Später konnte sich W. dank der Hilfe der Schwester vom Opus Dei lösen. Sie erzählte uns, die Organisation habe sie bis zum letzten Moment unter Druck gesetzt, um ihren Austritt zu verhindern. (...)» Weiter heißt es in dem Leserbrief: «Es kam vor, daß die Eltern der Betroffenen mit dieser ausschließlichen Bindung ihrer Kinder nicht einverstanden waren. Auch kollidierten manch-

[252] L. Pedrocchi, Leserbrief a.a.O.

mal religiöse Pflichten (z.B. Pilgerfahrten nach Einsiedeln, tägliche Gebetsstunden) mit dem Stundenplan der Schule. In solchen Fällen unterstützte das Opus Dei die Lügen und Ausflüchte der Mädchen gegenüber ihren Eltern und der Schule. Gewissensbisse den Eltern gegenüber wurden unterdrückt, überhaupt mußten alle familiären Beziehungen den Vereinszwecken rücksichtslos untergeordnet werden. Das Opus Dei nennt sich christlich. Seinen Anhängern, die wir kennen, brachte es die Kontaktlosigkeit zu allen Menschen außerhalb des Opus Dei und eine fast totale Abhängigkeit von der Organisation. Uns andere Schülerinnen hat das Wirken des Opus Dei sehr traurig gemacht. Traurig, weil uns die Mitglieder sehr leid taten und jetzt noch tun, traurig, weil das Opus Dei eine Atmosphäre der Verlogenheit in unsere Klasse brachte, und traurig darüber, daß so etwas unter dem Vorwand des Christentums möglich ist.»[253]

Die Opus-Dei-Religionslehrer wurden in ihrer Tätigkeit an den kantonalen Mittelschulen eingestellt. Am 15. März 1979 druckte die «Neue Zürcher Zeitung» eine entsprechende Mitteilung des Generalvikariates für den Kanton Zürich und der Römisch-Katholischen Zentralkommission des Kantons Zürich ab: «Da die zur Erteilung katholischen Religionsunterrichtes an den Zürcher Mittelschulen beauftragten drei Mitglieder des Opus Dei trotz wiederholter Aufforderung nicht bereit waren, die in der Öffentlichkeit gegen sie erhobenen Vorwürfe mit den zuständigen katholischen Stellen zu besprechen, und weil sich eine Zusammenarbeit der Opus-Dei-Mitglieder mit den übrigen 15 Religionslehrern als unmöglich erwiesen hat, sehen sich das Generalvikariat und die Zentralkommission gezwungen, die Religionslehrer aus dem Opus Dei auf Ende Schuljahr 1978/79 in ihrer Tätigkeit einzustellen.»[254]

Ein Jahr nach der Kontroverse um das Wirken der Mitglieder des Opus Dei im allgemeinen und von Opus-Dei-Religionslehrern im besonderen erschien im «Tages-Anzeiger» (Zürich) ein ausführlicher Artikel mit der Überschrift «Opus Dei agiert weiter

[253] S. Schuppli, Leserbrief a.a.O.

[254] Opus-Dei-Religionslehrer im Amt eingestellt: Neue Zürcher Zeitung, 15. 3. 1979, 27.

mit fragwürdigen Methoden». Der Verfasser des Artikels, Ueli Haldimann, konstatiert in diesem eingangs: «Ein Jahr nach der ersten Kontroverse ist der elitäre Laienorden in Zürich nach wie vor aktiv, mit Methoden, die immer noch fragwürdig sind.» Veranstaltungen mit zumeist «sehr weltlichen Themen» dienten als «Lockvögel» für Schüler, welche die Vereinigung dann für ihre Ziele zu gewinnen suche. «Ein Hinweis auf das Opus Dei fehlt konsequent auf den Prospekten, die Opus-Dei-Anhänger an ihre Mitschüler verschicken. Da verspricht etwa ein ‹Filmkreis›, man lerne ‹die Technik, die Botschaft und die menschlichen Werte der Filme zu entdecken.› Ein *Abendzyklus* für Mädchen will ‹nutzvolle theoretische und praktische Kenntnisse für die moderne Koch- und Dekorationskunst› vermitteln. Ein anderer Kurs fordert Mittelschülerinnen auf, ‹etwas Positives› zu leisten und bei der vom Opus Dei durchgeführten Doposcuola (Aufgabenhilfe) *mitzuhelfen.* ‹Es handelt sich um eine tägliche Aufgabenhilfe für Fremdarbeiterkinder, vor allem bei der Erlernung der deutschen Sprache.› Wieder ein anderer Kurs wird als ‹Seminar für Studientechnik› angekündigt, wo man in kleinen Gruppen lerne, Probleme zu bearbeiten und zu lösen. (...)» Alles beginne «meist scheinbar harmlos und unverdächtig. Zunächst werden statt der angekündigten Freizeitangebote religiöse Inhalte vermittelt.» Wenn die Schüler erst einmal «in die Opus-Dei-Strukturen hineingerutscht» seien, «können sie sich aus eigener Kraft nur noch schwer lösen, und wenn ja, dann nur mit schweren Gewissenskonflikten. Denn ganz von Anfang an werden Opus-Dei-Kandidaten intensiv von einem persönlichen ‹geistigen Leiter› (bzw. Leiterin) betreut. Mit ihm oder ihr werden alle Probleme besprochen, und ein Schüler hat bald einmal eine intensivere Beziehung zu seinem Leiter als etwa zu seinen Eltern. (...) In Krisenzeiten, wenn die Loyalität eines Anwärters rissig erscheint oder gar ein Absprung bevorzustehen droht, ist diese ‹Betreuung› besonders intensiv: tägliches Abholen vor der Schule, Telefonanrufe nach Hause, Überredungsversuche, sich ganz dem Laienorden zu verschreiben.» Haldimann vergleicht das Opus Dei in seinen Methoden mit den sogenannten Jugendsekten. Dieser Vergleich sei sogar von betroffenen Schülern selbst gezogen worden. «Als der neue Religionslehrer einer ehemaligen Opus-Dei-Unterrichtsklasse vor wenigen Wochen einen Fernsehfilm über amerikanische Sekten vorspielte, reagierten die Schüler mit der spontanen Äußerung, der Film zeige genau die Methoden, die sie früher im Unterricht erlebt hätten. Der gleiche Religionslehrer warnt übrigens davor, das Opus Dei mit einer Sekte zu verwechseln; als *anerkannter Laienorden* innerhalb der Kirche sei das Opus Dei viel gefährlicher».[255] Der Vergleich mit den sogenannten Jugendsekten findet sich auch in dem zitierten Artikel der «Neuen Zürcher Zeitung»[256] «Die massive Beeinflussung von Schülern kantonaler Mittelschulen, die mit der Tätigkeit von Opus-Dei-Religionslehrern oft zumindest an den Schulen selbst ihren Ausgang nimmt, wird von den Kritikern übereinstimmend mit der Tätigkeit der sogenannten *Jugendsekten* verglichen. (...)»

8. *Tagesablauf*

In diesem Kapitel wurden bisher eine Reihe von Aspekten dessen, was der «Geist des Werkes» genannt wird, und der Lebenswirklichkeit der Mitglieder des Opus Dei, vornehmlich der Numerariermitglieder, beleuchtet. Es sei nun versucht anzudeuten, wie sich diese Aspekte in den Tagesabläufen eines Numerariers zusammenfügen. Das im folgenden Dargestellte hat exemplarischen Charakter. Es vereinfacht insofern, als es nicht alle, vielfältig bedingten, Unterschiede in sich aufzunehmen in der Lage ist. Trotz einer gewissen Beschränkung auf einzelnes beansprucht es aber, eine Vielfalt (die Abweichungen wie Gemeinsamkeiten beinhaltet) zu repräsentieren.
Schon bald nach meinem Eintritt in die Vereinigung hielt mich mein «geistlicher Leiter» dazu an, einen Wochenplan

[255] U. Haldimann: Tages-Anzeiger, 11. 1. 1980, 17; Hervorhebungen dort.
[256] Das Wirken des Opus Dei in Zürich a.a.O.; Hervorhebung in dem folgenden Zitat dort.

zu erstellen und ihm vorzulegen. Dieser Wochenplan sollte den grundsätzlichen Ablauf einer Woche, vor allem die feststehenden Termine wiedergeben: Um sechs Uhr stand ich gewöhnlich auf und zwar, um die «heroische Minute» bemüht, sofort, wenn der Wecker schellte. Küssen des Fußbodens, «Aufopferung des Tagewerkes» – «Serviam». Nach dem Waschen von 6.20 – 6.50 Uhr Morgengebet. Anschließend pflegte ich für das Frühstück Brötchen zu besorgen. Unterwegs – Stoßgebete. Frühstück mit meinen Eltern und Geschwistern; während des Frühstücks eine kleine Abtötung. Freitags und samstags frühstückte ich nicht, sondern besuchte von 7.30 Uhr bis ca. 8.00 Uhr in einer nahe der Schule gelegenen Kirche die Messe. Nach dem Kommunionempfang verließ ich die Messe schon vor dem Schlußsegen, um noch einigermaßen pünktlich zum Unterrichtsbeginn in der Schule zu sein. H.P. und dann mein «geistlicher Leiter» hatten mir dies geraten. Später erhielt ich wegen des vorzeitigen Verlassens der Messe eine «Brüderliche Zurechtweisung» und blieb seitdem bis zum Ende der Eucharistiefeier in der Kirche, was zur Folge hatte, daß ich dann meist zu spät zum Unterricht kam. Um 8.00 Uhr war in der Regel Unterrichtsbeginn. Während der Schulstunden bemühte ich mich um die «Aufopferung der Arbeit» für bestimmte Personen und Anliegen, um Stoßgebete und kleine Abtötungen, z.B. mich für einige Zeit nicht an den Stuhl anzulehnen; besonders konzentriert mitzuarbeiten, wenn der Unterricht langweilig wurde, etc. In den Pausen, vor allem in der großen Pause – Apostolat; Verabredungen, um sich nachmittags oder abends zu einer gemeinsamen Unternehmung oder gemeinsamem Studium zu treffen; Einladungen zu Veranstaltungen im Jugendclub Feuerstein; Werbung bei Schülern anderer Klassen für Clubstunden, Arbeitskreise, etc. Ca. 13.15 Uhr Mittagessen. Blieb davor, weil der Unterricht an manchen

Tagen früher endete, noch etwas Zeit, betete ich meist schon den Rosenkranz oder begann mit der Anfertigung eines ersten Teiles der Hausaufgaben. Beim Mittagessen bemühte ich mich um eine kleine Abtötung – «An dem Tag, da du vom Tisch aufstehst und keine kleine Abtötung gemacht hast, hast du wie ein Heide gegessen.»[257]
Nach dem Mittagessen fuhr ich zum Jugendclub Feuerstein, versuchte unterwegs, eine Reihe von Stoßgebeten zu beten, und nahm dort an den letzten fünfzehn Minuten des Beisammenseins teil. Nach dem Beisammensein beginnt für die Mitglieder die Zeit des sogenannten «Kleinen Schweigens», d.h. die Mitglieder sollen für zwei bis drei Stunden nach Möglichkeit nicht miteinander sprechen und sich den Schularbeiten, dem Studium oder sonstigen Aufgaben und Verpflichtungen widmen. Während dieser Zeit wird normalerweise der «Bußgürtel» getragen. Nach dem Beisammensein machte ich meist den «Besuch beim Allerheiligsten», der von den Bewohnern des Hauses in der Regel nach dem Mittagessen vor dem Beisammensein verrichtet wird, und betete, falls ich das noch nicht getan hatte, den Rosenkranz, wozu ich 20 Minuten benötigte. Am Nachmittag bemühte ich mich, etwas für die Schule zu arbeiten, was aber durch eine Fülle von Terminen, Verpflichtungen und Aufträgen nur sehr eingeschränkt möglich war. Über die Wochentage verteilt hatte ich als feststehende Termine: die Aussprache, die Beichte, zwei bis drei Vorträge, den «Kreis» für die Numerarier, einen «Kreis» für die «Jungen von St. Raphael», an dem ich teilnehmen sollte, weil «Freunde» von mir ihn besuchten, die Teilnahme an einer Gruppenstunde für mein Alter, zu der ebenfalls «Freunde» von mir kamen, einen Laienspielarbeitskreis, mit dessen Leitung ich beauftragt worden

[257] Der Weg, Nr. 681.

war. Später kamen noch zwei Katechesen – eine für 11– bis 12jährige, eine andere für Haupt- und Realschüler – dazu, ein weiterer «Kreis von St. Raphael», den ich zu leiten hatte, eine Clubstunde für 11– bis 12jährige, mit deren Leitung ich beauftragt worden war, zwei bis drei Nachhilfestunden, die ich, um Geld zu verdienen, geben mußte. Um 16.00 Uhr verrichtete ich normalerweise die «geistliche Lesung». Nachmittags und abends traf ich mich mit den «Freunden» meines Apostolates, versuchte, die «Armenbesuche» zu organisieren und zu koordinieren. Außerdem hatte ich den Auftrag, den Tür- und Telefondienst im Haus zu regeln. Jedes Mitglied, die Leiter ausgenommen, mußte nachmittags zweimal in der Woche für jeweils zwei Stunden diesen Dienst übernehmen, d.h. während dieser Zeiten, wenn es schellte – was, durch den Clubbetrieb bedingt, unaufhörlich der Fall war –, die Haustüre öffnen.

Kamen Eltern, so waren sie in das Wohnzimmer zu führen, einer der Leiter des Hauses mußte dann verständigt werden, und derjenige, der gerade den Telefondienst wahrnahm, war gehalten, den jeweiligen Besucher solange zu unterhalten, bis der Leiter kam. Zudem galt es, das ebenfalls pausenlos läutende Telefon zu bedienen, den jeweils Erfragten zu verständigen oder, wenn dieser nicht anwesend war, eine Telefonnotiz anzufertigen. Zur Wahrnehmung des Tür- und Telefondienstes saß man im Eingangsflur des Jugendclubs an einem kleinen Tisch, versuchte etwas zu arbeiten, was aber kaum möglich war, da man fast durchgängig durch den Tür- und Telefondienst beansprucht wurde. Oft kam es vor, daß die Türglocke und das Telefon gleichzeitig läuteten und ein Besucher im Wohnzimmer wartete. Der Tür- und Telefondienst wurde dann zum Streß. Derjenige, der den Dienst gerade versah, war ständig in Bewegung, lief immer wieder die beiden Stockwerke des Jugendclubs hinauf oder herunter oder in den Keller, um jemanden zu verständigen. Der Dienst war, die Leiter wiederholten es immer wieder, sehr gewissenhaft zu versehen, damit keine ungebetenen Besucher in das Haus gelangen könnten, indem ihnen von einem «Clubjungen» geöffnet würde. Besucher und Anrufer sollten einen guten Eindruck erhalten. Fiel irgend jemand für den Tür- und Telefondienst aus und war es keinem anderen möglich, einzuspringen, so hatte ich als der für den Dienst Verantwortliche diese Zeiten zu übernehmen. Im Lauf einer Woche verbrachte ich viele Stunden mit der Wahrnehmung des Tür- und Telefondienstes. Außer den ständigen Aufträgen, die jedes Mitglied zu erfüllen hat, fallen jede Woche viele Dinge an, die Anlaß zu besonderen Einzelaufträgen durch die Leiter sind: Erledigungen von Einzahlungen auf den Banken für den Sekretär, Reparaturaufträge im Haus, Besorgungen, die Ausstellung der Spendenquittungen am Endes eines Jahres, Beantragung von städtischen Zuschüssen für bestimmte Veranstaltungen und Fahrten, das Anfertigen von Erfahrungsberichten, die Planung und Organisation von Fahrten, Kostennachweise für die Stadt etc. Es verging kaum eine Woche, in der man nicht eine Reihe von solchen Aufträgen noch zusätzlich erledigen mußte.

Soweit das zu diesem Zeitpunkt möglich war, hielt ich von 17.10 – 17.40 Uhr die Zeit des Gebetes. Von 17.40 – 18.00 Uhr versah ich – ein weiterer Auftrag – den Kapellendienst, indem ich alles für die abendliche Meßfeier vorbereitete. Um 18.00 Uhr besuchte ich werktags die Eucharistiefeier im Jugendclub, den Freitag ausgenommen, an dem zur gleichen Zeit die Proben des Schulorchesters begannen, woran ich aber nach und nach mangels Zeit immer seltener teilnehmen konnte. Nach der Messe räumte ich dann die Geräte, Bücher und Gewänder wieder weg. War ich anfangs danach meist nach Hause zum Abendessen gefahren und hatte die Abendstunden für die noch unerledigten Schulaufgaben genutzt, so wurden die Abende allmählich immer mehr durch Verpflichtungen und Termine ausgefüllt: Teilnahme an Gruppenstunden, Arbeitskreisen, «Kreisen» und Betrachtungen, Spenden- und Elternbesuche etc. Da die Nachmittage durch Aufträge im Jugendclub und sonstige Verpflichtungen immer mehr belegt waren, mußte ich die Gespräche und Unternehmungen mit meinen «Freunden» zunehmend auf die Abende legen. Wenn ich abends gegen neun Uhr zu Hause war, so war dies früh, immer häufiger kam ich später. Meist hatte ich dann noch einen Großteil meiner Hausaufgaben zu erledigen oder etwas für eine Klassenarbeit zu wiederholen. Häufig arbeitete ich noch bis Mitternacht oder länger. Verschiedentlich konnte ich aber auch nur noch einen Teil der Hausaufgaben erledigen und mußte den anderen, weil ich zu müde war, unerledigt lassen. Den Tag beschloß ich, falls ich es noch nicht verrichtet hatte, mit dem Gebet der «Preces», mit der dreiminütigen Gewissenserforschung und dem Gebet von drei Ave-Maria für die «Reinheit». Nach der Gewissenserforschung beginnt für die Mitglieder, die in einem «Zentrum» des Opus Dei beisammenwohnen, die Zeit des «Großen Schweigens», das bis zum Ende des Morgengebetes bzw. der Messe währt. Die Mitglieder sollen nach der Gewissenserforschung keinerlei Worte mehr miteinander wechseln, vielmehr sich bemühen, viele Stoßgebete zu beten, so daß ihr letzter Gedanke vor dem Einschlafen «bei Gott» ist. Wer betend einschlafe, wache auch betend wieder auf.

Mein Arbeiten bis in die Nacht hinein war immer wieder Gegenstand der Aussprache und wurde von meinen «geistlichen Leitern» kritisiert. Die Leiter sind nach den Worten von Escrivá de Balaguer dazu verpflichtet, Sorge dafür zu tragen, daß die Mitglieder in der Regel möglichst acht

Stunden in der Nacht schlafen. Man sagte mir, daß ich tagsüber die Zeit besser ausnützen, intensiver und effektiver arbeiten solle. Einer der Standardsätze im Opus Dei lautet: lernen, in der Hälfte der Zeit das zu schaffen, wozu man früher doppelt so lang benötigt hat. Einer meiner «geistlichen Leiter», der den Eindruck gewann, daß ich aufgrund meiner Aufträge tatsächlich zu wenig Zeit zum Lernen hätte, setzte sich beim «Örtlichen Rat» des Jugendclub Feuerstein erfolgreich dafür ein, daß die beiden Katechesen, die ich bis dahin zu halten hatte, von anderen übernommen wurden. Der dadurch geschaffene Freiraum wurde aber bald wieder durch andere Aufträge ausgefüllt, die aus dem Umbau und der Erweiterung des Jugendclubs erwuchsen.

Ein Mitglied der Kommission sagte einmal in einem Ausbildungsvortrag, daß man als Numerarier im Lauf seiner Mitgliedschaft immer wieder den Eindruck habe, daß man soviele Aufträge zu erfüllen hätte, daß man keinen zusätzlichen mehr zu erfüllen in der Lage sei. Dennoch würden es immer mehr Aufträge und – es ginge doch. Mit jedem weiteren Auftrag trage man ein Stück mehr der Last und Verantwortung für das Opus Dei. Es sei ein Zeichen der Reife, wenn die Leiter einem viele und immer mehr Aufträge gäben.

Auch an den Wochenenden gab es eine Fülle von Terminen. Samstags fand nachmittags eine Betrachtung statt, an die sich ein Sakramentaler Segen und ein Beisammensein für die älteren Teilnehmer des Jugendclubs anschloß. Einmal im Monat fand sonntags der Einkehrtag für die Numerarier statt, bisweilen an einem anderen Sonntag ein weiterer Einkehrtag für die «Jungen von St. Raphael», an dem es ebenfalls seiner «Freunde» wegen teilzunehmen galt. Häufig war ein Wochenende durch eine Tagung ausgefüllt – Besinnungstage für die mit dem Opus Dei in Kontakt stehenden Nichtmitglieder, eine Tagung für junge Numerarier, Vorbereitungstagungen für die Teilnehmer an der Romfahrt, gelegentlich auch sogenannte «Pfeiftagungen», auf denen jene einen besonderen Impuls empfangen sollen, die kurz davor stehen, Mitglied des Opus Dei zu werden. Ansonsten galt es, an den Wochenenden häufig eine Reihe von Aufträgen, die während der Woche nicht ausgeführt werden konnten, zu erledigen. Zuweilen blieb dann aber auch noch Zeit, um einmal etwas zusammenhängender für die Schule zu arbeiten.

Fast vom ersten Tag der Mitgliedschaft an hat ein Numerarier einen Terminplan, der dem eines Managers in mancherlei Hinsicht vergleichbar sein dürfte. Auch die jüngsten Numerarier tragen oft ständig einen Terminkalender bei sich, in dem jeder Tag nahezu vollständig verplant ist. Auf Anraten meines «geistlichen Leiters» erstellte ich für jeden Tag einen eigenen Tagesplan, in dem ich die jeweiligen Termine und Aufgaben, die Zeiten für die Erfüllung der Normen, die Zeiten für Schularbeiten etc. eintrug. Ich sollte in jedem Tagesplan noch eine «Pufferzone» für Unvorhergesehenes freihalten, was oftmals wegen der Fülle der Termine gar nicht mehr möglich war. Da die meisten Termine unverrückbar waren, die Normen auf jeden Fall zu erfüllen sind, stand oftmals nur die Zeit zum Lernen zur Disposition. Wenige Monate nach seinem Eintritt in das Opus Dei gibt es für ein Numerariermitglied keine «Freizeit» mehr, ebenso wie es auch letztlich keine Ferien mehr gibt. In den Schulferien galt es meist, irgendwelche Fahrten zu betreuen, an Besinnungstagen teilzunehmen etc. Die Ferien der Numerarier sind die Jahreskurse.

Hat ein Numerariermitglied, das noch nicht in einem «Zentrum» des Opus Dei mit seinen «Brüdern» zusammenwohnt, trotz aller Verpflichtungen und Aufträge, doch noch, wenn es im Haus seiner Eltern ist, gewisse Freiräume, so fallen diese weg, sobald es in ein Haus des Opus Dei zieht. Susanne I., die schon als Schülerin in einem Haus des Opus Dei wohnte, schreibt: «Der Tagesablauf in X. war genau festgelegt mit Arbeit und Gebet. Dieser Plan war so erstellt, daß wirklich jede Minute ausgefüllt war. Man hatte nicht die Möglichkeit, einen Nachmittag einmal selbst zu gestalten. (. . .) Anfangs bin ich alle 4 – 5 Wochen zu meinen Eltern nach Hause gefahren, dies war mein eigener Wunsch. Nach und nach wurde jedoch am Wochenende meist ein Programm für mich erstellt: Einkehrtage, Spaziergänge mit den Lehrlingen, Einkaufengehen, Arbeiten im Heim etc. – man sah eben nicht gerne, wenn ich am Wochenende nach Hause fuhr, und so hatte ich immer meinen Eltern gegenüber überzeugende Ausreden.»

Die Bewohner eines «Zentrums» des Opus Dei stehen in aller Regel zur gleichen Zeit morgens auf und gehen zur gleichen Zeit abends nach der gemeinsamen Gewissenserforschung zu Bett. Will ein Numerarier einmal etwas länger aufbleiben, etwa um noch etwas zu studieren, weil er den Tag über nicht ausreichend Zeit dafür hatte, muß er den Leiter des Hauses um Erlaubnis bitten. Eine solche Erlaubnis wird oftmals nicht erteilt und wenn, dann meist nur genau befristet. «Der Verlust des spontanen Handelns ist durch die strenge Befolgung des Lebensplanes gegeben. Da man auch Gehorsam lebt, indem man pünktlich ins Bett geht, bleibt keine Zeit für lange Nachtgespräche. Das können aber gerade die Situationen sein, in denen sich die Studentinnen gerne aussprechen. Auch sonst wird man oft, weil gemeinsame Normen stattfinden, von einem Gespräch weggerufen. Man kann überhaupt nicht mehr spontan wie ein normaler Laie einspringen, so weder durch Geld noch eigene Zeit helfen, da einem beides nicht mehr gehört», schreibt die ehemalige Numerarierin Petra H.

Will ein Numerariermitglied das «Zentrum», dem es ange-

hört, aus irgendwelchen Gründen verlassen, beispielsweise um eine Vorlesung zu besuchen, sich mit einem «Freund» zu treffen, eine Besorgung zu machen, etc., so ist jedesmal der Leiter des Hauses davon zu unterrichten. Ebenso sind die Numerariermitglieder gehalten, den Leiter sofort davon in Kenntnis zu setzen, wenn sie wieder in das Haus der Vereinigung zurückgekehrt sind. Auch dies trägt zu einer ständigen Kontrolle der Mitglieder bei. Kontrolliert werden die Mitglieder eines «Zentrums» des Opus Dei zudem in ihrer Post. Alles, was die Mitglieder eines «Zentrums» zugeschickt erhalten, wird zunächst vom Leiter des Hauses durchgesehen und gelesen und dann erst an die jeweiligen Empfänger verteilt. Umgekehrt müssen die Numerarier alle Post, die sie geschrieben haben, vor dem Verschicken dem Leiter zum Lesen geben.
Auch die berufstätigen Numerariermitglieder sind durch vielfältige Aufgaben, Aufträge und Verpflichtungen beansprucht und kennen letztlich keinen «Feierabend». Die Numerarier sollen nach den Worten von Escrivá de Balaguer «ausgepreßt wie eine Zitrone» sterben, indem sie ihr Äußerstes und Letztes für die Verwirklichung des Opus Dei gaben.

9. Ehelosigkeit und Geschlechtertrennung

«Die Ehe ist für einen Christen keine bloß gesellschaftliche Einrichtung und noch viel weniger bloßes Heilmittel für die menschliche Schwachheit: Sie ist eine wahrhaft übernatürliche Berufung, *sacramentum magnum*, Geheimnis, Sakrament in Christus und in seiner Kirche, wie Paulus sagt (Eph 5,32), und gleichzeitig, untrennbar damit verbunden, ein Vertrag, den ein Mann und eine Frau für immer schließen, denn – ob wir es wollen oder nicht – die von

Christus eingesetzte Ehe ist unauflöslich. Die Ehe ist ein großes heiligendes Zeichen, ein Tun Jesu, das die Seele der Brautleute erfüllt und sie einlädt, Ihm zu folgen und so ihr Eheleben zu einem Weg Gottes auf Erden werden zu lassen.»[258] Es gibt zahlreiche Äußerungen von Escrivá de Balaguer, die von einer gewissen Hochschätzung der Ehe zeugen. «Du lachst, weil ich dir sage, daß du ‹Berufung zur Ehe› hast? – Du hast sie, jawohl, Berufung. Empfiehl dich dem heiligen Raphael, daß er dich wie einst Tobias keusch bis an das Ende des Weges führe.»[259] Doch erachtete er die Ehe als gut, so erschien ihm die Ehelosigkeit als besser. In der Berufung zur Ehelosigkeit drückt sich gegenüber der Berufung zur Ehe nach dem Verständnis des Gründers des Opus Dei ein «Mehr» des Verlangens Gottes aus. Wer zur Ehelosigkeit berufen ist, von dem verlangt und erwartet Gott mehr.[260]

«Die Ehe ist für den Großteil des Heeres Christi, nicht aber für seinen Führungsstab. – Nahrung ist für jeden einzelnen Menschen notwendig. Fortpflanzung aber nur zur Erhaltung der Art; ihr dürfen sich einzelne Menschen entziehen. Sehnsucht nach Kindern? ... Kinder, viele Kinder und eine unauslöschliche Lichtspur hinterlassen wir, wenn wir den Egoismus des Fleisches opfern.»[261]

Einen Jugendlichen, der mit dem Opus Dei in näheren Kontakt gekommen ist und von dem man den Eindruck hat, daß er den «Geist des Opus Dei» versteht, daß er begonnen hat, ein «inneres Leben zu haben», und sonstige Voraussetzungen für eine Mitgliedschaft im Opus Dei

[258] J. Escrivá de Balaguer, Die Ehe, eine christliche Berufung: ders., Die Ehe, eine christliche Berufung, 7; Hervorhebung dort.
[259] Der Weg, Nr. 27.
[260] vgl. ebd. Nr. 360.
[261] ebd. Nr. 28.

erfüllt, halten die Leiter in der Regel von Gott zum Opus Dei berufen. Bei Jugendlichen wird grundsätzlich zunächst einmal davon ausgegangen, daß sie, wenn man der Meinung ist, daß sie zum Opus Dei berufen sind, zu einer ehelosen Lebensform in diesem berufen sind. Bei einem Jugendlichen, der die höhere Schule besucht, dort gute Leistungen erbringt, keine körperlichen oder gesundheitlichen Defekte hat und gewisse charakterliche und mentalitätsmäßige Voraussetzungen erfüllt, wird zudem davon ausgegangen, daß er als Numerarier zum Opus Dei berufen ist. Es wurde schon angesprochen, daß die überwiegende Mehrheit aller Numerarier aus Minderjährigen rekrutiert wurde und wird. «(...) Die Jugend gibt alles, was sie hat: sie schenkt sich selbst ohne Vorbehalt.»[262]
Den Jugendlichen, die auf eine Berufung als Numerarier im Opus Dei angesprochen und bedrängt werden, sich für ein Leben als Numerarier zu «entscheiden», wird gesagt, daß es sich bei einer solchen «Entscheidung», die eine «Entscheidung» zu einem Leben in Armut, Ehelosigkeit und Gehorsam in sich schließt, um eine endgültige Lebensentscheidung handelt, die in ihrer Tragweite einer Ehe vergleichbar sei. Gleichzeitig wird den betreffenden Jugendlichen aber suggeriert, daß sie schon reif und erwachsen genug seien, eine Entscheidung von solcher Tragweite zu treffen.
Hat ein Jugendlicher den Brief mit der Bitte um Aufnahme in das Opus Dei als Numerariermitglied an den Generalpräsidenten geschrieben, so wird ihm der Kontakt zum anderen Geschlecht weitestgehend untersagt. Er darf seine «göttliche Berufung» nicht «aufs Spiel setzen». Besucht jemand eine gemischte Schulklasse, so hat er als Numerarier jegliches vermeidbare Gespräch mit seinen Mitschüle-

[262] ebd. Nr. 30.

rinnen zu unterlassen[263], die vor allem unter der Hinsicht einer möglichen Gefährdung der «Berufung» gesehen werden. Die Numerarier werden in den Ausbildungsvorträgen dazu angehalten, sich in unvermeidbaren Gesprächen mit Frauen möglichst barsch zu geben und gegebenenfalls dafür zu sorgen, daß man einen möglichst unsympathischen Eindruck auf sie macht. Die Praktizierung striktester Geschlechtertrennung in den Häusern und bei den Veranstaltungen des Opus Dei wurde im ersten Kapitel bereits angesprochen. Ebenfalls wurde schon erwähnt, daß es den Numerariern nicht erlaubt ist, eine Tanzstunde zu besuchen. Arbeitet ein Numerarier alleine in einem Seminarraum einer Universität, so ist er gehalten, unverzüglich den Raum zu verlassen, sobald eine Kommilitonin in den Seminarraum kommt und dort ebenfalls zu arbeiten beginnt.

Numerarier dürfen bei Hochzeiten nur am kirchlichen Akt der Trauung, nicht aber an den nachfolgenden Feierlichkeiten teilnehmen, auch dann nicht, wenn eines ihrer Geschwister heiratet. Noch seltener als die Numerarier dürfen die Numerarierinnen ihre Eltern und nächsten Verwandten besuchen. Frauen seien für Familienbelange besonders empfänglich, und es könnte daraus der Wunsch und die Sehnsucht nach Gründung einer eigenen Familie erwachsen.

«Du verschwendest dich an Zärtlichkeiten. – Dazu sage ich dir: Liebe zu deinem Nächsten, ja, immer. Aber höre gut zu, Apostel: Christus, und nur Ihm, gehört dieses andere Fühlen, das der Herr selbst in dein Herz gelegt hat. – Außerdem hast du doch sicher schon oft verspürt, daß Zweifel deinen übernatürlichen Blick trübten, wenn du einen jener Riegel deines Herzens zurück-

[263] Was im folgenden für die Numerarier gesagt wird, gilt selbstverständlich umgekehrt auch für die Numerarierinnen.

geschoben hattest, deren du sieben benötigst. Du fragst dich trotz deiner lauteren Absicht, beunruhigt, ob du nicht zu weit gegangen bist im Bekunden deiner Zuneigung.»[264]

Rigoros gilt es auch, gegen jegliche sexuellen Wünsche und Phantasien vorzugehen, sie zu verdrängen und gegen sie anzukämpfen, keinesfalls aber darf ihnen nachgegangen werden. Unterwegs und auf der Straße gilt es, «die Blicke zu bewahren.»

«‹Wenn dich dein Auge zum Bösen reizt, reiß es aus, und wirf es von dir!› Armes Herz, das dich zum Bösen reizt! Packe es, presse es zwischen deinen Händen: gewähre ihm keinen Trost. Wenn es danach verlangt, sage ihm langsam und mitfühlend, wie in einem vertraulichen Zwiegespräch: ‹Herz, du Herz am Kreuz! Du Herz am Kreuz!›»[265] «Was ist mit dem Herzen? – Beunruhige dich nicht: die Heiligen, normal veranlagte Menschen wie du und ich, empfanden auch diese ‹natürlichen› Neigungen. Wenn sie sie nicht gespürt hätten, wäre ihre ‹übernatürliche› Reaktion, ihr Herz – Seele und Leib – für Gott zu bewahren, statt es einem Geschöpf auszuliefern, wenig verdienstvoll gewesen. Deshalb glaube ich, daß die Schwäche des Herzens, wenn der Weg erst einmal erkannt ist, kein Hindernis für einen entschlossenen und ‹sehr verliebten› Menschen zu sein braucht.»[266]

Wenn im Opus Dei immer wieder versucht wird, Jugendliche in eine ehelose Lebensform zu drängen, wenn Lebens«entscheidungen» herbeigeführt werden bei Menschen, deren körperliche wie seelisch-geistige Reifung nur zu oft noch völlig unabgeschlossen ist, und wenn diese Menschen nach einer solchen «Entscheidung» weitgehend vor Menschen anderen Geschlechts abgeriegelt und abge-

[264] Der Weg, Nr. 161.
[265] ebd. Nr. 163.
[266] ebd. Nr. 164.

schirmt werden, wen wundert es dann, wenn es bei den Numerariern oftmals zu Hemmungen, großer innerer Angespanntheit und Verkrampfungen kommt!

10. Die Eltern

Dem schon zitierten Artikel «Opus Dei agiert weiter mit fragwürdigen Methoden» im «Tages-Anzeiger» (Zürich) war ein erschütternder Bericht von Eltern einer Numerarierin beigegeben.[267] Die Eltern, praktizierende Katholiken, schilderten darin, wie ihre Tochter Doris (ein von der Redaktion des «Tages-Anzeigers» geänderter Name) zunächst ohne ihr Wissen mit dem Opus Dei über einen Jugendclub in Kontakt gekommen war und wie durch diesen Kontakt ihre Tochter sich vollständig und sehr nachteilig verändert und, damit einhergehend, zunehmend von ihnen entfremdet habe.

«Es hat alles damit angefangen, daß Doris im Frühling 1972 ins Gymnasium Bühl in Zürich eintrat. Schon bald verkehrte sie im nahegelegenen *Jugendklub Goldbrunnen.* Wir erkundigten uns damals und erfuhren, daß eine katholische Jugendorganisation hinter dem Klub stecke. So waren wir froh, immer zu wissen, wo Doris ist, und dachten, das sei sicher etwas Rechtes, solange es katholisch ist.»

Doris nahm immer wieder an den von dem Jugendclub veranstalteten Lagern teil. Daß sie jedesmal nach einem Ferienlager «verändert oder gar verstört» nach Hause kam, beunruhigte die Eltern zunächst nicht. Sie erklärten es sich mit «ihrer damaligen Pubertät». Ebenfalls beunruhigte es

[267] H., «Wir dachten, das sei sicher etwas Rechtes, solange es katholisch ist»: Tages-Anzeiger, 11. 1. 1980, 17.

sie zunächst nicht, daß nie recht ersichtlich war, wer die Lager eigentlich veranstaltete, da stets die Religionslehrerin von Doris mitfuhr. Vom Opus Dei hörten die Eltern erstmals 1975 in Zusammenhang mit der Konversion einer Klassenkameradin ihrer Tochter. Die Eltern von Doris waren entsetzt, daß die Eltern der Klassenkameradin von dieser Konversion nichts erfahren durften.

«Doris veränderte sich damals völlig. Sie gab ihre ehemaligen Hobbies auf, verkehrte nicht mehr mit ihren alten Freundinnen und verbrachte statt dessen jede freie Minute im Opus Dei. Sie schrieb und telefonierte unzähligen jungen Mädchen und fragte sie, ob sie nicht an diesem oder jenem Lager oder Kurs teilnehmen wollten. Täglich besuchte sie die Messe, betete stundenlang, besuchte die sogenannten Einkehrtage, die mindestens einmal im Monat am Wochenende stattfanden, und ging von der 3. Gymi-Klasse an einmal pro Woche in den ‹Kreis›. Da werde aus der Bibel vorgelesen und danach diskutiert. Immer wieder stellten wir fest, daß Doris bis spät in die Nacht und wieder frühmorgens Licht hatte in ihrem Zimmer. Sie wurde bleich und abgespannt. Beim Arbeiten hatte sie immer einen Rosenkranz und ein Bild des Opus-Dei-Gründers Balaguer neben sich. Wir spürten, daß Doris unter großem Fremdeinfluß stand und sich immer mehr von uns abwandte.»

Erst 1979, zwei Jahre nach dem Eintritt ihrer Tochter in das Opus Dei, die damals siebzehn Jahre alt war, erfuhren die Eltern, daß Doris ohne ihr Wissen Numerarierin des Opus Dei geworden war.

«Nun bestätigte sie uns auch, daß sie mit dem Bußband und mit Geißeln Abtötung betreibe, daß sie nie heiraten werde und immer in Armut leben wolle. Ja sie versuche, auch andere für das Opus Dei zu gewinnen. Sie wisse genau, was sie tue.»

Versuche der Eltern, ihre Tochter dazu zu bewegen, «wenigstens vorübergehend die Kontakte abzubrechen» schlugen fehl. Die «geistige Leiterin von Doris, Emilia, traf sich weiterhin mit Doris, und die beiden besprachen alles. Nach jedem Zusammentreffen spürten wir erneut den fremden Einfluß. Wir kannten unsere Tochter kaum mehr. Was sie sagte, sagte sie wie unter einem Bann.» Im Herbst 1979 zog Doris in das Opus-Dei-Heim Sonnegg ein.
Sehr ähnlich berichtet auch Frau Müller (Name geändert). Ihre Tochter Beate (Name geändert) besuchte von ihrem vierzehnten Lebensjahr an einen vom Opus Dei geleiteten Jugendclub.

«Ohne mehr über das ‹Opus Dei› zu wissen, als daß es eine katholische Organisation ist, der wir als solcher natürlich vertrauten, waren wir froh, Beate in ihrer Freizeit so gut aufgehoben zu wissen, wenn man bedenkt, welchen Einflüssen die Jugend überall ausgesetzt ist.»

Bald jedoch stellte Frau Müller fest, daß ihre Tochter sich veränderte. Als positiv empfand Frau Müller, daß sich Beates Leistungen in der Schule verbesserten.

«Andererseits wurde sie dem Elternhaus gegenüber merklich verschlossen, irgendwie entfremdet, was ich in dem Alter zunächst noch als natürliche Persönlichkeitsentwicklung ansah. Aber bald konnte es das allein nicht mehr sein. So ließ sie nach und nach viele ihrem Wesen entsprechende, nette Gewohnheiten fallen, an denen sie sehr gehangen hatte und die ihr bisher viel Freude gemacht hatten. Sie unterdrückte plötzlich ihre bis dahin gewohnten, liebgewordenen Freizeitneigungen auf eine für mich unverständliche Weise, wurde regelrecht gehemmt, in manchen Punkten fast komisch. (...) Ich möchte es so auf einen Nenner bringen: Es war eine krampfige Änderung, die nicht ihrem eigentlichen Wesen entsprach (...).»

Als Frau Müller «Der Weg» las, wurde ihr klar, «warum sich Beate so verändert hatte».

«Punkt für Punkt fand ich die Gründe dafür in diesen Leitsätzen, die ihr als das ‹A› und ‹O› angepriesen worden waren, und die nachzuleben sie von dort nun intensiv angehalten wurde. Ich will das Positive dieses Buches durchaus nicht verkennen, aber noch deutlicher muß ich sagen, daß ich auch als gläubige Katholikin längst nicht alle der hier niedergelegten, richtungsweisenden Grundsätze und Richtlinien unterschreiben und gutheißen kann, dieser Grundsätze – will man dem Verfasser glauben – ohne die man unweigerlich in die ewige Verdammnis gerät. Diese ausschließlich auf strengste Askese, harte Arbeit, keinerlei irdischen Freuden, Buße und restlose Persönlichkeitsunterwerfung ausgerichteten Leitsätze haben für mich etwas von Fanatismus, von Rückkehr ins Mittelalter, Sonderbündelei, um nicht zu sagen Sektierertum an sich.»

Frau Müller suchte in der Folge nun immer wieder, mit ihrer Tochter über den einen oder anderen Punkt ins Gespräch zu kommen.

«Zu meiner Bestürzung mußte ich erkennen, daß bereits zu viel Zeit unter diesem Einfluß vergangen war. Sie ging sofort in Abwehrstellung und ließ dem Elternhaus gegenüber ein Visier herunter, das ich nicht zu durchbrechen vermochte. Die Argumente, die sie auf meine Einwendungen vorbrachte, waren wie eingelernt, als ob ein Dritter spreche. Es kam mir vor, als ob ich nicht mit meinem Kind, sondern mit einer Attrappe rede. Ich spürte, daß hier eine fremde Macht am Werke war, die ich aber nicht zu greifen, zu stellen vermochte, weil ich zu wenig von ihr wußte und überall, wo ich einen Blick hinter die Kulissen tun wollte, wie gegen eine Glaswand stieß.»

Durch Kontakte zu einer ehemaligen Numerarierin wurde es Frau Müller dann doch möglich, Einblicke in das Opus

Dei zu gewinnen, die Außenstehenden sonst nicht möglich sind.
Kurz nach dem Abitur teilte Beate ihren Eltern mit, daß sie seit zwei Monaten Mitglied des Opus Dei sei. Sie sei fest davon überzeugt, daß sie von Gott zum Opus Dei berufen sei, wolle möglichst sofort in ein Haus des Opus Dei einziehen und für immer ehelos leben.

«Die ‹Berufung› halten wir für bewußte, an jungen, begeisterungsfähigen Menschen praktizierte Suggestion. Auch dies hat im Bezug auf unsere Tochter inzwischen seine klare Bestätigung gefunden. (...) Inzwischen sieht es hier bei uns so aus, daß wir hier kein normales Gespräch mit unserer Tochter mehr führen können. Jeder Einwand unsererseits wird noch am gleichen Tag an den Leiter weitergegeben. Das ist ja ihre Pflicht. Sie erhält entsprechende Verhaltensinstruktionen uns gegenüber, dazu immer wieder den Hinweis, daß dieser unerquickliche Zustand ja nicht ihre Schuld sei, weil wir ihre ‹freie› Entscheidung nicht respektierten. Von dem, was im einzelnen dort besprochen wird, hören wir kein Wort. Es ist wie eine dicke Mauer zwischen uns. Nach Rücksprache mit einigen Eltern hörte ich, daß es allen so geht.»

Freilich gibt es auch solche Eltern, die mit der Mitgliedschaft ihres Kindes einverstanden sind und diese gutheissen.[268] Die Leiter im Opus Dei weisen diejenigen Mitglieder, die wegen ihrer Mitgliedschaft in der Vereinigung mit ihren Eltern in großen Spannungen stehen – was bei den meisten der Numerariermitglieder der Fall sein dürfte – ausdrücklich darauf hin. Man versucht, die Numerariermitglieder, deren Eltern gegen ihren «Weg» im Opus Dei Widerstand zu leisten versuchen, damit zu ermutigen, daß ihre Eltern die «Berufung» eines Tages verstehen und sich

[268] Es fragt sich allerdings, welche Kenntnis sie davon haben, was die Wirklichkeit einer Mitgliedschaft im Opus Dei ist.

über die Lebensform ihres Kindes dann freuen würden. Die Eltern sind fast ausnahmslos nur sehr unzureichend darüber orientiert, welche Ziele eine Einrichtung des Opus Dei, die ihr Kind besucht, wirklich verfolgt, und was das Opus Dei eigentlich darstellt. Oftmals wissen sie über längere Zeit gar nicht, daß beispielsweise hinter einem Jugendclub das Opus Dei steht. So geraten viele der Kinder und Jugendlichen mehr und mehr ohne Wissen ihrer Eltern unter den Einfluß des Opus Dei und unter die Kontrolle eines «geistlichen Leiters», der es zuweilen erreicht, daß er für einen Jugendlichen eine die Eltern ablösende Vertrauensperson wird, der es gelingt, in die innersten und intimsten Bereiche eines Menschen vorzustoßen und diesen mehr und mehr zu steuern. Zuweilen nimmt die allmählich sich entwickelnde und planmäßig aufgebaute Beziehung den Charakter eines Hörigkeitsverhältnisses an, wie mir unlängst noch ein ehemaliger Leiter bestätigte. Da, wenn es nach intensivstem Bedrängen gelungen ist, einen Jugendlichen zu einer Mitgliedschaft im Opus Dei zu bewegen, diesem ausdrücklich nahegelegt wird, seine Eltern zunächst nicht davon zu unterrichten, bleiben die Eltern weiterhin ahnungslos, während ihr Kind durch die nun einsetzende Ausbildungsmaschinerie bei gleichzeitigem Abschneiden aller vermeintlichen Fremdeinflüsse immer weiter in den Sog der Vereinigung gerät, in seinem Willen und seiner Mentalität oft vollständig gebrochen und in seinem Denken und Fühlen um- und gleichgeschaltet wird.[269] Die Eltern werden meist erst durch bestimmte Symptome, die sie am Verhalten ihres Kindes wahrnehmen, beunruhigt und alarmiert – zu einem Zeitpunkt, wo es normalerweise spät, oft zu spät ist. Sie müssen den Eindruck gewinnen, daß ihr Kind vernünftiger

[269] vgl. dazu die Schlußbetrachtung in diesem Buch.

Argumentation nicht mehr zugänglich ist und Diskussionen ausweicht. Sie nehmen wahr, daß ihr Kind wie unter einem «Bann» steht, sich gleichsam attrappenhaft verhält, willenlos von einem fremden Willen gelenkt und beherrscht ist und, wenn es auf von ihnen vorgebrachte Bedenken und Argumente antwortet, phrasenhaft spricht, «Erlerntes» repetiert.

Von meiner Mitgliedschaft im Opus Dei durfte ich meine Eltern erst im Frühsommer 1977, also drei Jahre nach meinem Eintritt in die Vereinigung, unterrichten. Ich wurde von meinem damaligen «geistlichen Leiter» dazu angehalten, es ihnen so darzustellen, als habe ich mich erst während der unmittelbar zurückliegenden Romfahrt zur Mitgliedschaft im Opus Dei entschlossen. Meine Eltern ahnten nicht, daß ich schon seit drei Jahren Mitglied der Vereinigung war. Wohl waren sie seit langem über mein Verhalten zutiefst beunruhigt. Fast täglich war es in den zurückliegenden Jahren zu Auseinandersetzungen gekommen. Meine Eltern mißbilligten, daß ich zu Hause nur noch «Gastrollen» spielte, das Elternhaus in meinem Leben sich weitestgehend auf die Funktion einer Verpflegungs- und Schlafstätte reduziert hatte. Vor allem sorgte sie die Einseitigkeit meiner Kontakte, daß ich nichts anderes mehr kannte als das Opus Dei, und sie nicht recht wußten, was ich die vielen Stunden am Tag, die ich nicht zu Hause war, eigentlich machte. Meine beharrliche Weigerung, eine Tanzstunde zu besuchen und an Unternehmungen anderer Gruppen, die nichts mit dem Opus Dei zu tun hatten, teilzunehmen, führten sie zunehmend auf den Einfluß des Jugendclub Feuerstein zurück. Auch hatten sie den Eindruck, daß die Informationen über das Opus Dei, die sie von den Leitern des Jugendclub Feuerstein und von mir erhielten, nur sehr oberflächlich seien, daß über dem Ganzen ein Geheimnis lag, daß es da Dinge gab, von denen sie hätten wissen

müssen, die sie aber nicht wußten und über die sie auch keine Informationen erhalten konnten. Meine Mutter hatte «Der Weg» gelesen und war über den Inhalt sehr erschreckt. Auf der anderen Seite erklärten sich meine Eltern mein Verhalten mit jugendlicher Begeisterung und Idealismus. Waren sie einerseits darum bemüht, mir für manches die Augen zu öffnen, so versuchten sie es andererseits meist mit Vorsicht und Behutsamkeit, indem sie dem Idealismus eines Heranwachsenden ein Recht einräumten. Sie waren darauf bedacht, keine unnötigen Wunden entstehen zu lassen. Sie vertrauten darauf, daß ich mit der Zeit wieder ausgeglichener und mein Gesichtskreis sich weiten würde. Sie hofften, daß ich nach meinem Abitur als Student neue Erfahrungen machen, neue Bekanntschaften schließen und mich allmählich von dem Kontakt und dem Einfluß des Jugendclub Feuerstein lösen werde.
Diese Hoffnungen zerstörte ich nun, als ich als Achtzehnjähriger meinen Eltern erklärte, daß ich mich für eine Mitgliedschaft im Opus Dei entschieden habe, mein Leben lang ehelos bleiben wolle und beabsichtige, in Bonn zu studieren und im Studentenheim Althaus zu wohnen. Meine Eltern gaben mir zu bedenken, daß eine Romfahrt eine Sondersituation darstelle, in der wohl eine Woge der Begeisterung vorherrsche, die man für sich genommen nicht unbedingt negativ beurteilen müsse, die aber durchaus dazu geeignet sei, eine so weittragende Entscheidung wie die, welche ich ihnen mitgeteilt habe, zu beeinflussen und die hierfür erforderliche Nüchternheit zu beeinträchtigen. Außerdem habe ich in den letzten Jahren ausschließlich unter dem Einfluß des Opus Dei gestanden, mich von allem anderen abgesondert, niemals auch nur vorübergehend Abstand gewonnen – auch dies seien keine geeigneten Voraussetzungen für eine so weittragende Entscheidung. Zudem sei ich noch sehr jung, habe bislang noch nie

eine Freundin gehabt, was Frauen anbelangt, bisher eine Mauer vor mir errichtet, und glaube nun, eine Entscheidung wie die zur Ehelosigkeit treffen zu können, deren Tragweite für mich noch nicht im mindesten absehbar sei. Meine Eltern schlugen mir vor, für einige Jahre mich vollständig vom Opus Dei zu trennen, andere Erfahrungen und Auffassungen an mich herankommen zu lassen. Erst wenn ich dann immer noch der Auffassung sei, den Weg des Opus Dei nehmen zu sollen, könne man von einer ernsthaften Entscheidung sprechen. Doch erreichten mich die Bedenken meiner Eltern nicht.

Im Sommer 1977 zog ich gegen ihren Willen in das Studentenheim Althaus. Nur selten wurde mir von meinen Leitern erlaubt, meine Eltern zu besuchen. Sie müßten sich, hieß es, daran gewöhnen, daß das Opus Dei meine eigentliche Familie sei. Ich besuchte meine Eltern ungefähr alle sechs Wochen, meist nur für wenige Stunden, da ich möglichst nicht mehr daheim übernachten sollte. Als das Weihnachtsfest näherrückte, sagte mir mein Leiter, daß es selbstverständlich sei, daß ich den Heiligen Abend im Kreise meiner «Brüder» und nicht bei meinen Eltern verbringen werde. Ich erschrak darüber sehr, da ich wußte, wie bitter dies für meine Eltern sein würde. Ich sollte meine Eltern besuchen und ihnen sagen, daß ich den Heiligen Abend im «Althaus» mit meinen «Brüdern» verbringen wolle. Ich wollte es nicht, ich sollte es. Zweimal besuchte ich für wenige Stunden meine Eltern, ohne daß ich es über das Herz brachte, ihnen meine Abwesenheit am Heiligen Abend anzukündigen. Ich wurde deshalb getadelt, nach meiner «Brüderlichkeit» und meinem Gehorsam befragt. Bei diesen wie auch bei ähnlichen Angelegenheiten war man von seiten der Leiter schnell mit Mt 10,37a zur Hand: «Wer Vater oder Mutter mehr liebt als mich, ist meiner nicht wert.»

«‹Nesciebatis quia in his quae Patris mei sunt oportet me esse?› Wußtet ihr nicht, daß ich in dem sein muß, was meines Vaters ist? Antwort des zwölfjährigen Jesus. Antwort an eine Mutter, wie seine Mutter es war, die Ihn seit drei Tagen sucht und Ihn verloren glaubt. – Antwort, die durch jene Worte Christi ergänzt wird, die der heilige Matthäus überliefert: ‹Wer seinen Vater und seine Mutter mehr liebt als mich, ist meiner nicht wert.›»[270]

Beim dritten Anlauf sagte ich es schließlich meinen Eltern, die ich damit noch betroffener machte, als sie es ohnehin schon waren.
Während meiner Mitgliedschaft im Opus Dei habe ich oftmals Vorträge und Betrachtungen zur Thematik des Verhältnisses der Numerarier zu ihren Eltern gehört. Stets wurde betont, daß alle Mitglieder ihre Eltern sehr lieben sollen, auch deshalb, weil man ihrer Erziehung – wie Escrivá de Balaguer verschiedentlich betonte – ganz wesentlich seine Berufung verdanke. Es solle eine Liebe sein, die sich in zahlreichen und stets erneuten Zeichen und Erweisen ausdrückt. Wenn man bei seinen Eltern zu Besuch sei, solle man ganz für sie da sein, sich nicht von ihnen bedienen lassen, sondern ihnen mit zahlreichen Aufmerksamkeiten seine Zuneigung erweisen und ihnen, wo es möglich ist, helfen. Da es die eigene Berufung mit sich bringe, daß man seine Eltern nur selten besuchen könne, solle man ihnen mit häufigen Briefen, durch Anrufe etc. immer wieder zeigen, daß man ständig an sie denkt, ihre Freuden und Sorgen teilt, daß sie einem nicht nur nicht egal sind, sondern, daß man sie sehr liebt. Man müsse Verständnis dafür haben, wenn sie anfangs die «Berufung» ihres Kindes nicht verstehen würden und dagegen gegebenenfalls sogar Widerstand leisteten. Es sei die Pflicht und Aufgabe eines jeden Numerariers, dafür Sorge zu tragen, daß seine

[270] Der Weg, Nr. 907.

Eltern mit der Zeit Verständnis für seine Berufung gewinnen, sich über den Weg ihres Kindes freuen, und daß sie nach Möglichkeit selbst dem Opus Dei und dessen «Geist» näherkommen. Zu diesem Zweck versucht man von seiten des Opus Dei, die Eltern der Mitglieder immer wieder zu Veranstaltungen der Vereinigung, beispielsweise zu Einkehrtagen einzuladen. Außerdem wird in den Ausbildungsvorträgen betont, daß es nicht nur den eigenen Eltern Liebe entgegenzubringen gilt und es selbstverständlich ist, viel für sie zu beten, sondern auch den Eltern seiner «Brüder». Andererseits gelte es, sehr klar eine Hierarchie der Liebe einzuhalten. Für einen Numerarier gehe die «übernatürliche Familie» des Opus Dei vor. Ihr habe ein Numerarier mehr Bedeutung beizumessen als seiner Blutsfamilie. Ihr habe zu allererst sein Einsatz und seine Verantwortung zu gelten. Der Wille Gottes steht über dem Willen der Eltern. Wenn es vielleicht auch verständlich ist, daß die Eltern die «übernatürliche Berufung» ihres Kindes nicht verstehen und dagegen opponieren, so haben die Eltern keinerlei Recht dazu, der Berufung ihres Kindes Widerstände entgegenzusetzen, denn letztlich leisten sie damit Widerstand gegen Gott, der ihr Kind zum Opus Dei berufen hat – wird gesagt. Zudem – so äußerte sich verschiedentlich Escrivá de Balaguer – sollten sich die Eltern bewußt sein, daß sie die Berufung ihres Kindes bzw. ihrer Kinder durch ihre Erziehung «verschuldet» haben; sie hätten ja auch die Möglichkeit gehabt, ihr Kind bzw. ihre Kinder zu Räubern und Verbrechern zu erziehen. Es sei die Pflicht der Eltern, die Berufung ihres Kindes zumindest zu respektieren, dessen Freiheit zu achten. Die Eltern müssen sich damit abfinden, daß ihre Kinder, wenn sie älter werden, ihre eigenen Wege gehen und weniger Zeit für sie haben als früher. Schließlich, heißt es, sind die Eltern für ihre Kinder da und nicht umgekehrt.

«Eine weitere Beobachtung, die wir mit Eltern von Jugendsektenmitgliedern gemeinsam haben, ist die Suche des Opus Dei, den Kontakt seiner Mitglieder zu den jeweiligen Familien zu beschränken. Es betont zwar, wie sehr es ‹die› Familie schätze. Es bedarf aber jedesmal eines ‹Kampfes›, bis unser Sohn ‹bereit› ist – d.h. bis er die Erlaubnis erhält – nach einem Familienfest o.ä. anschließend bei uns zu übernachten. Es wäre ein merkwürdiger Zufall, wenn ausgerechnet dasjenige unserer Kinder, das im ‹familienfreundlichen› Opus Dei ist, von sich aus die Kontakte zu den Eltern und Großeltern auf ein Minimum einschränkte, das wir ansonsten nicht gewohnt sind», heißt es in einem Bericht besorgter Eltern über ihre Erfahrungen mit dem Opus Dei. An anderer Stelle schreiben sie in ihrem Bericht: «Auch mit der Willensfreiheit ist es beim Opus Dei nicht weit her. Dieses betont zwar unermüdlich, wie frei seine Mitglieder doch seien. De facto ist jedoch *jede* ‹Entscheidung› mit dem sogenannten Geistlichen Leiter – der in der Regel *kein* Geistlicher ist – abzustimmen. Dies geht soweit, daß unsere Briefe an unseren Sohn zuerst von diesem Geistlichen Leiter gelesen werden und dann – unter der Voraussetzung, daß wir unserem Sohn nichts geschrieben haben, was ihm schaden könnte – auch von diesem. Eines der vielen Beispiele, wo wir die Unfreiheit unseres Sohnes spüren mußten, war unser Wunsch, er möge einmal zwei ‹Freisemester› in einer Universitätsstadt verbringen, in welcher kein Haus des Opus Dei existiere, um sich über seinen Weg und seine Berufung klarzuwerden. Wir dachten dabei an die Freisemester der kath. Priesteramtskandidaten. Unser Vorschlag wurde kategorisch abgelehnt, und zwar mit der Begründung, ein Mitglied des Opus Dei brauche – im Gegensatz zum künftigen Priester – keine Freisemester, da er ja frei sei und täglich gehen könne!»
Bisweilen versuchen die Eltern alles nur Erdenkliche, um

ihren Sohn oder ihre Tochter dem Einflußbereich des Opus Dei zu entziehen. Die ehemalige Numerarierin Petra H. berichtet von begüterten Eltern, die mit ihrer Tochter, die Numerarierin des Opus Dei war, für ein halbes Jahr eine Weltreise unternahmen. In einem anderen Fall ließ sich ein Vater «in eine weit entfernte Gegend Deutschlands versetzen, wo noch kein Opushaus ist». Aber auch solche Versuche haben selten Erfolg, da die Eltern, in der Regel zunächst über lange Zeit in Unkenntnis, meist erst allmählich durch die Symptome alarmiert werden, die unter anderem aus einem weit fortgeschrittenen, wenn nicht schon abgeschlossenen Prozeß vollständiger Vereinnahmung durch das Opus Dei resultieren. Zuweilen werden die Eltern noch in ihrem Bemühen, den Einfluß, welchen das Opus Dei auf ihr Kind ausübt, zu beschränken, planmäßig hintergangen. Petra H. schildert den Fall einer Numerarierin, deren Eltern ihr verboten hatten, in ein Haus des Opus Dei zu ziehen. Von seiten des «Örtlichen Rates» wurde überlegt, wie man dies doch erreichen könnte. Schließlich kam die Numerarierin auf die Idee, die von den Leiterinnen des «Örtlichen Rates» unterstützt wurde, sich um ein Stipendium für Auslandssemester in Marseille zu bewerben, wo es ein Haus des Opus Dei gibt. Die Eltern stimmten diesem Plan nicht zuletzt deshalb zu, weil sie sich von solchen Auslandssemestern ein zumindest zeitweiliges Getrenntsein ihrer Tochter vom Opus Dei erhofften. Die Numerarierin bestand die für das Stipendium erforderlichen Prüfungen und zog nach Marseille in das Haus der weiblichen Abteilung des Opus Dei, wovon die Eltern erst nachträglich und sehr viel später erfuhren.

Nach dem Schreiben des Briefes an den Generalpräsidenten, in dem jemand mit Genehmigung der zuständigen Leiter um Aufnahme in das Opus Dei bittet, wird der Betreffende von den Leitern und seinen Brüdern als Mitglied des Opus Dei betrachtet. Es wurde schon verschiedentlich betont, daß die Leiter den jeweiligen «Bittsteller» nachdrücklich darauf hinweisen, daß das Schreiben eines solchen Briefes Ausdruck einer endgültigen Lebensentscheidung sein muß. Minderjährigen wird somit eine endgültige Entscheidung zu einem Leben in Armut, Ehelosigkeit und Gehorsam zugemutet. Sie werden zu einer solchen «Entscheidung» oftmals massiv gedrängt, wobei ihnen zugleich suggeriert wird, sie seien schon erwachsen und reif genug, eine Entscheidung von solcher Tragweite zu treffen. Von dem Tag an, da jemand den Brief an den Generalpräsidenten geschrieben hat, wird ihm unaufhörlich klarzumachen versucht, daß seine Berufung zum Opus Dei das größte Geschenk darstelle, das Gott ihm machen konnte. «Zweifle nicht: Deine Berufung ist die größte Gnade, die der Herr dir erweisen konnte. – Danke dafür.»[271] Es müsse nun darum gehen, treu in der Berufung zu beharren, und es könne sich in seinem Leben nichts Schlimmeres ereignen, als wenn er nicht treu sei und seine Berufung aufgebe, «sich aus dem Fenster werfe». Das Aufgeben der Berufung zum Opus Dei wird also als ein übernatürlichgeistlicher Selbstmord hingestellt. «Anfangen tun alle; ausharren – die Heiligen. Daß deine Beharrlichkeit nicht die

[271] Der Weg, Nr. 913.

blinde Folge deines ersten Entschlusses sei, ein Werk der Trägheit; daß es eine bewußte Beharrlichkeit sei.»[272]
Formal wird gemäß Kirchenrecht die Inkorporation in die Vereinigung schrittweise vollzogen. Frühestens ein halbes Jahr nach der Bitte um Aufnahme in das Opus Dei erfolgt die sogenannte «Admission». Diese wird in der Kapelle eines «Zentrums» des Opus Dei mit einer Zeremonie vor einem Priester in Gegenwart von Zeugen vollzogen. Frühestens ein Jahr nach der Admission erfolgt die «Oblation», mit welcher ein Betreffender seine Mitgliedschaft in der Vereinigung bis zum nächsten Fest des hl. Josef (19. März) verspricht. Bislang mußte ein Numerariermitglied vor der Oblation private Gelübde der Armut, der Ehelosigkeit und des Gehorsams für die gleiche Dauer ablegen. Mit der Umwandlung des Opus Dei von einem Säkularinstitut in eine Personalprälatur wird nun auf die Ablegung privater Gelübde verzichtet. Die Oblation wird jeweils am 19. März mindestens fünfmal erneuert. Zuvor waren bislang jeweils auch die privaten Gelübde zu wiederholen. Frühestens sechseinhalb Jahre nach der Bitte um Aufnahme in die Vereinigung, also frühestens im Alter von 21 Jahren[273] erfolgt mit der sogenannten «Fidelitas» die endgültige, lebenszeitliche Inkorporation in die Vereinigung. Zuvor waren bislang private Gelübde abzulegen, mit denen sich ein Betreffender auf Lebenszeit zu Armut, Ehelosigkeit und Gehorsam verpflichtete. In Zusammenhang mit der Fidelitas sind die Mitglieder gehalten, ein Testament abzufassen, in dem sie für den Fall ihres Ablebens verfügen, daß ihr Eigentum Vereinen wie beispielsweise der Studentischen Kulturgemeinschaft zufallen soll. Es mag sein, daß mit der Neustrukturierung des Opus Dei nun die einzel-

[272] ebd. Nr. 983.
[273] bzw. – falls es zutreffend ist, daß das Mindestalter, um Mitglied zu werden, von 14 1/2 auf 16 Jahre heraufgesetzt wurde – im Alter von 23 Jahren.

nen Schritte der – kirchenrechtlich gesehen – allmählichen, stufenweisen Inkorporation in das Opus Dei in ihrer Benennung wie in ihrer Durchführung Änderungen erfahren haben. Den Mitgliedern wird ausdrücklich gesagt und eingeschärft, daß sie schon mit der Bitte um Aufnahme in das Opus Dei eine endgültige Lebensentscheidung getroffen hätten, an der sie in unverbrüchlicher Treue festhalten müßten. Vor der Erneuerung der Oblation wird regelmäßig ein Vortrag gehalten, in dem nachdrücklich hervorgehoben wird, daß ein solcher Schritt (Erneuerung der Oblation) nicht Anlaß zu einer Prüfung und Infragestellung des bisherigen Weges, sondern vielmehr ausschließlich Anlaß dazu sein soll, von ganzem Herzen seine Hingabe im Opus Dei zu erneuern und zu bekräftigen. Deshalb ist die stufenweise Eingliederung in das Opus Dei in keiner Weise mit Postulat oder Noviziat der Orden vergleichbar. Die kirchenrechtliche Regelung wird (bzw. wurde bislang) zwar formal praktiziert, *de facto* aber umgangen.
Wohl behält sich die *Vereinigung* vor, ein Mitglied in der Zeit bis zur Fidelitas, vor allem bis zur Oblation auf seine Tauglichkeit für die Vereinigung und für eine bestimmte Weise der Mitgliedschaft in ihr zu prüfen und *über* es zu urteilen. Halten die Leiter jemanden, der um die Aufnahme in das Opus Dei gebeten hat und diesem nun seit einiger Zeit angehört, aus irgendwelchen Gründen für dieses nicht geeignet, so muß er das Opus Dei verlassen. Die Entscheidung hierüber obliegt bis zur Admission dem zuständigen «Örtlichen Rat», von der Admission an bis zur Oblation der Kommission und von der Oblation an dem Generalpräsidenten. Wenn die Leiter einen Numerarier nicht für diese Weise der Mitgliedschaft geeignet halten, ist es (in seltenen Fällen) möglich, daß dieser Supernumerarier oder Assoziierter wird. Zuweilen lassen die zuständigen Mitglieder eines «Örtlichen Rates» jemanden

zunächst als Supernumerarier in das Opus Dei eintreten, etwa weil er sich zunächst noch gegen ein Leben in Ehelosigkeit wehrt, und bemühen sich darum, daß der Betreffende doch noch den Entschluß faßt, Numerarier zu werden. Gelangt ein Numerariermitglied zu der Überzeugung, daß er sich beispielsweise nicht für ein Leben in Ehelosigkeit eigne, so kann er dies zwar seinem «geistlichen Leiter» vortragen, doch wird er nur dann Supernumerarier werden können, wenn die Leiter ebenfalls zu dieser Überzeugung gelangt sind oder gelangen, wenn sie es im Gebet «sehen».

Escrivá de Balaguer pflegte häufig zu wiederholen, daß es schwer sei, in das Opus Dei zu gelangen und Mitglied des Opus Dei zu werden, sehr leicht hingegen, das Opus Dei zu verlassen. Die Tür in das Werk sei nur einen Spalt geöffnet, während die Tür hinaus weit offen stehe. Immer wieder wird es im Opus Dei gelehrt, daß die einzelnen Mitglieder frei seien, das Opus Dei jederzeit zu verlassen, vor allem nach außen hin wird dies vielfach betont. Formal betrachtet bedarf es tatsächlich nicht viel, die Mitgliedschaft im Opus Dei aufzukündigen. Bis zur Oblation reicht es, dem Leiter des zuständigen Örtlichen Rates seinen Austritt aus der Vereinigung zu erklären. Hat ein Mitglied, welches das Opus Dei verlassen will, schon die Oblation abgelegt, so kann es entweder am 19. März diese nicht erneuern – wer am 19. März die Oblation willentlich nicht erneuert hat, gehört dem Opus Dei unwiderruflich nicht mehr an – oder er kann in einem Brief dem Generalpräsidenten seinen Willen erklären, das Opus Dei zu verlassen, und diesen bitten, einen von allen eingegangenen Verpflichtungen zu entbinden. Dieser Bitte wird von seiten des Generalpräsidenten stets stattgegeben. Dem Bittsteller wird die Antwort des Generalpräsidenten durch den Leiter des zuständigen «Örtlichen Rates» mitgeteilt.

Wer bereits die Fidelitas abgelegt hat und aus dem Opus Dei austreten will, muß ebenfalls an den Generalpräsidenten schreiben und bedarf ebenso einer Dispens von den eingegangenen Verpflichtungen. Etwa einen Monat nach Schreiben eines solchen Briefes an den Generalpräsidenten findet für den, der bereits die Fidelitas abgelegt hatte, zudem noch ein Gespräch mit Leitern der zuständigen Kommission statt.

In Wirklichkeit ist es aber sehr schwer, das Opus Dei zu verlassen. Die nie abreißende Ausbildung stellt das Verlassen des Opus Dei, das als ein Aufgeben einer göttlichen Berufung hingestellt wird, als etwas sehr Schlimmes und Entsetzliches vor. Als eine Ungeheuerlichkeit, mit der es ein Mensch wagt, das große Geschenk und den gewaltigen Liebeserweis Gottes an ihn auszuschlagen, zurückzuweisen und zu verachten. Das Opus Dei zu verlassen wird vorgestellt als ein Sich-Widersetzen gegen den Willen Gottes, als eine gleichsam schreckliche Durchkreuzung der konkreten Heilspläne Gottes, der jemanden als sein Werkzeug gebrauchen wollte, damit er mitwirke, daß «alle gerettet werden», den er auserwählt hatte, zur Rettung bestimmter Menschen beizutragen. Die Mitgliedschaft im Opus Dei aufzukündigen, wird somit als ein Vergehen gegen Gott und die Menschen vorgestellt, deren ewiges Seelenheil mithin von dem Apostolat eines Mitgliedes des Opus Dei abhinge.

«Die Liebe Gottes und den Eifer für die Seelen mußt du an andere weitergeben, damit diese ihrerseits wieder viele anstekken, die in einem weiteren Bereich leben; und jeder dieser letzteren wiederum seine Berufskollegen. Wieviele geistliche Energien brauchst du! – Und was für eine große Verantwortung, wenn du kalt wirst! Ich mag nicht daran denken, was für ein Verbrechen es wäre, wenn du schlechtes Beispiel gäbest.»[274] «Bitte immer um

[274] Der Weg, Nr. 944.

deine Beharrlichkeit und um die deiner Gefährten im Apostolat; denn unser Widersacher, der Teufel, weiß genau, daß ihr seine großen Feinde seid ... Wenn einer in euren Reihen fällt, wie freut er sich darüber!»[275]

Das Verlassen des Opus Dei als ein Erfolg und Triumph des Teufels? Die Ausbildung in der Vereinigung, die von ständigen Wiederholungen und Einschärfungen lebt, erreicht es, daß ein Mitglied des Opus Dei das ihm dort Vorgestellte meist schon nach kurzer Zeit gänzlich sich zu eigen macht, daß es oftmals in bestimmten Bereichen die Eigenständigkeit des Denkens verliert und in seinem Denken gleichgeschaltet wird, so daß es kaum noch und mit der Zeit immer weniger in der Lage ist, anders als in den Schemen und Kategorien der Vereinigung zu denken. Zu diesen gehört, daß im Opus Dei – von Fehlern des einzelnen, die eingeräumt werden, abgesehen – alles nach dem Willen Gottes geschieht, daß der «Geist des Werkes» auf göttlichen Willen zurückgeht und ihm in allem entspricht. Die Leiter wissen dank der Gnade Gottes, was Gott will.[276] Dem zu gehorchen, was die Leiter als Leiter vorschreiben, heißt, den Willen Gottes zu tun. «Davon, daß du und ich so handeln, wie Gott will, hängen viele große Dinge ab. Vergiß das nicht.»[277] Der Gehorsam gegenüber dem durch die Leiter erfahrbaren Willen Gottes «ist der Schlüssel, um die Tür zu öffnen und in das Himmelreich einzugehen.»[278] Für ein Mitglied des Opus Dei gibt es keine Alternative zu einem «blinden Gehorsam» gegenüber seinen Leitern, er ist «Weg der Heiligkeit», und schon gar keine Alternative zum Gehorsam im Apostolat, er ist «der einzige Weg».[279]

[275] ebd. Nr. 924.
[276] vgl. ebd. Nr. 62.
[277] ebd. Nr. 755.
[278] ebd. Nr. 754.
[279] vgl. ebd. Nr. 941.

Die Berufung zum Opus Dei wird in der Vereinigung als apostolische Berufung vorgestellt. Was den Willen Gottes betrifft, so gibt es für ein Mitglied des Opus Dei im Grunde keine andere Erkenntnisquelle und Quelle der Erfahrung als die Leiter, als das, was die Leiter als Willen Gottes vorstellen, und somit keine eigene Erkenntnis[280] und Erfahrung. Denn, was auch das einzelne Mitglied aus der Betrachtung des Evangeliums, im Gebet, in der konkreten Alltags- und Zeitsituation als ein Angerufen- und Herausgefordertsein, mithin auch durch Gott, zu vernehmen und zu verspüren vermag, es bedarf stets der Anerkenntnis durch seine Leiter und findet diese nur, wenn es dem entspricht, was die Leiter als den Willen Gottes vorstellen.
Zu der Ausbildung des Opus Dei gehört neben vielem anderem die Vermittlung großer Angst vor ewiger Verdammnis und Hölle.

«Es gibt eine Hölle. – Eine Feststellung, die dir eine Binsenwahrheit scheinen mag. – Ich wiederhole sie dir: Es gibt die Hölle! Gib das im richtigen Augenblick an jenen Freund weiter ... und an jenen anderen.»[281] «Die Kinder der Welt neigen sehr dazu, die Barmherzigkeit Gottes zu betonen. – Das ermutigt sie dann, auf ihren Abwegen weiterzugehen. Es ist wahr, daß Gott, unser Herr, unendlich barmherzig ist. Aber Er ist auch unendlich gerecht: es gibt ein Gericht, und Er ist der Richter.»[282]

Doch – wer den Weg der Berufung als Mitglied im Opus Dei geht und ihm treu folgt, damit täglich wieder und wieder von neuem beginnt, befindet sich nicht auf Abwegen. Wer den Leitern «blind gehorcht», befindet sich vielmehr auf einem «sicheren» Weg, der «Weg der Heiligkeit»

[280] vgl. J.M. Castillo: Concilium 14 (1978) 588 f.
[281] Der Weg, Nr. 749.
[282] ebd. Nr. 747.

ist.[283] Wer die Normen und Gewohnheiten des Opus Dei gut erfüllt, dessen Heiligkeit war sich Escrivá de Balaguer sicher.

« ‹Beinahe belustigend, Sie von der ‹Abrechnung› reden zu hören, die unser Herr von Ihnen verlangen werde. Nein, für Sie wird Er kein Richter im strengen Sinne des Wortes sein, sondern einfach Jesus.› Dieser Satz, von einem heiligmäßigen Bischof niedergeschrieben, der schon mehr als ein bedrücktes Herz aufgerichtet hat, kann auch dein Herz aufrichten.»[284]

Wer aber den sicheren Weg des Gehorsams im Opus Dei, wer seine Berufung verläßt, begibt sich in eine große Gefährdung, in die Gefahr ewiger Verdammnis. Er gibt einen sicheren Weg auf und beginnt höchst unsichere und heikle Wege zu beschreiten.

Gelegentlich wird in den Ausbildungsvorträgen darauf hingewiesen, daß Escrivá de Balaguer betont hat, jedes der Mitglieder eines Zentrums des Opus Dei sei in der Regel mitverantwortlich und trage Schuld daran, wenn ein Mitglied aus ihren Reihen seine Berufung aufgibt und das Opus Dei verläßt. Oftmals treffe sie sogar schwere Schuld, die der Beichte bedürfe. Der derzeitige Generalpräsident, Alvaro del Portillo, berichtete in einem Brief an die Mitglieder des Opus Dei, wie sehr es Escrivá de Balaguer geschmerzt habe, wenn eines seiner «Kinder» ihm schrieb, daß es das Opus Dei verlassen wolle. Vielfach hätten derartige Briefe eine Versicherung unveränderter Zuneigung dem Gründer gegenüber enthalten. Der «Vater» habe dann oft unter Tränen gesagt (sinngemäß), er lege auf die Liebe dessen, der das Opus Dei verläßt, keinen Wert, wenn dieser Gott nicht oder nicht vor allem liebe. Auf die

283 vgl. ebd. Nr. 941.
284 ebd. Nr. 168.

Mitglieder der Vereinigung wirkt solches Erzählte in zweifacher Hinsicht. Es legt einerseits nahe, daß das Verlassen des Opus Dei fehlender oder zumindest mangelnder Liebe zu Gott entspringt, und rührt andererseits gewissermaßen eine emotionale Tiefenschicht an: Der «Vater» war bzw. ist der Mensch, welcher für die Mitglieder der Vereinigung die höchste Autorität darstellt. Er artikuliert nämlich für sie maßgebend und authentisch den Willen Gottes, wie es in ihrer Ausbildung unaufhörlich zu vermitteln gesucht wird. Er ist zudem auch – und nicht zuletzt deshalb – der Mensch, den sie am meisten lieben. Welchen Numerarier schmerzte es nicht, von Tränen des Gründers des Opus Dei zu hören, und in wem erweckte das Berichtete nicht den Vorsatz, für den Nachfolger des Gründers, der doch ebenso wie Escrivá de Balaguer «Vater» ist, niemals Anlaß zu Schmerz und Tränen zu werden!

Von seiten der Leiter fehlt es nicht an Hinweisen darauf, wie unglücklich diejenigen meist seien, die ihre Berufung als Mitglied im Opus Dei aufgegeben und verlassen haben. In aller Regel werden sie als Menschen hingestellt, die ihres Lebens nicht mehr froh werden und die nichts so sehr bereuen, wie ihren Austritt aus der Vereinigung. Es wird erzählt von jenem ersten Mitglied des Opus Dei, das eine Berufung zum Numerarier gehabt habe, diese aufgab und heiratete. Es sei eine unglückliche und kinderlose Ehe geworden. Oftmals habe ich verschiedene Leiter ehemalige Mitglieder mitleidig als «ganz arme Schweine» bezeichnen gehört. Wenn ich meine Absicht zu erkennen gab, das Opus Dei zu verlassen, wurden mir von den Leitern häufig ehemalige Mitglieder als warnende Beispiele vorgehalten. «Willst du denn, daß es dir einmal so ergeht wie X. oder Y.?»

Die Herausstellung der Berufung als etwas überaus Erhabenes und als ein unschätzbares Geschenk Gottes, die ständi-

gen Appelle an die Treue zu dieser Berufung einerseits und die regelrechte und vor allem unterschiedslose Verteufelung des Aufgebens der Berufung bewirken einen starken inneren Druck und die Verinnerlichung von Denkschemen und bestimmter Empfindungsweisen. Diese ermöglichen es dann den Leitern, sie jederzeit anzusprechen und wachzurufen. Für den einzelnen werden diese verinnerlichten Denkschemen und Gefühlsmuster oftmals zu einer starken, inneren Fessel, die er – wenn überhaupt – nur schwer und unter großen Anstrengungen abzustreifen vermag.
Ich selber habe von den fünf Jahren meiner Mitgliedschaft als Numerariermitglied im Opus Dei ungefähr zweieinhalb Jahre gebraucht, um die Vereinigung zu verlassen. Es begann damit, daß ich mich in der Vereinigung zunehmend unwohler und unglücklicher zu fühlen begann. Freilich fällt es rückblickend schwer, die mir damals bewußten Gründe dafür nachträglich in der genauen Reihenfolge ihres Zu-Bewußtsein-Kommens zu rekonstruieren. Es kamen wohl viele und zunehmend immer mehr Momente zusammen, die oftmals zunächst im emotionalen Bereich ihren Ausgang nahmen und erst allmählich eine Ebene ausdrücklicher Reflexion erreichten. Ein starkes Moment war, daß ich das, was in der Vereinigung mit den großen und anspruchsvollen Worten «Brüderlichkeit» und «Freundschaft» belegt wird, zunehmend als verordnet zu empfinden begann. Hohe und erstrebenswerte Ideale wurden hier so hingestellt, als seien sie im Opus Dei gleichsam optimal verwirklicht. Zunehmend verdichtete sich jedoch bei mir der Eindruck, daß in Wahrheit der gestellte Anspruch nicht nur nicht erreicht, sondern meist nicht einmal im Ansatz verwirklicht und ihm nicht nur vereinzelt, sondern irgendwie systembedingt grundlegend und laufend widersprochen wurde. Gleichzeitig hatte ich das Empfinden ungeheuren Unfreiseins, eines Eingeschnürt-

seins in ein mächtiges Korsett, das mir nicht paßte, sondern an das ich mich, koste es, was es wolle, anzupassen hatte. Ein sicherlich ganz wichtiges und zunehmend wichtiger werdendes Moment wurde ein ständig stärker werdendes Angezogensein vom anderen Geschlecht, das ich zum Zeitpunkt meines Eintritts in die Vereinigung so nicht gekannt und erfahren hatte. Dann das pausenlose Eingespanntsein in Aufgaben und Verpflichtungen, ein letztlich nie abreißender Streß, der einen kaum noch zu dem kommen ließ, wozu man eigentlich angetreten war: sein Christsein in den Lebensumständen ernstzunehmen, in denen man sich auch ohne das Opus Dei befinden würde. «Eine Stunde Studieren ist für einen modernen Apostel eine Stunde Gebet.»[285] lautet in «Der Weg» ein Punkt, der mich im Alter von vierzehn und fünfzehn Jahren begeistert hatte. Und jetzt war ich froh, wenn ich meine Schulaufgaben halbwegs erledigt bekam. Dem, was mich im Unterricht interessierte, einmal nachzugehen, es zu vertiefen, dazu vielleicht einmal ein Buch zu lesen oder eine Ausstellung zu besuchen, das war längst nicht mehr möglich. Ebenso unmöglich war es geworden, einem Freund auf gleicher Ebene zu begegnen, irgendetwas ohne «apostolische» Hintergedanken zu unternehmen und zusammen nur deshalb etwas zu tun, weil es beiden Seiten Freude macht. Auch fühlte ich mich zunehmend von den Leitern im Opus Dei ausgenutzt und hatte den Eindruck, für die Vereinigung nur so lange und nur insoweit interessant zu sein, wie ich im Sinn der Vereinigung und für sie funktionierte.

Selbstverständlich galt es, von solchen Empfindungen und Eindrücken in der Aussprache als Versuchungen zu berichten. Die «geistlichen Leiter» taten alles, sie als gefährliche

[285] ebd. Nr. 335.

Versuchungen und Ausdruck mangelnder Großzügigkeit, Hingabe und Liebe und zudem großen und verletzten Stolzes hinzustellen. Was das Angezogensein vom anderen Geschlecht anbelangte, wurde gesagt, daß dies zwar sehr natürlich ist, ich dem aber nicht nachgehen dürfe, da Gott mich zur Ehelosigkeit berufen habe und ich darauf mit meinem Eintritt in das Opus Dei ein für alle Male verzichtet hätte. «Jesus genügt es nicht, daß man mit Ihm ‹teilt›: Er will alles.»[286] Hinsichtlich der «Brüderlichkeit» wurde ich befragt, wie sich denn meine Liebe zu meinen «Brüdern» ausdrücke, wie oft meine «Brüder» denn Gegenstand meines Gebetes seien, welche Dinge ich mir einfallen ließe, einem «Bruder» eine Freude zu bereiten, wieviele «Brüderliche Zurechtweisungen» ich denn üben würde. Ich solle erst einmal selber brüderlicher werden. Was die Schule anbelange, so sei es freilich notwendig, daß ich genügend dafür arbeite, ich solle die Zeit besser ausnutzen und auch Zwischenzeiten und unvorhergesehene Wartezeiten zum Lernen nutzen. Andererseits müsse ich eine klare Hierarchie der Werte und Pflichten einhalten, dürfe mich an meine persönliche Arbeit nicht klammern. Ein Numerarier müsse bereit sein, jederzeit seine persönliche Arbeit, und sei sie noch so erfolgversprechend, aufzugeben, wenn es sein Leiter für erforderlich hält.
Durch die intensive Ausbildung im Opus Dei, die ich bereits durchlaufen hatte, entsprachen solche zurechtweisenden Äußerungen der Leiter genau den Denkmustern, die ich selbst verinnerlicht hatte und in denen ich zunächst auch weiterhin grundsätzlich dachte. Deshalb war ich auch immer wieder bereit, gegen meine Empfindungen und Gedanken anzugehen, sie bisweilen regelrecht zu bekämpfen, wozu mich meine Leiter anhielten. Ließen diese Gedan-

[286] ebd. Nr. 155.

ken und Empfindungen, auch das Unglücklichsein, sich auch immer wieder verdrängen und zum Schweigen bringen, manchmal sogar auf längere Zeit, so blieben sie doch latent und brachen stets von neuem, oft um so heftiger, hervor. Von Zeit zu Zeit überkamen mich regelrechte Ausbruchsstimmungen, so daß ich ab und zu einen Tag lang nicht zum Jugendclub Feuerstein kam, die Normen dann nicht oder nur teilweise erfüllte und aus der ganzen Geregeltheit und Verplantheit ausbrach. Dabei überkam mich ein ungemeines Glücksgefühl, welches das zunächst stets begleitende Gefühl, etwas Unrechtes zu tun, überwog und für einige Stunden überwand. Ich liebte es unter anderem dann, die belebtesten Geschäftsstraßen Kölns aufzusuchen, die Menschen dort zu beobachten und in ihre Gesichter zu schauen. Da war doch Leben! In diesen Gesichtern, die Freude wie Leid, Gleichgültigkeit, Gedankenverlorenheit, Geschäftigkeit, Resignation, Glück und Kummer etc. ausdrückten, lag Realität. Realität, der ich mich entzogen fühlte. Ein Schimmer einer in weiten Teilen durchaus nicht lichten Lebenswirklichkeit, die mehr Einsamkeit als gelungene Zweisamkeit bzw. Gemeinsamkeit, mehr Leid als Freude kennt. Doch, wenn es sich für etwas einzusetzen galt, dann doch in dem und für das, was hier als Wirklichkeit aufschien.

Wenn ich aus der Stadt zurückkehrte, wußte ich, daß im Haus meiner Eltern längst schon einer der Leiter angerufen und um meinen Rückruf gebeten hatte. Das Glücksgefühl wich Schuldgefühlen. Für den nächsten Tag oder schon am Abend war ein längeres Gespräch mit meinem «geistlichen Leiter» zu erwarten, der mir Vorhaltungen machen und mich eindrücklich davor warnen würde, mit meiner «Berufung zu spielen». Im Frühjahr 1977 faßte ich das erste Mal den Entschluß, das Opus Dei zu verlassen. Damals hörte ich von seiten der Leiter auch das erste Mal den Satz, ich solle mich nicht «aus dem Fenster werfen und unglücklich machen.» Es begannen wie immer wieder, wenn ich später die Absicht erkennen ließ, das Opus Dei zu verlassen, stundenlange Gespräche mit den Leitern und Priestern des Opus Dei, später waren es oft mehrere an einem Tag. Stand ich ohnehin schon, durch die Ausbildung im Opus Dei, unter einer großen inneren Fessel, so wurde der daraus resultierende Druck durch die jeweiligen Leiter in solchen mir von ihnen aufgedrängten Gesprächen noch verstärkt. Von der Romfahrt 1977 an schaltete sich ein Mitglied der Kommission in diese Gespräche ein. Dieser Numerarier war viele Jahre älter als ich, stellte für mich eine große Autorität dar und übte einen großen Einfluß auf mich aus, wovon er reichlich Gebrauch machte. Immer wieder gelang es ihm, oft mit sublimsten Methoden, mich zu bewegen, im Opus Dei zu bleiben.

Damals identifizierte ich noch das, was der «Geist des Opus Dei» genannt wird, mit dem Willen Gottes. Die Schwierigkeiten, die ich mit der Vereinigung hatte, führte ich, wie es die Leiter stets taten, auf mich zurück. Könnte ich nicht alle Fesseln mit einem Mal abstreifen, wenn ich den Glauben an Gott aufgäbe? Was, wenn Gott nur ein Hirngespinst der Menschen wäre, dem keine Wirklichkeit zugrundeliegt? Wenn es Gott nicht gäbe, dann wäre auch das Opus Dei nicht auf göttlichen Willen gegründet. Doch, schon bei diesen Überlegungen wußte ich, daß ich meinen Glauben nicht so einfach abstreifen könnte. Vor allem wollte ich glauben und ein Glaubender bleiben. Da ich zutiefst aber doch noch davon ausging, Gott wolle mich als Numerariermitglied im Opus Dei, und mein Christsein mir damals, wie es mir unzählige Male eingeschärft worden war, irgendwie als untrennbar mit dem Opus Dei verknüpft erschien, verblieb ich im Opus Dei. War es nicht auch eine einleuchtende Konsequenz, daß Ganzhingabe, wie sie im Opus Dei gefordert ist, Überwindung und Opfer kostete? Hatten die Leiter nicht doch recht, wenn sie immer wieder betonten, daß sich diese Opfer lohnten?

«Wir wollen in dem armen gegenwärtigen Leben den Leidenskelch bis zum letzten Tropfen leeren. – Was bedeuten zehn, zwanzig oder fünfzig Jahre Leid . . ., wenn dann die Herrlichkeit kommt, für immer, für immer . . ., für immer? Und vor allem – besser noch als der erwähnte Grund ‹propter retributionem› –, was macht es aus zu leiden, wenn man leidet, um Gott, unseren Herrn, zu trösten, um Ihm zu gefallen, im Geist der Sühne, eins mit Ihm am Kreuz, mit einem Wort: wenn man aus Liebe leidet? . . .»[287]

Im Sommer 1977 zog ich nach Bonn ins «Studienzentrum», wo ich zunächst an dem zweimonatigen Jahreskurs für die Mitglieder dieses «Zentrums» teilnahm. Die ersten vier Wochen wurden von dem zuvor erwähnten Mitglied der Kommission geleitet, das während dieser Zeit meine geistliche Leitung wahrnahm. Nach dem Jahreskurs war es einer meiner Aufträge, an zwei bis drei Vormittagen in der Woche im Haus der Kommission im «Sekretariat des Vizepostulators des Opus Dei in Deutschland» zu arbeiten, dort den Versand der «Informationsblätter über den Gründer des Opus Dei» zu besorgen, die Buchführung zu erledigen und die Spendenbescheinigungen auszustellen. Dadurch traf ich das betreffende Mitglied der Kommission, das zudem einmal in der Woche uns Mitgliedern des «Studienzentrums» in Bonn einen Ausbildungsvortrag hielt, mehrmals in der Woche.
Auch wenn ich zunächst mich wieder um eine vollständige Hingabe als Numerariermitglied im Opus Dei bemühte, so blieben doch vor allem drei Bereiche virulent:

[287] ebd. Nr. 182.

Zum einen sehnte ich mich nach einer Freundin, und es fiel mir schwer, mich damit abfinden zu sollen, daß meine «Entscheidung» als Fünfzehnjähriger zur Ehelosigkeit eine endgültige Lebensentscheidung gewesen sei. Ich wollte gar nicht in Abrede stellen, daß diese Lebensform tatsächlich mein Weg sein könnte, wohl aber gewann ich mehr und mehr die Überzeugung, daß der Entscheidung zur Ehelosigkeit eine eingehende, ehrliche Prüfung vorausgehen muß, die bei einer verordneten, völligen Abkapselung vom anderen Geschlecht vom fünfzehnten Lebensjahr an jeder Möglichkeit und Grundlage entbehrt. Auch verstärkte sich bei mir zunehmend der Verdacht, daß die Ehelosigkeit möglicherweise kein mir angemessener Lebensweg sein könnte. Zum anderen wurde mir zunehmend der Bereich des Studiums zum Problem: ein ernsthaftes und ernstzunehmendes Studium in den von mir gewählten Fächern Philosophie und Klassische Philologie war mir als Mitglied des Opus Dei nicht möglich. Die zahlreichen Aufträge, Verpflichtungen und Termine ließen mich kaum zum Studieren kommen. War einmal Zeit, im Studienraum des «Althaus» etwas zusammenhängender zu studieren, so wurde man fast immer durch ein unaufhörlich schellendes Telefon und das ständige Kommen und Gehen der Benutzer des Studienraumes gestört. Wollte man einmal relativ ungestört arbeiten, so mußte man sich, wenn das möglich war, in einen Seminarraum der Universität begeben. Das Verbot der Lektüre fast sämtlicher Philosophen tat das übrige. Die Art, wie unter den Mitgliedern abschätzig über verbotene Autoren und ihre Werke gesprochen wurde, begann ich als ebenso arrogant wie dumm zu empfinden. Kaum studieren zu können, fiel mir ausgespochen schwer. Einmal belastete mich die Frage, wie ich jemals unter diesen Bedingungen in meinem Studium zu einem Abschluß kommen könnte. Vor allem aber machte es mir

Spaß, etwas gründlich zu erarbeiten, Fragen aufzuwerfen und ihnen nachzugehen, was mir im Opus Dei unmöglich war. Oft bat ich den Leiter des «Studienzentrums» um Erlaubnis, nach der abendlichen Gewissenserforschung aufbleiben und noch etwas arbeiten zu dürfen, was mir meist abschlägig beantwortet wurde. Schließlich blieb all das virulent, was sich auf das bezog, was in der Vereinigung «Brüderlichkeit» und «Freundschaft» genannt wird. Die Beisammensein wurden mir mit der Zeit oft zur Qual. Ich litt bisweilen fast physisch darunter, wenn jemand uns persönlichste Angelegenheiten eines «Freundes» unterbreitete, oder wenn ich, was häufig geschah, vom Leiter dazu aufgefordert wurde, über «Freunde» von mir zu erzählen. Mehr und mehr hatte ich es im «Studienzentrum» aufgegeben, von mir aus von meinen «Freunden» zu berichten.

Im Dezember 1977 sagte ich dem Leiter des «Studienzentrums», daß ich zu der Auffassung gelangt wäre, nicht zum Opus Dei berufen zu sein. Der Leiter sagte mir daraufhin: «Gut, dann schreibst du jetzt auf einen kleinen Zettel: ‹Ich habe keine Berufung zum Opus Dei› und unterschreibst ihn. Wir legen diesen Zettel dann in den Tabernakel. Könntest du heute nacht ruhig schlafen, wenn wir das täten?» Ich gab zu, daß mir dabei nicht ganz wohl sein würde. Wir führten dann ein längeres Gespräch, in dem er die üblichen Warnungen aussprach und in dem es dann darum ging, wie ich in meiner Hingabe treuer werden könnte. Nach diesem Gespräch zog ich fast ein halbes Jahr lang meine «Berufung» nicht mehr in Zweifel, bemühte mich, mich mit ihr abzufinden und sie zu bejahen, und versuchte, den «Geist des Werkes» treu zu erfüllen. Im Mai 1978 brach alles von neuem auf. Am Pfingstsonntag hatte ich ein langes Gespräch mit dem verschiedentlich schon erwähnten Mitglied der Kommission, längere Gespräche mit meinem «geistlichen Leiter» waren schon vorausgegangen. Das Mitglied zeigte mir schließlich ein Bild, das einen gekreuzigten Christus mit abgeschlagenen Armen darstellte. Auf dem Querbalken des Kreuzes stand geschrieben: «Ich habe keine anderen Hände als deine». Dieses Bild beeindruckte mich sehr. X. fragte lapidar, ob ich mich dem entziehen wolle. Meine «Berufungskrise», so wird es im Opus Dei bezeichnet, dauerte diesmal länger. Auch nach diesem Gespräch beharrte ich darauf, daß ich mich zumindest nicht als Numerarier eigne und wohl nicht zur Ehelosigkeit berufen sei. An einem Samstag unternahm ich mit meinem «geistlichen Leiter» in Zusammenhang mit einem Besuch eines Jugendclubs in Trier, der von einigen Mitgliedern des «Studienzentrums» von Bonn aus betreut wurde, eine längere Wallfahrt. Auf dem Rückweg sagte ich meinem «geistlichen Leiter», daß ich der Überzeugung sei, daß die Mitgliedschaft im Opus Dei als Numerarier nicht mein Weg ist und fragte ihn, ob ich nicht Supernumerarier werden könne. Der Leiter ging darauf zunächst scheinbar ein. Ich solle mich im Gebet ehrlich fragen, was Gott von mir wolle und mit einer täglichen, kurzen Wallfahrt zu einer Marienstatue in einer Bonner Kirche um Klarheit bitten. In den folgenden Tagen und Wochen begannen nun wieder die zahlreichen, intensiven Gespräche, in denen mir mein Leiter und das Mitglied der Kommission klarzumachen versuchten, daß ich sehr wohl eine Berufung zum Numerarier hätte. Einerseits wurde mir wiederholt, daß Gott, indem er mich zur Ehelosigkeit berufen habe, von mir ein Mehr an Hingabe erwarte, andererseits wurde betont, ich würde mir eine Ehe wohl allzu romantisch vorstellen. Es wurde mir beispielsweise von einem Supernumerarier erzählt, dessen Frau Alkoholikerin geworden sei. Auch andere warnende Beispiele wurden mir vorgehalten. Es wurde an meine Verantwortung für meine Mitbrüder und die «Freunde» meines Apostolates appelliert. Ich wurde befragt, ob ich nicht auch mit der Möglichkeit rechne, daß ich mir mit meinen Überlegungen etwas vormachte und alles nur meinem Egoismus entspringen könnte. Wieder und wieder wurden mir zwei ehemalige Numerarier vorgehalten, die wegen einer Frau das Opus Dei verlassen hätten und die nun sehr unglückliche Menschen seien.

Jedes dieser Gespräche nahm mich sehr mit und stellte für mich eine große Belastung dar. Dennoch verfestigten sich mehr und mehr meine Ansicht, daß ich mich nicht als Numerarier eigne, und der Entschluß, das Opus Dei zu verlassen. Nach einem Beisammensein nahm mich mein «geistlicher Leiter» beiseite und sagte mir, ich könne mich freuen, der «Örtliche Rat» habe beschlossen, ich dürfe an der Sommerfahrt zu dem vom Opus Dei neu aufgebauten Marienwallfahrtsort Torreciudad in Spanien teilnehmen. Überrascht sah ich ihn an und sagte ihm, er wisse doch von meinem Entschluß, das Opus Dei zu verlassen und daß ich, wenn die Fahrt nach Torreciudad beginne, nicht mehr Mitglied der Vereinigung sein würde. Der Leiter gab mir zu bedenken, daß es sich dabei doch um eine so gewichtige Entscheidung handele, daß es zumindest nicht schaden könne, wenn ich alles noch einmal während der Wochen in Torreciudad «durchbeten» würde. Letztlich vertue ich mir ja nichts, wenn ich einen Monat später das Opus Dei verlassen würde, und ich könne mir, wenn ich nach Torreciudad immer noch der Auffassung sei, diesen Schritt gehen zu sollen, wenigstens sagen, daß ich mich ernsthaft um eine Entscheidung bemüht habe. Ich gab ihm recht. Am Vorabend der Abfahrt nach Torreciudad hatte ich noch ein sehr langes Gespräch mit meinem «geistlichen Leiter». Während der Torreciudad-Fahrt leitete mich der Sekretär des «Studienzentrums», da der Leiter nicht mitfuhr. Er tat zunächst so, als wisse er von all meinen Überlegungen der letzten Zeit nichts.[288] Er setzte vorerst den weichen Kurs, den die Leiter mir gegenüber in den letzten Tagen genommen hatten, fort und ließ erkennen, daß er bereit sei, meine Entscheidung, die ich in Torreciudad treffen wollte, anzuerkennen und ernstzunehmen. In Torreciudad verbrachte ich täglich oft viele Stunden in der Wallfahrtskirche. Mehr und mehr wurde ich mir dessen sicher, daß es für mich richtig sei, das Opus Dei zu verlassen. Der Sekretär des «Studienzentrums» schlug daraufhin eine andere Tonart an. Er habe mir nicht die Wahrheit gesagt, er sei über mich vorher genauestens informiert worden und angewiesen, mich «knallhart» anzupacken. Ich solle mir doch nichts vormachen, meine Überlegungen seien die Folge meines Egoismus und Stolzes. Wenn ich das Opus Dei verlasse, ginge ich sehr wahrscheinlich in die Hölle. Wenn mir wirklich ernst damit wäre, mich ehrlich vor Gott zu entscheiden, dann solle ich gleich noch zur Beichte gehen und mich dort meines unbändigen Stolzes anklagen. Es war ein Uhr nachts, als er mir das sagte. Da ich noch ganz unter dem Einfluß der Erziehung zum Gehorsam stand, die ich im Opus Dei erfahren hatte, faßte ich mir ein Herz und weckte, wie es der Leiter angeordnet hatte, den Priester, der die Fahrt begleitete.

Trotz der Härte der Gespräche, die diesem Nachtgespräch in den nächsten Tagen folgten, blieb ich bei meinem Entschluß, das Opus Dei zu verlassen. Auf der Rückfahrt hatte ich den festen Willen, spätestens am Tag nach der abendlichen Rückkehr ins «Studienzentrum» in einem Brief an den Generalpräsidenten diesen zu bitten, mich

[288] Erst später erfuhr ich, daß die einzelnen Numerariermitglieder in den Sitzungen des «Örtlichen Rates» stets sehr detailliert durchgesprochen werden und von Zeit zu Zeit sehr ausführliche Beurteilungen über jedes Mitglied ohne deren Wissen geschrieben und an die Kommission weitergeleitet werden.

von den eingegangenen Verpflichtungen zu dispensieren und das Opus Dei zu verlassen. Am 14. August 1978 hatte ich mit dem Leiter des «Studienzentrums», der mein «geistlicher Leiter» war, ein langes Gespräch, das ich mit der Überzeugung begann, es würde mein endgültig letztes mit ihm sein. In diesem Gespräch fuhr der Leiter gewissermaßen fast alle vorhandenen Geschütze auf. Wieder spürte ich die mächtige innere Fessel. Wenn ich mich doch belog? Wenn alles wirklich nur meinem Egoismus und einem verletzten Stolz entsprang? Wer war ich denn, daß ich mich so einfach über die Auffassungen der Leiter hinwegzusetzen können glaubte, die einhellig die Ansicht vertraten, daß ich von Gott zum Numerarier im Opus Dei berufen sei? Besaßen sie nicht die Standesgnade, um mir gültig zu sagen, was der Wille Gottes sei? Hieß nicht, wie es die Leiter betonten, sich über die Leiter hinwegzusetzen, sich über Gott hinwegzusetzen und sich ihm somit zu widersetzen? Eignete nicht dem, was der Leiter mir in diesem Gespräch gesagt hatte und in der Folgezeit oftmals wiederholen sollte, eine gewisse Plausibilität: «Wenn Gott dich nicht im Opus Dei haben will, glaubst du nicht, daß ihm genügend Mittel und Wege zur Verfügung stehen, dich aus dem Opus Dei herauszuholen?» «Was wäre, wenn du dich irrst? Du weißt, daß du, wenn du das Opus Dei verläßt, niemals mehr in es zurückkehren kannst!» Nun doch wieder unsicher geworden, hielt ich nach diesem Gespräch die Zeit des nachmittäglichen Gebetes. Am Abend teilte ich dem Leiter mit, daß ich doch in der Vereinigung verbleiben wolle. Von nun an wurden aber die Abstände zwischen den einzelnen «Berufungskrisen» immer kleiner.

Ende September verließ ich das Althaus, allerdings ohne den Brief an den Generalpräsidenten geschrieben zu haben. Ich wollte zunächst einmal außerhalb des Einflusses der Leiter überlegen. Die Leiter hatten alles getan zu betonen, daß sie ein solches Verhalten in keiner Weise billigen, mich aber nicht daran hindern könnten, daß ich mich unglücklich machte. Kurz bevor ich das «Studienzentrum» verließ, nahm mich ein Numerarier beiseite, mit dem ich früher im Jugendclub Feuerstein viel zusammengearbeitet hatte. Er brach in Tränen aus. Er habe den Eindruck, daß ich einen schlimmen Schritt tun wolle. Er selber habe in der Zeit, wo wir gemeinsam im Jugendclub Feuerstein waren, oft das Opus Dei verlassen wollen. Daß er es nicht getan habe, verdanke er mir. Ohne es zu wissen, sei ich ihm in diesen Zeiten Vorbild und Beispiel gewesen. Er sei der festen Überzeugung, daß wir außerhalb des Opus Dei nicht glücklich werden könnten. Ob ich mich nicht an den letzten Satz des Prologes in «Der Weg» erinnere: damit du «am Ende ein Mensch bist, der klar sieht.»? Augenblicklich sähe ich nicht klar und sei dabei, in mein Unglück zu rennen. Diese Worte ergriffen mich sehr. Ich hatte den Eindruck, daß dies nicht mit einem Leiter abgesprochen war, was eine große Ausnahme darstellt. Unter dem Eindruck seiner Tränen und Worte fuhr ich nach Hause, meine Eltern waren in Urlaub gefahren. Schon nach einem Tag hielt ich es nicht mehr aus und kehrte ins Althaus zurück. Diese «freiwillige Rückkehr» wurde mir von da an bei den «Berufungskrisen», die noch folgen sollten, immer wieder gleichsam als ein Gegenargument vorgehalten. Wenn ich erst einmal den Brief an den Generalpräsidenten geschrieben hätte, würde eine Rückkehr nicht mehr möglich sein. In den etwas mehr als vierundzwanzig Stunden außerhalb des Opus Dei war mir auch erschreckend klar geworden, wie mich die Jahre meiner Mitgliedschaft völlig isoliert hatten. Wen hatte ich außer den Leitern, an den ich mich hätte wenden können? Konnte ich mich denn noch außerhalb des Opus Dei überhaupt zurechtfinden?

Um die Darstellung etwas abzukürzen, sollen Einzelheiten

bis zur Romfahrt 1979 übersprungen werden. In dem letzten Jahr meiner Mitgliedschaft wurde ich zunehmend zu einem Kritiker des Opus Dei, was einen für mich entscheidenden Wendepunkt darstellte. Bislang hatte ich, wozu die Leiter jeden erdenklichen Beitrag leisteten, das, woran ich mich zunehmend in der Vereinigung stieß, als eine ausschließlich individuelle Problematik betrachtet. Daß ich mit diesem oder jenem nicht zurechtkam, mochte daran liegen, daß ich nicht zum Opus Dei berufen war, nicht aber daran, daß in der Vereinigung gewissermaßen objektiv Un-rechtes geschieht. Nun begann ich nach und nach, das System des Opus Dei als solches in Frage zu stellen. War solche «System»kritik nur die Projektion unbewältigter Eigenproblematiken auf die Vereinigung, und lag darin nicht ein selbstbetrügerischer Schachzug, durch eine versuchte Kritik am Ganzen eine Rechtfertigung für das eigene Verhalten zu gewinnen? – dies betonten die Leiter. Oder war die eigene Problematik nicht wesentlich die Konsequenz aus dem, was es zu kritisieren galt? Diese beiden Fragen habe ich mir während des letzten Jahres meiner Mitgliedschaft oft gestellt und mich bemüht, eine ehrliche Antwort darauf zu finden. Mußte ich nicht Kritik üben? War nicht *beispielsweise* das, was unter dem Namen «Freundschaft» vorgestellt wurde, eine trügerische Ideologie und das, was in ihrem Namen getan werden mußte, nicht nur die Abwesenheit von Freundschaft, sondern auch ein letztlich menschenverachtender, unchristlicher «Seelenhandel»? War es nicht eine Ungeheuerlichkeit, immer wieder Minderjährigen weittragende «Entscheidungen» letztlich aufzuzwingen? Das (und vieles andere) konnte nicht der Wille Gottes sein. Das hieß aber, daß die Leiter in ihren Anweisungen den Willen Gottes nicht artikulieren, womit dem geschlossenen System des Opus Dei die Basis fehlt. Dies erhielt für mich während der

Romfahrt 1979 eine erschreckende Deutlichkeit. Mochte es vielleicht möglich sein, daß ich selber im Opus Dei verblieb und, wie es in «Der Weg» heißt, «den Leidenskelch bis zum letzten Tropfen» leerte, ich durfte es nicht, weil ich stets gehalten sein würde, Dinge zu tun, die ich nicht verantworten konnte und durfte.

Diese Einsicht gewann ich endgültig während der erwähnten Romfahrt. Die Wochen, die ich trotzdem noch in der Vereinigung verblieb, nicht zuletzt deshalb, weil ich intensiv prüfen wollte, ob meine Kritik richtig war oder nur eine sublime Weise der Selbstrechtfertigung darstellte, bestätigten mir die Berechtigung und Notwendigkeit der Kritik. Die Denkmuster waren zerbrochen, und ich sah alles, was in der Vereinigung geschah und in den Ausbildungsvorträgen vorgestellt wurde, mit anderen Augen und in einem anderen Licht. Was ich schon länger erahnt hatte, zeigte sich mir nun in aller Deutlichkeit: eine erschreckende und schreckliche Wirklichkeit.

Die Leiter bemühten sich sehr darum, deutlich zu machen, daß ich mich mit meiner Kritik nicht nur gegen das Opus Dei wende, sondern mich auch außerhalb der Kirche stelle, die alles, was der «Geist des Werkes» sei, bis in alle Einzelheiten hinein als von Gott kommend anerkannt und approbiert habe. Ich antwortete darauf, daß ich mir das nicht vorstellen könnte. Ich wolle die Dokumente der Approbationen, vor allem das sogenannte «Ius peculiare» (das spezielle, interne Recht), das angeblich approbiert worden sei, endlich einmal sehen. Sehr wahrscheinlich würde es von dem, was Escrivá de Balaguer bis in alle Einzelheiten festgelegt hat, erheblich abweichen und vieles, was angeblich von Gott gewollt wäre und in der Vereinigung praktiziert werden muß, nicht enthalten. Durch meine Mitarbeit am «Apostolat der öffentlichen Meinung» wußte ich, wie sehr die Außendarstellungen des Opus Dei sich von der

Wirklichkeit unterscheiden. Auch wußte ich, wie wenig das, was Escrivá de Balaguer in der Interviewsammlung «Gespräche mit Msgr. Esrivá de Balaguer» dargestellt hat, die Wirklichkeit der Vereinigung wiedergibt. Vieles wird in diesem Buch verschwiegen, und eine Reihe von Aussagen des Gründers laufen der Wahrheit direkt zuwider.
Der Leiter des «Studienzentrums» meinte auf diese Bitte hin, daß ich die Dokumente gerne einsehen dürfe. Nur müsse ich mich noch etwas gedulden. Ich hätte augenblicklich einen derart «kritischen Geist», der das Resultat eines Mangels an Innenleben und «übernatürlicher Sicht» sei. Wenn ich persönlich wieder mit Gott ins Reine gekommen wäre, wolle er mir das Gewünschte geben. Doch gab ich in dieser Frage nicht nach. Der Leiter verwies mich daraufhin an die Kommission. Die Texte der von mir geforderten Dokumente seien im Studienzentrum nicht vorhanden, wohl aber in der Kommission. Ich solle das erwähnte Mitglied der Kommission darum bitten, sie mir zur Einsicht zu geben. Am nächsten Tag arbeitete ich wieder im Haus der Kommission und wandte mich sogleich an X. Dieser tat sehr überrascht. Selbstverständlich seien die Texte im Studienzentrum vorhanden. Er könne mir die Texte natürlich geben, doch sei es für mich wohl bequemer und effektiver, wenn ich sie im «Studienzentrum» in aller Ruhe durchgehen könnte. Wieder ins Althaus zurückgekehrt, teilte ich dies dem Leiter mit, der seinerseits sehr überrascht tat. X. irre sich, die Texte seien im «Studienzentrum» nicht vorhanden.
Nur kurz sei erwähnt, daß ich mich auch nach meinem Austritt aus dem Opus Dei um Einsicht in die Texte der Approbationen und vor allem des «Ius peculiare» bemüht habe. Im Mai 1980 schrieb ich in diesem Anliegen das erste Mal an den Consiliarius des Opus Dei in Deutschland. Auf meinen Brief nach Köln erfolgte eine Antwort aus

Bonn. Der Priester des Studienzentrums teilte mir mit, er sei vom Consiliarius beauftragt worden, sich mit mir in meinem Anliegen in Verbindung zu setzen. Wann wir uns denn bei mir einmal treffen könnten; er brächte Entsprechendes mit. Entsprechendes entpuppte sich dann als eine Arbeit eines Opus-Dei-Mitgliedes, die sich aus der Sicht des Kirchenrechts mit den Säkularinstituten befaßte.[289] Die von mir geforderten Texte könne er mir leider nicht zur Einsicht vorlegen, da das «Ius peculiare» auf Grund päpstlicher Anordnung Motu proprio «Ecclesiae Sanctae» vom 6. 8. 1966 überarbeitet würde, um es den Bestimmungen des II. Vatikanischen Konzils anzupassen. Mein Einwand, daß doch das Bisherige, eventuell mit Zusatzbestimmungen, weiterhin gelte und deshalb auch einsehbar sein müsse, ehe die Überarbeitung nicht abgeschlossen und die eventuelle Neufassung des «Ius peculiare» nicht approbiert sei, blieb unbeantwortet. Am 31. 3. 1981 schrieb ich ein weiteres Mal an den Consiliarius. Ich wiederholte meine Bitte, betonte, daß mir mit Literatur von Opus-Dei-Mitgliedern selbstverständlich nicht gedient sei, und legte meine Auffassung dar, daß das bisherige «Ius peculiare» solange Gültigkeit besitze, bis ein neues in Kraft getreten sei. Diesen Brief verschickte ich per Einschreiben. Daraufhin erreichte mich ein vom 3. 4. 1981 datierter Brief des Consiliarius: Er habe gehört, daß ich ihm einen eingeschriebenen Brief gesandt habe. Da er, als der Brief ankam, nicht zu Hause gewesen sei, liege dieser nun beim Postamt. Fast schon hätte er ihn abgeholt, doch da sei ihm die Frage gekommen, wieso ich ihm denn per Einschreiben geschrieben habe. Wir kennten uns doch gut – wovon keine Rede sein kann – so daß ich nicht auf solche Förmlichkeiten zurückzugreifen brauchte. «Du kannst mir also jeder Zeit

289 J. Herranz, Die Entstehung der Säkularinstitute.

normal schreiben, oder Du kannst mich anrufen, ich stehe gern zu Deiner Verfügung, falls Du ein bestimmtes Anliegen hast.» Am 9. 4. kam der eingeschriebene Brief ungeöffnet wieder zurück. Am 6. 4. hatte ich, versehen mit einem Begleitbrief, dem Consiliarius eine Fotokopie meines Briefes vom 31. 3. geschickt – diesmal nicht eingeschrieben. In seiner Antwort vom 22. 4. 1981 schrieb der Consiliarius, daß er dem, was mir seinerzeit der Priester des «Studienzentrums» mitgeteilt habe, nichts hinzuzufügen habe. Das «Ius peculiare» befände sich in Überarbeitung und «es dürfte eigentlich selbstverständlich sein, daß man in ein schwebendes Verfahren nicht eingreift.» Er beschloß seinen Brief: «In diesen Tagen erscheint die 3. Auflage der ‹Gespräche mit Msgr. Escrivá de Balaguer›. Dieses Buch hat nichts an Aktualität verloren: was den spezifischen Geist des Werkes und seine Auswirkung auf Tun und Handeln der Mitglieder betrifft, so findest Du dort das Entscheidende dazu gesagt.»

Maria Angustias Moreno schreibt: «Ja, das Werk hat Konstitutionen. Die schriftlichen Konstitutionen, die der Heilige Stuhl von jeder religiösen Vereinigung fordert, die approbiert werden soll, und auf denen eigentlich die Anerkennung beruht. Diese Konstitutionen genau zu kennen, haben die Mitglieder des Werkes, wie es scheint, keinen Grund. Sie sind in Latein geschrieben, und man übersetzt sie nicht. *Die Mitglieder haben sie nie gelesen.* Nur ein Auszug, eine Zusammenfassung – nach ich weiß nicht welchen Kriterien angefertigt – ist zu sehr begrenzten und festgelegten Zeiten und Bedingungen für die Mitglieder zugänglich: es handelt sich um den Katechismus des Werkes, ein Büchlein, das von den internen Druckereien herausgebracht nur unter Kontrolle und immer von den Leitern überwacht benutzt werden darf (und das vor einigen Jahren wieder zurückgezogen wurde); niemand durfte es auch nur vierundzwanzig Stunden auf seinem Zimmer haben; jeden Abend sammelten sie die Exemplare ein und zählten sie sorgfältig nach. Im Durchschnitt hatten die Mitglieder – nicht alle – 28 Tage im Jahr – die Dauer ihres «Jahreskurses» – Zugang zum Katechismus – und dies nicht einmal in jedem Jahr. Allein in der Zeit, in der ich dem Werk angehörte, wurden drei verschiedene Auflagen des besagten Katechismus herausgegeben: in jeder gab es Punkte, die sie kürzten oder erweiterten oder auf eine völlig neue Weise erklärten, so wie es ihnen paßte. Und das, obwohl es, wie es hieß, eine Zusammenfassung der einzigen approbierten Konstitutionen war, die, zumindest meinem Wissen nach, niemals einer Revision von seiten der Kirche unterzogen worden sind.»[290]

Die letzten Wochen meiner Mitgliedschaft waren wiederum durch zahllose Gespräche mit verschiedenen Leitern bestimmt, die mich davon zu überzeugen suchten, daß ich dabei sei, mich unglücklich zu machen und dem Willen Gottes zuwiderzuhandeln. Auf den Vorschlag des Mitgliedes der Kommission hin hielt ich noch bis zum Pfingstsonntag eine «Novene zum Hl. Geist», mit der ich um Klarheit bat. Am Pfingstsonntag wollte ich eine endgültige Entscheidung treffen und traf sie. An diesem Tag besprach ich mich mit meinen Eltern und teilte ihnen zu ihrer Überraschung wie Freude mit, daß ich zu der Auffassung gelangt sei, daß das Opus Dei nicht mein Weg sei und daß ich wohl im Lauf der Woche wieder zu Hause einziehen werde. Am Abend des 5. Juni hatte ich noch ein langes Gespräch mit dem Leiter des «Studienzentrums», am dar-

[290] Maria Angustias Moreno, El Opus Dei, 25/6; im spanischen Text nur Hervorhebung v. nunca – nie. – Alvaro del Portillo hat im Dezember 1982 in Aussicht gestellt, daß er die Statuten des Opus Dei nun «allen zuständigen Autoritäten – als erstes den Bischöfen, in deren Diözesen wir arbeiten – zukommen lassen» werde. «Ich sehe keine Schwierigkeiten darin, sie zu veröffentlichen, das heißt sie mit der entsprechenden Erlaubnis des Heiligen Stuhls allgemein zugänglich zu machen.» (Geist und Rechtsnormen stimmen überein: Deutsche Tagespost, 10./11. 12. 1982) Ob eine solche Veröffentlichung tatsächlich erfolgen wird, bleibt abzuwarten.

auffolgenden Mittwoch noch ein weiteres mit dem Mitglied der Kommission. Dieses Gespräch stellte für mich gleichsam noch eine Pflichtübung dar, da ich X. im Februar 1979 hatte in die Hand versprechen müssen, keine meinen Lebensweg betreffende Entscheidung zu fällen, ohne mit ihm vorher Rücksprache zu nehmen. X. betonte, daß es ihm letztlich unwesentlich erscheine, ob ich Mitglied des Opus Dei bleibe oder nicht, das einzig Wesentliche sei, daß ich nicht in die Hölle käme. Er ließ keinen Zweifel daran, daß er mich, wenn ich das Opus Dei verließe, in dieser Hinsicht für besonders gefährdet hielt. Außerdem sagte er, daß es ihm unverständlich sei, woher ich die Unverfrorenheit und den Stolz beziehe, entgegen der Auffassung aller meiner Leiter zu meinen, daß ich im Recht sei.

Am Nachmittag des 6. 6. 1979 schrieb ich den Brief an den Generalpräsidenten. Mit dem Leiter des «Studienzentrums» kam ich überein, daß ich am nächsten Vormittag meine Sachen zusammenpacken sollte und zwar so, daß die anderen Mitglieder der Vereinigung nichts von meinem Weggehen bemerken würden – darauf legte der Leiter besonderen Wert. In aller Schnelle mußte ich dann am nächsten Tag packen. Nach einem kurzen Gespräch mit dem Leiter, in dem er mir sagte, daß es wohl selbstverständlich sei, daß ich von nun an kein «Zentrum» des Opus Dei mehr betreten dürfe, fuhr mich der Sekretär des «Studienzentrums» nach Hause. Während der Fahrt wechselten wir miteinander kaum ein Wort.

Entgegen aller Voraussagen habe ich meinen Austritt aus dem Opus Dei niemals bereut; nicht zuletzt deshalb nicht, weil mir mein Austritt immer als ein Weg *in* den Glauben und *in* die Kirche, und nicht umgekehrt, erschienen ist. Je mehr ich Abstand von der Vereinigung gewann, desto deutlicher wurde mir die Richtigkeit meiner Überzeugung, daß ich das Opus Dei nicht nur verlassen durfte, sondern auch verlassen mußte, und daß ich es nicht hätte verantworten können, in ihm zu verbleiben. Von Anfang an war mir klar, daß ich mein Wissen um die Innenseite des Opus Dei nicht für mich behalten dürfe. – Einem lange gehegten Wunsch folgend begann ich zum Wintersemester 1979 mit dem Studium der Theologie, behielt das Studium der Philosophie aber bei.

Die Zahl derjenigen, welche die Vereinigung wieder verlassen, ist verglichen mit anderen religiösen Vereinigungen wohl ungewöhnlich hoch. Genaue Zahlen lassen sich jedoch nicht angeben, da die Vereinigung bemüht ist, den Austritt eines Mitgliedes auch den anderen Mitgliedern gegenüber möglichst geheimzuhalten. Die Mitglieder eines «Zentrums» erfahren in der Regel erst dann von dem Austritt eines «Bruders» bzw. einer «Schwester», wenn sie sich über die Abwesenheit eines Mitgliedes wundern und beim Leiter nachfragen. Nur diejenigen ehemaligen Mitglieder werden einem Schwankenden als warnende Beispiele vorgehalten, von deren Austritt er schon wußte. Man kann aber wohl davon ausgehen, daß zumindest in Deutschland ungefähr 35 – 50 Prozent der Mitglieder die Vereinigung wieder verlassen haben.

Die Gründe, weshalb jemand das Opus Dei verläßt, sind durchaus unterschiedlich. Durchaus unterschiedlich ist auch die Weise, wie das einzelne ehemalige Mitglied seine Mitgliedschaft in der Vereinigung verkraftet. Vielen gelingt es nur sehr schwer oder gar nicht, sich von den oft über Jahre hinweg eingeimpften Denkmustern und -schemen zu lösen. Sie werden von großen Schuldgefühlen gequält, sind in ihrer Mentalität und Persönlichkeit gebrochen und finden sich kaum noch außerhalb des Opus Dei zurecht. Nach ihrem Austritt aus der Vereinigung überfällt sie bisweilen eine große Einsamkeit und Leere. Der Kontakt zu den Mitgliedern des Opus Dei reißt mit einem Mal ab. Diejenigen, mit denen sie oft jahrelang zusammengearbeitet und -gewohnt haben, kennen einen nicht mehr. Man ist ein «Abtrünniger». Oft habe ich erlebt, wie ehemalige «Brüder», wenn ich ihnen auf der Straße entgegenkam, mich bewußt übersahen oder gar ostentativ die Straßenseite wechselten. Diejenigen, die einen weiterhin grüßten, vielleicht sogar stehenblieben und kurz mit einem sprachen, bildeten immer eine Ausnahme und Seltenheit, in der sich fast durchweg bestätigte, daß die «Brüderlichkeit» im Opus Dei eine meist ausschließlich funktionale Gemeinschaft war; daß man sich nie kennengelernt hatte und sich deshalb im Grunde auch nichts mehr zu sagen hat. Die ehemalige Numerarierin Petra H. schreibt: «Nach dem Austritt wird man aus der ‹Familie› ausgeschlossen und hat keinen Zutritt mehr (in meinem Fall, wenn man bewußt und nicht aus nervlichen Reaktionen austritt) – vorher wurde ich ignoriert (außer von ganz freundlichen wie Y.), zuletzt noch in einer Übung [an der Universität, K.S.] von meiner ersten Leiterin, die Mühe hatte, immer an mir vorbeizusehen.» Freilich hat man, wenn man sich reuig zeigt, die Möglichkeit, sich weiterhin von einem Priester oder Leiter leiten zu lassen. Selbstverständlich gibt es auch solche, die von der Richtigkeit ihres Austrittes überzeugt und froh sind, daß es ihnen gelungen ist, das Opus Dei zu verlassen. Gebrochene und in ihrer Persönlichkeit zerschlagene Menschen finden sich zudem nicht nur unter den ehemaligen Mitgliedern, sondern auch unter denen, die bislang in der Vereinigung verblieben sind.

Alvaro del Portillo, der Nachfolger von Escrivá de Balaguer, schrieb in einem Brief, daß die Vereinigung denjenigen, welche die Vereinigung verlassen hätten, Verständnis entgegenbringen würde. Diejenigen aber, die nach ihrem Austritt aus dem Opus Dei es wagen würden, etwas gegen die Vereinigung zu unternehmen, solle der Fluch Gottes treffen. Welchen Eindruck ein solcher Satz auf jemanden macht, der jahrelang die Ausbildung und Erziehung im Opus Dei durchlaufen hat, läßt sich von einem Außenstehenden wohl kaum ermessen. Die Wirkung eines solchen oder ähnlicher Sätze sowie quälende Schuldgefühle bei vielen ehemaligen Mitgliedern sind wohl die Hauptgründe, weshalb im deutschen Sprachraum bislang noch keine ausführlichere Darstellung der Innenseite des Opus Dei von einem ehemaligen Mitglied geschrieben worden ist.

VI. SCHLUSSBETRACHTUNG

Es wurde bis hier versucht, eine Reihe von Aspekten der Innenseite des Opus Dei darzustellen und zu beleuchten, wobei mit Innenseite die nach außen kaum sichtbare, allenfalls an bestimmten Symptomen greifbare und durch die Selbstdarstellungen des Opus Dei verdeckte Realität der Vereinigung gemeint ist. Die Darstellung soll nun durch den Versuch einer Zusammenschau der Aspekte, die deren tatsächliches Zusammenwirken nachzuzeichnen bemüht ist, beschlossen werden.

Gleichsam refrainhaft ist das Opus Dei in seinen Selbstdarstellungen darum bemüht, die Freiheit seiner Mitglieder zu betonen. Solchen Beteuerungen der Freiheit ist entgegenzuhalten, daß die meisten Mitglieder sich weder in freier Entscheidung der Vereinigung anschließen noch in ihr frei sind. Vielmehr kommt im Opus Dei eine Fülle von Praktiken zum Tragen, von denen jede einzelne schon zumindest problematisch ist. Sie fügen sich aber zudem noch, genau aufeinander abgestimmt, zu einem Ensemble zusammen. Dadurch wird meist derart massiv und gravierend in die Persönlichkeit und Psyche eines Menschen eingegriffen, daß das Zusammenwirken dieser Praktiken in seinem Effekt mit der unter anderem von den sogenannten Jugendsekten her bekannten «Seelenwäsche» vergleichbar ist.

Es beginnt damit, daß meist Minderjährige in eine «Entscheidung» zu einem Leben in Armut, Ehelosigkeit und Gehorsam mit den verschiedensten Methoden, die hier im einzelnen nicht mehr aufgezählt werden sollen, regelrecht hineingedrängt werden. Dabei werden die mit dem Pubertätsalter in der Persönlichkeitsentwicklung gegebene Umbruchssituation, das Erwachen des Bedürfnisses nach emotionalen Bindungen und Geborgenheit außerhalb des Elternhauses [291], eine gerade im Jugendalter oftmals gegebene Idealfreudigkeit, Begeisterungsfähigkeit und Hingabebereitschaft gezielt angesprochen und nutzbar gemacht. Den Jugendlichen wird suggeriert, daß sie schon reif genug seien, eine «Entscheidung» zu treffen, zu der ihnen meist die Erfahrungskompetenz und Beurteilungsmöglichkeiten fehlen, und deren Tragweite für sie zum einen deshalb, zum anderen durch das Verschweigen wesentlicher Dinge oftmals nicht im geringsten absehbar ist. Wer sich zu einer Mitgliedschaft im Opus Dei «entscheidet», tritt zu dem an, was die Vereinigung als ihr Wesen und ihre Wirklichkeit in ihren für die Öffentlichkeit bestimmten Selbstdarstellungen vorstellt; was hingegen Realität des Opus Dei ist, steht dazu in einer nicht mit dem Fehlverhalten einzelner Mitglieder hinreichend erklärbaren, sondern grundsätzlichen Divergenz, die den Mitgliedern, zumindest lange Zeit, eigentümlich unbewußt bleibt und nur selten reflektiert ist.

Durch eine schon vor der Mitgliedschaft einsetzende Ausbildung wird versucht, allmählich bestimmte Denkschemen und Gefühlsmuster gleichsam einzuimpfen. Bei denen, die dafür empfänglich sind, wird dabei ein Doppeltes erreicht: Erstens, eine – sicherlich erst anfängliche und ansatzhafte – Isolierung vor allem von den Eltern und Freunden. Die Freunde werden zu Objekten apostolischer Bemühungen. Sie erscheinen als solche, die zumindest im religiösen Bereich belehrt werden müssen. Wenigstens auf dieser Ebene scheiden sie deshalb mehr und mehr als gleichwertige Gesprächspartner aus. Zweitens wird eine zunehmende Bindung an vermeintliche Autoritäten erreicht: an die Autorität des meist älteren «Freundes», der

[291] vgl. U. Haldimann: Tages-Anzeiger 11.1.1980, 17.

anderen Leiter im Opus Dei, an die Autorität des Gründers bzw. des jeweiligen Generalpräsidenten.
Zu diesen Denkschemen gehört ebenso die Herausstellung des Opus Dei als etwas, das allein auf göttlichen Willen zurückgeht und einzigartig vollkommen und heil ist. Demgegenüber wird die Defizienz und Fehlerhaftigkeit der Realitäten außerhalb der Vereinigung hervorgehoben, die der Kirche eingeschlossen. Außerdem gehört zu diesen Denkschemen die unter der Voraussetzung von Gehorsam und Treue gleichsam garantierte Verbindung von ewigem Seelenheil mit der Vereinigung, dem dessen Gefährdetsein außerhalb der Vereinigung entgegengesetzt wird. Gott erscheint in diesen Denkschemen primär als der Fordernde [292], als der, welcher nicht teilt [293]. Er wird als ein Steinmetz vorgestellt, «der uns die harten Kanten abschleift» und unter dessen unausweichlichen Meißelschlägen der nichtgefügige Mensch zu einem «Haufen Schotter» verkleinert wird, «über den die Leute verächtlich hinweggehen.»[294]. Freilich wird Gott auch als der barmherzige, verzeihende und liebende Vater gesehen.
Die «Berufungsfrage» wird von seiten des Opus Dei gegenüber einem Jugendlichen so exponiert, als habe dieser – ihm wird die «Berufung» gleichsam von vorneherein unterstellt – zwischen zwei Möglichkeiten zu wählen: entweder in Konsequenz einer Ganzhingabe im Opus Dei glücklich zu werden oder aber unglücklich zu werden als mögliche Folge eines Sich-Verweigerns gegenüber Gott, als dessen Wille die Entsprechung in der unterstellten Berufung deklariert wird. Zudem wird die «Berufungsfrage» derart aktualisiert, als gelte es «heute und jetzt» eine unaufschiebbare Entscheidung zu fällen.

[292] vgl. K. Doemens, Leserbrief: Frankfurter Allgemeine Zeitung, 13.2.1981, 8.
[293] vgl. Der Weg, Nr. 155.
[294] ebd. Nr. 756.

Vom Zeitpunkt des Eintrittes in die Vereinigung an beginnt nun erst recht eine nie endende Ausbildung und Formung eines Mitgliedes, mit der schon nach kurzer Zeit dessen völlige Gleichschaltung erreicht wird. Ganz wesentlich ist dabei eine versuchte und meist erfolgreiche Ablösung des eigenen Erkennens und eine weite Bereiche betreffende «Annullierung der Erkenntnis»[295] bei gleichzeitiger Bindung an und Unterwerfung unter vermeintliche Autorität. Damit steht und fällt das System des Opus Dei.
Der Generalpräsident und die mit ihm in Verbindung stehenden Leiter artikulieren für die Mitglieder des Opus Dei (allein-)gültig den Willen Gottes. Der Gründer bzw. sein Nachfolger und die Leiter wissen dank der «Standesgnade», «spezieller Gnade» und der «Gabe des Rates», was Gott will. Vor allem der jeweilige Generalpräsident erscheint in einer herausragenden, unmittelbaren Beziehung zu Gott. Alles, was der Gründer als den «Geist des Opus Dei» festgelegt hat, geht auf göttlichen Willen zurück, was von der Kirche bestätigt worden sei. Die wunderhaften Vorkommnisse im Leben des Gründers nehmen für die Mitglieder die Funktion ein, den Anspruch des Opus Dei, ein Werk von Gott zu sein, zu untermauern. Die Mitglieder der Vereinigung sind den Leitern, allen voran dem Generalpräsidenten, zu einem unbedingten, blinden Gehorsam verpflichtet, der aus verschiedenen Gründen höchst fraglich ist. Um Mißverständnissen vorzubeugen, sei hier ausdrücklich betont, daß es nicht darum geht, den möglichen Wert und die Sinnhaftigkeit christlichen Gehorsams in seinen unterschiedlichen Gestalten in Abrede zu stellen. Freilich wird christlicher Gehorsam immer in einer Spannung zwischen einer versuchten, auch zeichenhaften, Radikalität der Nachfolge und Verfügbarkeit und einer

[295] J.M. Castillo a.a.O. 588.

notwendigen Eigenerkenntnis und Eigenverantwortung stehen, die der einzelne nicht abgeben und aufgeben darf. Dabei besteht die Schwierigkeit, diese Polarität zu wahren und nicht durch eine einseitige Betonung des einen das andere auszuhöhlen oder gar zu eliminieren. «Wir wissen, daß viele Meister des geistlichen Lebens den Gehorsam empfohlen haben. Aber wir wissen auch, daß diese Meister ebenso großen oder noch größeren Nachdruck auf die Erkenntnis gelegt haben.»[296] Es darf wohl davon ausgegangen werden, daß die Schwierigkeit der Spannung zwischen Gehorsam und notwendiger Eigenerkenntnis wie Eigenverantwortung in einer gewissermaßen überschaubaren Welt hinter den Klostermauern eines beschaulichen Ordens sich anders und vielleicht auch nicht in der Schärfe stellt wie für eine Gemeinschaft, die sich mitten im Alltagsgeschehen der Welt um ein Leben der «evangelischen Räte» bemüht und deren Mitglieder beispielsweise im Berufsleben stehen und unter anderem dort Verantwortung tragen.[297]
Zweifellos bedarf es für jemanden, der sich zu einem Leben der «evangelischen Räte», welche Form dies auch immer haben mag, gerufen meint, einer verantwortlichen wie verantwortbaren, freien Entscheidung. Diese hat sowohl einen gewissen Abschluß der Persönlichkeitsentwicklung als auch eine umfängliche Kenntnis der zur Entscheidung stehenden Lebensform wie auch eine eingehende Prüfung der Eignung zu dieser Lebensform zur Bedingung ihrer Möglichkeit. Davon kann im Opus Dei – zumindest, was die Numerarierberufungen anbelangt – wohl keine Rede sein. Viele werden als Minderjährige zu einer Lebensentscheidung gedrängt in einer Phase noch völlig unabge-

[296] ebd. 589.
[297] vgl. H.U. von Balthasar: Internationale Katholische Zeitschrift 10 (1981) 241.243.

schlossener Persönlichkeitsentwicklung und -entfaltung und in Unkenntnis von Wesen und Wirklichkeit dessen, wozu sie sich zu «entscheiden» haben. Solchen «Entscheidungen» wird damit von seiten des Opus Dei der Charakter der Endgültigkeit aufgeprägt. Sie werden somit einer gewissen Vorläufigkeit benommen, was zur Folge hat, daß die Mitglieder der Möglichkeit einer eingehenden, jahrelangen Prüfung beraubt werden, die Kritik im weitesten Sinn von Beurteilung zur Voraussetzung hat. Die neuen Mitglieder werden stattdessen auf einen blinden, ausschließlich personenbezogenen Gehorsam eingeschworen. Nur scheinbar kennt dieser eine Ebene sachbezogener Kritik, nämlich den hypothetischen Fall einer Aufforderung zur Sünde. Dessen Möglichkeit wird aber von vorneherein als im Grunde ausgeschlossen hingestellt.[298] Zudem stehen dazu keine anderen Beurteilungskriterien zur Verfügung als jene, welche die Personen vorstellen, denen der Gehorsam geschuldet wird.

Die Ablösung der Erkenntnis verbunden zudem mit einer fast völligen Beschneidung der Erfahrungsmöglichkeiten durch Fernhalten beinahe aller vermeintlicher Fremdeinflüsse stellt eine Festschreibung und Einbindung in eine Gruppen- und Autoritätsmoral dar. Für Minderjährige bedeutet dies eine Festschreibung einer «vorpersonale(n) Orientierung an internalisierten Verhaltensschemata».[299] Eine ansonsten in der Persönlichkeitsentwicklung nur vorübergehende Phase wird damit zementiert und die Persönlichkeitsentwicklung als solche unter- bzw. abgebrochen. Bei denen aber, die, schon etwas älter, sich der Vereinigung anschließen, wird eine gewissermaßen schon entwickeltere Persönlichkeit reduziert und gleichsam auf eine «vorpersonale Stufe» zurückgedrängt.

[298] vgl. Der Weg, Nr. 617.
[299] D. Mieth, Die Bedeutung der menschlichen Lebenserfahrung, 115.

«Erfahrung ist nur dort kompetent, wo sie nicht auf autoritärer Interaktion beruht, sondern sich in der Möglichkeit kritischer Reflexion behauptet. Autoritäre Instanzen und konformistische Gruppen mißtrauen daher der Spontaneität der Erfahrung und versuchen die Erfahrungsmöglichkeiten zu manipulieren. Diese Art der Manipulation ist das Kennzeichen von Totalitarismus jedweder Spielart. Erfahrungskompetenz kann daher nur unter der Voraussetzung von Orientierungsfreiheit entstehen. Sie bedarf daher der sozialen Ermöglichung, der Selbstbeschränkung ihrer sozialen Bedingungen. Auf der anderen Seite kann sich Erfahrungskompetenz nicht in völliger Permissivität herausbilden, weil Desorientierung reflektierte und konfrontierte Praxis ebenso unmöglich macht.»[300]

Die Bindung an Autoritäten bei gleichzeitiger Ausschaltung eigener Erkenntnis und Erfahrung in den Bereichen, auf die sich der Gehorsam bezieht, verbunden mit einer gewissermaßen totalen Kontrolle, der Einschärfung von Denkschemen und Gefühlsmustern, einem völligen Beanspruchtsein durch Aufgaben und Verpflichtungen, das kaum einmal zur Ruhe kommen läßt und Abstand ermöglichte, bewirkt eine Entmündigung des einzelnen zumindest im religiösen und sittlichen Bereich. Den Leitern wird die Fähigkeit zugesprochen, für den einzelnen jeweils konkret den Willen Gottes zu artikulieren. Es wird ihnen somit ein gleichsam unmittelbares Wissen dessen, was Gott will, unterstellt. Dadurch wird im Opus Dei einerseits ein eigenes Lehramt installiert, das in seinem Anspruch die Kompetenzen der kirchlichen Lehrautorität bei weitem zu überbieten scheint. Andererseits wird die Vereinigung durch die Berufung auf die höchste Autorität, nämlich auf Gott, gegen mögliche Kritik immunisiert und schließlich «Gott» vollständig domestiziert. Dem, der Kri-

[300] ebd. 113/4.

tik üben will, wird die vollständige Verfehltheit rationaler Beurteilung der Vereinigung damit begründet, daß die «Logik Gottes» nicht die der Menschen sei. Gleichzeitig meint man, mit eben dieser als nicht nur nicht hinreichend, sondern als in diesem Kontext verfehlt hingestellten menschlichen Logik das, was die «Logik Gottes» genannt wird, genauestens erklären zu können. Wer die Vereinigung kritisiert, dem wird ein Mangel an «übernatürlicher Sicht» bescheinigt, die allein dem Opus Dei gerecht werden könnte. Jede mögliche Kritik an der Vereinigung wird für die Mitglieder auch dadurch immunisierbar, daß sie mithin als «Widerspruch der Guten» eingeordnet werden kann [301] und damit nicht ernstgenommen zu werden braucht; als Verfolgung, durch welche in guter Absicht, aber fehlgeleitet, manche gemäß Joh 16,2 meinen, «Gott einen heiligen Dienst zu leisten». Mitunter aber auch als Verfolgung durch Böswillige, die zu Handlangern Satans werden, der in den Mitgliedern «seine großen Feinde» [302] sieht. Tatsächlich erfolgte unwahre Behauptungen über die Vereinigung erlauben, jede mögliche Kritik diesen gleichzustellen. Jede große kirchliche Vereinigung sei schließlich in ihren Anfangsjahren Kritik und Verleumdung ausgesetzt gewesen. Kritisiert und angegriffen zu werden, gewinnt so für das Opus Dei gleichsam den Charakter eines Gütesiegels und stellt eine weitere Untermauerung der Autorität dar.

«Schon wieder ...: Man habe geredet, man habe geschrieben ...: dafür, dagegen ...: in guter und in weniger guter Absicht ...: Halbwahrheiten, Verleumdungen, Lobreden, Überschwenglichkeiten ...: Unsinniges, Zutreffendes ... Du Dummkopf! Du Schwachkopf! Wenn du geradewegs

[301] vgl. das «Der Widerspruch der Guten» überschriebene Kapitel: S. Bernal, Msgr. Josemaría Escrivá de Balaguer, 257–272.

[302] vgl. Der Weg, Nr. 924.

auf dein Ziel losgehst, Kopf und Herz berauscht von Gott, was kümmert dich dann das Rauschen des Windes, das Zirpen der Grillen, das Muhen, das Grunzen und das Wiehern ringsum? ... Überdies ..., das ist unvermeidlich: bringe nicht auf freiem Felde Türen an.»[303]

Die Vereinigung, die sich jeder Kritik entzogen wähnt, beansprucht für sich selbst, letztlich alles und jedes kritisieren zu können und zwar anhand jenes Maßstabes, in deren Besitz sie sich nahezu uneingeschränkt glaubt: das Wissen um den Willen Gottes im Konkreten. Von der Kritik durch die Vereinigung ist im Grunde nichts ausgenommen: auch bischöfliche und päpstliche Entscheidungen nicht. Die Kritik an solchen Entscheidungen hat ihren Grund aber beispielsweise nicht in einem um Verantwortung bemühten Gewissensentscheid, durch den jemand sich mithin zu gegenteiliger Auffassung genötigt sieht, sondern eben in einer vermeintlichen Kenntnis des Willens Gottes, in dem mögliche Lehrentscheide der Kirche gleichsam schon vorweggenommen seien. Gleichwohl gibt es in der Vereinigung auch ein durchaus ernsthaftes Bemühen um Treue und Loyalität gegenüber dem Papst und den Bischöfen. Auf der anderen Seite wiederum stellt sich für den, der die große Divergenz zwischen dem kennt, was das Opus Dei zu sein vorgibt, und dem, was es wesentlich ist, die Frage, inwieweit die Bischöfe und der Papst wirklich um die Innenseite des Opus Dei wissen. Auf die Gutheißungen von seiten der Hierarchie der Kirche beruft sich das Opus Dei ständig. Sie nehmen die Funktion einer weiteren Untermauerung seiner Autorität ein. Es fragt sich, ob die Päpste und Bischöfe nicht das Bild, welches das Opus Dei nach außen hin von sich ständig zu zeichnen bemüht ist, gutgeheißen haben, ohne zu wissen, daß die Wirklichkeit des

[303] ebd. 688.

Opus Dei eine ganz andere ist. Es kann wohl davon ausgegangen werden, daß ihnen das meiste dessen, was hier als Innenseite der Vereinigung dargestellt werden mußte, unbekannt ist.
Das Sendungsbewußtsein der Vereinigung führt diese zu einer Apostolatspraxis, die zumindest ein Doppeltes mit sich bringt: Einerseits führt sie zu einem menschenverachtenden «Seelenhandel». In diesem wird ein anderer zum apostolischen Objekt degradiert, und der für gut erachtete Zweck läßt beinahe jedes Mittel als gerechtfertigt erscheinen. Zum anderen wird den Mitgliedern des Opus Dei Freundschaft weitgehend verunmöglicht, sofern sie sich an das halten, was in der Vereinigung vorgeschrieben ist. Dies wiederum ist in Zusammenhang zu sehen mit der Normierung und Beschränkung dessen, was in der Vereinigung «Brüderlichkeit» genannt wird, und einer fast mit Notwendigkeit gegebenen Entfremdung der Mitglieder von ihrem Elternhaus und der rigorosen Beschränkung ihrer Kontakte zu diesem. Dies zusammen führt oftmals zu einer völligen Isolierung des einzelnen (Numerarier) Mitgliedes, dessen Bindung und ein gewisses Ausgeliefertsein an die Leiter dadurch noch verstärkt werden.
Von der Trias: «die Arbeit heiligen, sich in der Arbeit heiligen und die anderen durch die Arbeit heiligen» ist im Verständnis der Vereinigung das Anliegen von Heiligung *der* Arbeit das eigentliche Spezifikum des Opus Dei und die Möglichkeitsbedingung der Eigenheiligung und des Apostolates mit dem Ziel der Heiligung anderer. Nicht zufällig wird in der Vereinigung in Ausbildungsvorträgen zu dieser Thematik ausgeführt, daß beispielsweise in Deutschland die meisten der wichtigsten Posten in der Gesellschaft bedauerlicherweise nicht von Katholiken wahrgenommen werden. Die Mitglieder werden allgemein angewiesen, durch ihr Arbeiten nach Möglichkeit Stellungen

anzustreben, die eine gewisse Multiplikatorenfunktion haben und eine Verchristlichung der Gesellschaft im Sinn des Opus Dei erlauben. Wenn es auch nicht möglich ist, die Vereinigung mit der Tätigkeit eines Mitgliedes des Opus Dei in verantwortlicher Stellung in Politik, Wirtschaft und Kultur im einzelnen einfachhin zu identifizieren, so werden die Mitglieder doch allgemein dazu angehalten, solche Stellungen anzustreben und einzunehmen. Zweifellos ist das Opus Dei um eine Durchdringung von Gesellschaft und Kirche mit dem bemüht, was es seinen «Geist» nennt.

So zutreffend der Vergleich der in der Vereinigung gehandhabten Praktiken mit denen der sogenannten Jugendsekten auch ist, einer der Unterschiede zu vielen dieser Sekten besteht darin, daß alles in der Vereinigung auf allen Ebenen mit gutem Willen und subjektiv bester Absicht geschieht. Es ist nicht etwa so, daß wie in manchen der Sekten die obersten Leiter der Vereinigung sich den guten Willen der Mitglieder etwa zur persönlichen Bereicherung nutzbar machten. Es kann wohl ohne Abstriche gesagt werden, daß alle Leiter und jedes Mitglied des Opus Dei unter sehr hohem persönlichem Einsatz und mit größten Anstrengungen und guter Absicht für christlich und als von Gott gewollt erachtete Praktiken verfolgen, die gewissermaßen objektiv inhuman und unchristlich sind. Hier liegt etwas von Tragik.

Daß es dem Opus Dei gelingt, im Gewand einer heute eher selten gewordenen Kirchlichkeit zu erscheinen, mit ebenso angestrebter wie vermeintlicher Treue zur Hierarchie und dem, was diese als Lehre der Kirche vorstellt, verstellte bisher vielen Bischöfen und Päpsten den Blick für das, was die Realität des Opus Dei ist. Das ließ warnende Stimmen, die nicht gefehlt haben, bisher als unwahr erscheinen und nicht ernstnehmen. Das Gewand scheinbarer Kirchlichkeit, das oftmals verdeckte Auftreten des Opus Dei, die Fülle an Falschinformationen und der Mangel an Kenntnis über die Vereinigung bewirkten und bewirken eine verhängnisvolle Sorglosigkeit und ein tragisches Zutrauen gegenüber dem Opus Dei bei Eltern und Seelsorgern. Sie seien eindringlichst gewarnt! An die Verantwortlichen in der Kirche sei appelliert, eine genaue und sehr eingehende Untersuchung des Opus Dei vorzunehmen und dringend notwendige Maßnahmen zu ergreifen. Diejenigen, die um die Realität der Vereinigung wissen, seien ermutigt, ihr Schweigen aufzugeben.

LITERATUR

Monographien und Aufsätze

Aymans, Winfried, Der strukturelle Aufbau des Gottesvolkes: Archiv für katholisches Kirchenrecht 148 (1979) 21–47

Balthasar, Hans Urs von, Integralismus: Wort und Wahrheit 18 (1963) 737–744

ders., Friedliche Fragen an das Opus Dei: Der christliche Sonntag 15, 12. 4. 1964

ders., Das Wagnis der Säkularinstitute: Internationale Katholische Zeitschrift 10 (1981) 238–245

Bernal, Salvador, Msgr. Josemaría Escrivá de Balaguer. Aufzeichnungen über den Gründer des Opus Dei (Köln 1978)

Byrne, Andrew, Die gewöhnliche Arbeit heiligen. Wesen und Geist des Opus Dei (Köln 1975)

Castillo, José M., Die «Nachfolge Christi» und «Der Weg». Zum Thema «unterscheidendes Erkennen»: Concilium 14 (1978) 585–590

Coverdale, John F., Una respuesta a von Balthasar: Nuestro Tiempo 117 (1964) 1–12

Das Opus Dei: oder was ist eine Personalprälatur, Herder Korrespondenz (1982) 10, 472f.

Escrivá de Balaguer, Josemaría, Priester auf ewig, Homilie: ders., Christliche Berufung. Priester auf ewig. Zwei Homilien (Köln 1973) 24–39

ders., Christus Begegnen (Köln [3]1975)

ders., Christliche Berufung, Homilie, gehalten am 2. 12. 1951: ders., Christus Begegnen (Köln [3]1975) 27–47

ders., Der innere Kampf, Homilie, gehalten am 4. 4. 1971: ders., Christus Begegnen (Köln [3]1975) 181–201

ders., Die Ehe, eine christliche Berufung, Homilie: ders., Die Ehe, eine christliche Berufung. Christi Triumph in seiner Demut. Zwei Homilien (Köln [2]1975) 5–19

ders., Der Weg (Köln [10]1982)
ders., Freunde Gottes (Köln 1979)
ders., Arbeit Gottes, Homilie, gehalten am 6. 2. 1960: ders., Freunde Gottes (Köln 1979) 105–127
ders., Auf dem Weg zur Heiligkeit, Homilie, gehalten am 26. 11. 1967: ders., Freunde Gottes (Köln 1979) 421–444
ders., Damit alle gerettet werden, Homilie, gehalten am 16. 4. 1954: ders., Freunde Gottes (Köln 1979) 379–396
ders., Die Hoffnung des Christen, Homilie, gehalten am 8. 6. 1968: ders., Freunde Gottes (Köln 1979) 307–331
ders., Leben aus dem Gebet, Homilie, gehalten am 4. 4. 1955: ders., Freunde Gottes (Köln 1979) 357–375
ders., Umgang mit Gott, Homilie, gehalten am 5. 4. 1964: ders., Freunde Gottes (Köln 1979) 219–236
Gespräche mit Msgr. Escrivá de Balaguer (Köln [3]1981)
Fischknecht, J. u. a., Die unheimlichen Patrioten. Politische Reaktion in der Schweiz (Zürich 1979)
Haldiman, Ueli, Opus Dei – die heilige Mafia: Fischknecht, J.; u. a., Die unheimlichen Patrioten. Politische Reaktion in der Schweiz (Zürich 1979) 344–381
Herranz, Julian, Die Entstehung der Säkularinstitute, o.J.u.O.; dt. Übersetzung aus The Jurist XXV/2 (The Catholic University of America, Washington) (April 1965)
*Mieth, Dietmar,*Moral und Erfahrung. Beiträge zur theologisch-ethischen Hermeneutik – Studien zur theologischen Ethik 2 (Freiburg i.Ue./Freiburg i.Br. 1977)
ders., Die Bedeutung der menschlichen Lebenserfahrung – Plädoyer für eine Theorie des ethischen Modells: ders., Moral und Erfahrung. Beiträge zur theologisch-ethischen Hermeneutik = Studien zur theologischen Ethik 2 (Freiburg i.Ue./Freiburg i.Br. 1977) 111–134
Moreno, María Angustias, El Opus Dei. Anexo a una historia (Barcelona 1976)
Schunk, Rudolf, Zur «Personalprälatur» des «Opus Dei»: Anzeiger für die Seelsorge (1983) 2, 42–44
Torello, Johannes B., Die Welt erneuern. Zur Spiritualität der Laien (Köln 1974)

Ynfante, Jesús, La prodigiosa aventura del Opus Dei. Génesis y desarrollo de la Santa Mafia (Paris 1970)

Zeitungsartikel, Agenturberichte und Stellungnahmen

Alvaro del Portillo neuer «Opus Dei»-Generalpräsident: KNA Nr. 214, 16. 9. 1975

Ansprache des Papstes in der Audienz für die Teilnehmer des Weltkongresses der Vereinigung für die Zusammenarbeit der Universitäten am 10. April: L'Osservatore Romano, Wochenausgabe in Deutscher Sprache, 4. 5. 1979, 5

Arias, Juan, Juan Pablo II erige el Opus Dei en prelatura personal: El País, 24. 8. 1982

Arquer, Josef, Die Lehre Christi voll erfassen. Besonderer Generalkongreß des Opus Dei: Deutsche Tagespost, 7. 10. 1969

Auseinandersetzung um den Katholischen Religionsunterricht an Mittelschulen, Entgegnung eines Opus-Dei-Religionslehrers (Stellungnahme von Hansruedi Freitag): Neue Zürcher Zeitung, 10. 2. 1979, 9

Auseinandersetzung um den Katholischen Religionsunterricht an Mittelschulen, Stellungnahme der Katholischen Religionslehrerkonferenz: Neue Zürcher Zeitung, 10. 2. 1979, 9

Aymans, Winfried, Die ganze Welt als Personaldiözese für das Opus Dei? In der katholischen Kirche droht eine verfassungsrechtliche Fehlentwicklung: Frankfurter Allgemeine Zeitung, 13. 12. 1979

Berglar, Peter, Die Befreiung des Christen zur Normalität: Deutsche Tagespost, 29./30. 9. 1978, 13

Bezjak, Rolf; Brühlmann, Toni; Hofstetter, Viktor, Stellungnahme von Religionslehrern: Diskussion um einen ‹NZZ›-Artikel. Das Opus Dei an den Zürcher Mittelschulen: Neue Zürcher Zeitung, 21./22. 1. 1979, 23

Costalunga, Marcello, Errichtung des Opus Dei als Personalprälatur: L'Osservatore Romano. Wochenausgabe in deutscher Sprache, 10. 12. 1982, 9f.

Das Wirken des Opus Dei in Zürich. Griff nach der Mittel- und Hochschulseelsorge: Neue Zürcher Zeitung, 13./14. 1. 1979

Diskussion um einen ‹NZZ›-Artikel. Das Opus Dei an den Züricher Mittelschulen. Stellungnahme des Generalvikariats für den Kanton Zürich: Neue Zürcher Zeitung, 21./22. 1. 1979, 23

Documentos íntegros para el cambio de ‹status› eclesial para el Opus Dei: El País, 11. 11. 1979, 24–27

Erklärung der Bischofskongregation zur Neustrukturierung des «Opus Dei», Kathpress Dokumentation 161, 23. 8. 1982, 1/2 (ebenfalls veröffentlicht: Deutsche Tagespost, 31. 8. 1982, 6)

Erklärung der Kongregation für die Bischöfe zur Errichtung des Opus Dei als Personalprälatur: L'Osservatore Romano. Wochenausgabe in deutscher Sprache, 10. 12. 1982

Geist und Rechtsnormen stimmen überein. Gespäch mit dem neuernannten Prälaten des «Opus Dei», Dr. Alvaro del Portillo: Deutsche Tagespost, 10./11. 12. 1982

Haldimann, Ueli, Opus Dei agiert weiter mit fragwürdigen Methoden: Tages-Anzeiger (Zürich), 11. 1. 1980, 17

Haubrich, Walter, Die «heilige Mafia» verschwindet aus dem Rampenlicht. Spaniens eher farbloses Kabinett ohne Opus-Dei-Technokraten: Frankfurter Allgemeine Zeitung, 5. 1. 1974

Informationsblatt über den Opus-Dei-Gründer: Kirchenzeitung für das Erzbistum Köln, 9. 12. 1977

Jungmann, Konrad, Berufung mitten in der Welt. Volkswirte, Ingenieure und Ärzte zu Priestern geweiht: Kirchenzeitung für das Erzbistum Köln, 22. 9. 1970

Longley, Clifford, Setback for Opus Dei opponents: The Times, 25. 8. 1982, 3

ders., Opus Dei: the Pope could be wrong. The Times, 25. 8. 1982

Longley, Clifford u. van der Vat, Dan, The Times Profile of Opus Dei. New mood in Rome encourages ‹church within a church›: The Times, 12. 1. 1981

Ludwigsdorf, Franz Silvius (Pseudonym), Das Abenteuer des Alltäglichen: Kirche und Leben 6, 8. 2. 1976

ders., Primiz im Bonner Münster. Dr. Irrgang gehört dem Opus Dei an: Kirchenzeitung für das Erzbistum Köln, 8. 10. 1976

45 Opus-Dei-Mitglieder zu Priestern geweiht: Kirchenzeitung für das Erzbistum Köln, 23. 8. 1974

54 Opus-Dei-Priester geweiht. Verstorbener Gründer führte 1000 Laien zum Priestertum: KNA, 14. 7. 1975

Opus-Dei-Religionslehrer im Amt eingestellt. Das Generalvikariat für den Kanton Zürich und die Römisch-Katholische Zentralkommission des Kantons Zürich teilen mit: Neue Zürcher Zeitung, 15. 3. 1979, 27

Opus Dei jetzt Personalprälatur: KNA, 26. 8. 1982

Opus Dei Papst unterstellt: Frankfurter Rundschau, 24.8.1982, 2

Opus Dei vom Papst zur Personalprälatur erhoben. Interview mit Prälat Alvaro del Portillo: Schwäbische Zeitung, 14. 12. 1982

Peschke, Karl-Georg, «Meilenstein in der nachkonziliaren Entwicklung». Das Opus Dei wurde von Johannes Paul II. zur Personalprälatur erhoben: Kathpress/Beilage 164, 26. 8. 1982, 1f.

Portillo, Alvaro del, «Integralismus». Stellungnahme zu dem gleichnamigen Artikel von Hans Urs von Balthasar: Wort und Wahrheit 19 (1964) 224

Prell, Willi, «Opus Dei» leistet Bildungsarbeit: Fähigkeiten zur Entfaltung bringen, die JVZ sprach mit Führungskräften des 18 Monate in Jülich tätigen Forums: Jülicher Volkszeitung, 14. 11. 1980

Puhl, Widmar, Heiligkeit kein Privileg: Rheinischer Merkur, 18. 7. 1975, 20

Roggendorf, Johannes, Maßanzug statt Panzerhemd. Opus Dei erste Personalprälatur: Der Papst verwirklicht ein Stück Konzil: Die Welt, 8. 9. 1982

Sacra Congregatio pro Episcopis: Declaratio: L'Osservatore Romano, 28. 11. 1982

Woodrow, Alain, Qu'y a-t-il derrière le changement de statut de l'Opus Dei?: Le Monde, 14. 11. 1979, 14

ders., Un ‹corps d'élite› pour le pape?: Le Monde, 25. 8. 1982, 8

Zauzich, Maria-Christine, Kontroverse in England über die katholische Laien-Organisation «Opus Dei»: Frankfurter Allgemeine Zeitung, 17. 1. 1981, 4

Leserbriefe

Arquer, Josef, Reichtum der Kirche: Frankfurter Allgemeine Zeitung, 9. 2. 1981, 6

Ayesta, Javier (Oficina de Información del Opus Dei, Madrid), Opus Dei nicht politisch: Frankfurter Allgemeine Zeitung, 9. 8. 1969, 10

Baumsteiger, Gisela, «Außer Glück auch sehr viel Leid»: Jülicher Nachrichten, 11. 3. 1981

dies., «Großes Bedürfnis nach Aufklärung»: Jülicher Nachrichten, 24. 2. 1981

Bischoff, Marlies; Classen, Ina; DeCauwer, Anne, «Wir sind nie bedrängt worden»: Jülicher Nachrichten, 26.2.1981

Böhme, L., «Der einzige Weg»: Jülicher Nachrichten, 24. 2. 1981

Doemens, Karl, Das Opus Dei und besorgte Eltern: Frankfurter Allgemeine Zeitung, 13. 2. 1981, 8

Drehsen, Elisabeth; Gläser, Norbert-M., «Ehemalige» ausgeladen: Jülicher Nachrichten, 10. 3. 1981

Dürbaum, Maria, «Das geht zu weit»: Jülicher Nachrichten, 25. 2. 1981

Eberle, Jürgen, Einige kurze Bemerkungen: Jülicher Volkszeitung, 13. 12. 1980

Faul, Wolfgang, «Kommt es zu tiefgreifenden Entfremdungen?»: Jülicher Nachrichten, 23. 2. 1981

Fiedler, Manfred; Nieveler, Peter; Schopen, Bert, «Wovon sollen wir uns distanzieren?»: Jülicher Nachrichten, 19. 3. 1981

Freitag, Hansruedi, Opus Dei – kein Laienorden: Neue Zürcher Zeitung, 28. 8. 1977, 41

Grohmann, Käthe, Mündigkeit wird angestrebt: Jülicher Volkszeitung, 27. 2. 1981

Jordans, Heinz, «Pauschalurteil»: Jülicher Nachrichten, 20. 2. 1981

Jülicher, Günter, «Behauptungen grenzen ans Verleumderische»: Jülicher Nachrichten, 19. 2. 1981

Jungmann, Konrad, Opus Dei: Frankfurter Allgemeine Zeitung, 14. 1. 1974

ders., Leserbrief: Rheinischer Merkur, 17. 7. 1981
Kamps, Godehard, Die ganze Wahrheit über «Opus Dei»: Frankfurter Allgemeine Zeitung, 16. 2. 1981, 9
Kemmerling, Marianne, «Der Nachwuchs ist stets zur Hand»: Jülicher Nachrichten, 12. 2. 1981
Kemmerling, Marianne; Stauch, Ingrid; Drehsen, Elisabeth, Öffentliche Diskussion: Jülicher Volkszeitung, 27. 2. 1981
Leserbrief von tr., Neue Zürcher Zeitung, 10. 2. 1979, 9
Nieveler, Peter, «Opus Dei» – ausführlich dargestellt: Jülicher Nachrichten, 14. 2. 1981
ders., «Ich kann nur um Vertrauen bitten»: Jülicher Nachrichten, 24. 2. 1981
Pedrocchi, Luigi, Leserbrief: Neue Zürcher Zeitung, 10. 2. 1979
Rehmke, Jutta; Jörres, Helene; Nieveler, Angela, «Hochstilisiert»: Jülicher Nachrichten, 14. 2. 1981
Schenk, Renate, «Toleranz spielte untergeordnete Rolle»: Jülicher Nachrichten, 17. 2. 1981
Schiffer, Norbert, «Ist kritisches Denken unerwünscht?»: Jülicher Nachrichten, 21. 2. 1981
Schuppli, Sibylle, Leserbrief: Neue Zürcher Zeitung, 10. 2. 1979
Stauch, Bernd u. Ingrid, Kein Platz für «Dutzendmenschen»: Jülicher Volkszeitung, 19. 11. 1980
Stauch, Ingrid, «Den Schlaf der Gerechten schlafen»: Jülicher Nachrichten, 18. 2. 1981
Stauch, Ingrid; Kemmerling, Marianne; Drehsen, Elisabeth, «Opus Dei dazu»: Jülicher Nachrichten, 26. 2. 1981
Simons, Dierk, «Keine befriedigenden Antworten gegeben»: Jülicher Nachrichten, 21. 3. 1981
Weiler, Doris; Schmidt, Tordis, Für öffentlichen Informationsabend: Jülicher Nachrichten, 26. 2. 1981
Weiss, Margarete, «Wachsames Auge»: Jülicher Nachrichten, 11. 3. 1981
Zimmermann, Rolf, « . . . muß mit harter Kritik rechnen»: Jülicher Nachrichten, 14. 3. 1981